INHALT

MIT DER SCHEIDUNG LEBEN

EINLEITUNG

Kinder sind im Scheidungskampf die Verlierer. Muss das so sein? Was ist zu tun, damit ihre Bedürfnisse und Anliegen gebührend wahrgenommen werden und nicht im Kampf der Eltern auf der Strecke bleiben? Immerhin handelt es sich längst um keine Minderheit: Die Zahl der Trennungen und Scheidungen ist im Steigen begriffen. Rund die Hälfte der Ehen werden in den Städten Deutschlands, Österreichs und der Schweiz geschieden – das macht etwa 250 000 Scheidungskinder jährlich allein im deutschsprachigen Raum, viele davon Opfer von Sorgerechtsstreitigkeiten. Scheidung und Trennung sowie das damit verbundene Leid der Kinder sind also längst kein ausschließlich privates Problem mehr.

Dennoch wird auf die Belange der Kinder im Scheidungsprozess bis heute wenig Bedacht genommen: keine speziell kindorientierte rechtliche Interessenvertretung nimmt sich ihrer Anliegen an oder setzt sie durch, kaum eine Stimme erhebt sich dagegen, dass es in den meisten Verfahren noch immer überwiegend um die Bedürfnisse der Erwachsenen geht. Im Gegenteil: Fast macht es den Eindruck, als hätte gerade die *Normalisierung* der Scheidung es mit sich gebracht, dass sie immer öfter im Interesse der Eltern erfolgt als in dem der Kinder. Zugleich verschärft sich der Kampf um das Kind: Sorgerecht*, Besuchsrechtsregelungen, Alimentationszahlung, Aufteilung von Hab und Gut – alles eskaliert zu Konflikten, die erbarmungslos auf dem Rücken der Kinder ausgetragen werden. Ihr Wohl, obzwar vielfach beteuert, wird von vielen Eltern bedenkenlos für die Durchsetzung der eigenen Ziele geopfert. Kinder, so scheint es, zahlen einen noch zu wenig erkannten Preis für die Scheidungskriege der Erwachsenen.

Deshalb ist dieses Buch kein »Scheidungsratgeber«. Es streift Rechtsthemen nur im Groben und diskutiert keine Grundsatzfragen wie »Scheidung – ja oder nein?«. Sondern es stellt sich auf die Seite der Opfer: Die *Kinder* stehen im Mittelpunkt dieses Buches,

---

* Da dieser Begriff in der Öffentlichkeit nach wie vor gebräuchlich ist, findet er in diesem Buch neben den Fachbegriffen »Obsorge« oder »Sorge« Verwendung .

das geschrieben wurde in der Hoffnung, ihren Gefühlen, ihren Bedürfnissen und ihren Interessen Gehör zu verschaffen sowie zur Verbesserung ihrer rechtlichen Lage beizutragen.

Es geht im Folgenden also um die konkreten Anliegen der Kinder, die man so gar nicht gern hört. Und um die Möglichkeiten ihrer Verwirklichung. Das Kind – so lautet etwa eine der wichtigsten Forderungen – hat auch nach der Scheidung ein *Recht auf beide leiblichen Eltern*. Es soll daher auch die Möglichkeit erhalten, dieses Recht durchzusetzen. Es ist durchaus vorstellbar, dass es den vereinbarten sonntäglichen Besuch seines Vaters gerichtlich einfordert, und zwar unter klar gegebenen Bedingungen: pünktliches Erscheinen, keinen Restalkoholspiegel im Blut, gemeinsame Aktivitäten statt Abgabe des Kindes bei den Großeltern oder Verwendung als Babysitter in der neuen Familie. Auch auf dem regelmäßigen Urlaub mit der Mutter etwa sollte ein Kind bestehen können, selbst wenn der sorgeberechtigte Vater dies nicht gern sieht. Das Recht des Kindes auf beide Elternteile ist nicht das gesetzlich längst festgelegte Recht der Eltern auf das Kind, sondern die Möglichkeit des *Kindes*, Vater und Mutter in jene Pflicht zu nehmen, auf die sie im Sorgerechtsstreit häufig vergessen.

Wie notwendig ein konsequentes Eintreten ist, zeigt die Debatte rund um das viel zitierte »Kindeswohl«. Natürlich sind sich alle einig, dass ein Kind das Recht auf ein lebenswertes Dasein hat. Auch das Recht auf optimale Bedingungen in entwicklungspsychologischer und -pädagogischer Hinsicht wird ihm zugestanden. Doch sobald es um genauere Bestimmungen geht, will sich niemand festlegen. Die Legisten erklären, eine solche Bestimmung wäre zu schwierig, ja eigentlich unmöglich, da eine allgemeine Gültigkeit dieses Begriffs nicht zu formulieren sei. Fordert die Wissenschaft ihrerseits Geld für präzise Untersuchungen zu diesem Thema, steht sie vor verschlossenen Türen: Kaum ein Politiker möchte sich festlegen, schon gar, wenn dies einem populären Trend zuwiderläuft. Zwar können Politik und Wissenschaft in allgemeinen Fragen Übereinstimmung erzielen: dass etwas für die Zukunftssicherung der Kinder getan werden müsste, dass die »Scheidungswaisen« bessere ökonomische, soziale und familienpolitische Bedingungen brauchten; auch Wohlstandsverwahrlosung, soziale Probleme der Konsumgesellschaft, Werteverfall und mangelnde Konfliktkultur werden unisono beklagt.

Doch schon die Begrifflichkeit zeigt, dass man sich lieber mit Schlagworten begnügt, statt sorgfältige Analysen anzustellen. Scheidungskinder sind keine *Waisen*! Letztere erleben durch den Tod der Eltern (oder eines Elternteils) einen einmaligen, dramatischen und endgültigen Verlust, während Kinder, die einen Elternteil durch Scheidung verloren haben, zwar mit einer neuen Lebenssituation konfrontiert sind, sich jedoch an der tröstlichen, wenn auch meist vergeblichen Hoffnung festhalten, es könnte eine Versöhnung und damit eine Wiederherstellung der vertrauten Situation geben. Mutter und Vater existieren im Gegensatz zu Halb- oder Vollwaisen für Scheidungskinder weiter, selbst dann, wenn sich diese von ihnen losgesagt und den Kontakt abgebrochen haben – die Eltern *leben* und wecken in ihren Kindern eine Fülle von Fantasien über die Möglichkeiten einer Wiederbegegnung.

Kinder verdienen Achtsamkeit sowie Respekt vor ihrer Würde und Autonomie. Dem Begriff des »Kindeswohls« ist in diesem Sinn also eine genaue und verbindliche Bestimmung zu geben. Dieses Anliegen des Buches trägt im Einzelnen gewiss provokante Züge. Und will das auch. Denn nicht selten haben jene, die angeblich dem Schutz und dem Wohl des Kindes verpflichtet sind, lediglich die Durchsetzung eigener Vorteile im Sinn. Deshalb versteht sich dieses Buch auch als Diskussionsbeitrag, der die Standpunkte jener kritisch beleuchtet, welche zu Recht oder bloß vermeintlich als Anwalt des Kindes auftreten. Nur in konsequenter Auseinandersetzung mit solchen Tendenzen wird sich die Stimme lautstark Gehör verschaffen, die dem Leid des Kindes inmitten der im Streit liegenden Erwachsenenwelt geliehen wird.

»Kinder haben Rechte«! Diese Forderung ist nur dann glaubwürdig, wenn die Erwachsenen bereit sind, die kindlichen Interessen nicht nur theoretisch anzuerkennen, Taten folgen zu lassen. Engagierte Vereine und Organisationen versuchen darum zunehmend, im Einsatz für die Rechte der Kinder einen kindgerechten Konsens bei Gericht zu erzielen, also den Kindern in familiären, sozialen, politischen und kulturellen Belangen als Sprachrohr zu dienen. Dieses Buch versteht sich als eindringlicher Appell an die Entscheidungsträger, ebenfalls Mut zur Tat zu beweisen und es nicht bei schönen Worten zu belassen. Es gilt, die Rechte des Kindes wahrzunehmen. Dieser Anspruch bedarf der nachdrücklichen sozialen und politischen Unterstützung, und zwar in aller Deutlichkeit, wie sie üblicherweise nicht gern geübt wird – einer Deutlichkeit, die in gerichtlichen Verfahren vor allem in dem Hinweis besteht, dass Eltern Rechte *und* Pflichten haben. Noch weniger klar und unüberhörbar wird von der Gesellschaft festgestellt, dass auch das Kind *Rechte* neben seinen Pflichten besitzt und dass ihm zu deren Durchsetzung ebenso Rechtsvertreter zur Verfügung stehen sollten, wie es für die Eltern selbstverständlich ist.

Kindliche Forderungen werden oft als übertrieben angesehen und mit Begründungen wie »Bei uns ist doch alles ganz anders!« oder »Was verstehen die Wissenschaftler schon davon?« vom Tisch gewischt. Nicht realitätsferne Belehrung ist also hier das Ziel, sondern richtig verstandene Parteinahme für die Rechte der Kinder, die aus der praktischen Erfahrung des Autors schöpft: aus seiner Tätigkeit als Psychiater, Kinder- und Jugendpsychotherapeut, Gerichtssachverständiger in Scheidungsverfahren und Supervisor für Sachverständige sowie als Initiator und Leiter zahlreicher Diskussionen zum Thema Kinderschicksale aus geschiedenen Ehen etwa im Rahmen von Facharzte- und Lehrerfortbildungen. Die vielen Fallbeispiele in diesem Buch entstammen diesen Aktivitäten; sie wurden aus Rücksicht auf die Betroffenen leicht verfremdet und die Namen geändert, doch immer sind die Fälle typisch und illustrieren im Kern ihrer Aussage viele andere, durchaus vergleichbare Situationen, sodass sowohl die persönlich Betroffenen als auch alle, die von Berufs wegen mit Scheidungen befasst sind, etwas damit anfangen können.

Somit ist dieses Buch allen Scheidungskindern, deren Eltern, Großeltern und anderen Angehörigen, aber auch den RechtsanwältInnen, SozialarbeiterInnen, PflegschaftsrichtertInnen, KinderschützerInnen, PädagogInnen und anderen Engagierten gewidmet – in der Hoffnung, dass sein Inhalt mit Interesse gelesen wird, dass er in schwierigen Situationen Rat und Hilfe bietet, aber auch, dass er in der Gesellschaft die notwendige praktische Umsetzung findet. Denn erst sie garantiert eine Welt mit mehr Gerechtigkeit, Toleranz und Respekt für heranwachsende Generationen. Möge dieses Buch also zum Ausgangspunkt engagierter Diskussionen werden, möge es ein Spiegel sein, in dem möglichst viele – aktiv wie passiv – Betroffene sich wieder erkennen und ihre Haltung kritisch überdenken können, und vor allem: Möge es dazu beitragen, dass die Kinder künftig mehr Zufriedenheit erleben dürfen, die *ihren* Bedürfnissen entspricht.

DIE ZEIT VOR DER SCHEIDUNG

SCHEIDEN TUT ALLEN WEH

Trennungen begleiten das Leben

Auch die größten Liebeshoffnungen, die besten Vorsätze für eine Beziehung können scheitern und eine Trennung oder Scheidung kann als einzig sinnvoller Ausweg aus der Ehekrise erscheinen. Doch auch Scheiden will gelernt sein, will man nicht ein Leben lang daran leiden, schließlich ist Auseinandergehen oft nicht weniger schwierig als Zusammensein.

Scheidung ist nicht die erste Trennung im Leben. Von Geburt an kennzeichnen Trennungen und Abschiede die menschlichen Entwicklungsstufen und von der Bewältigung dieser einzelnen Trennungsschritte hängt es ab, wie wir später mit Trennungen und Verlusten umgehen werden: vom *Geburtsakt* selbst, der Trennung aus der umfassenden körperlichen Symbiose mit der Mutter, über frühkindliche Trennungsängste und der schrittweisen Loslösung aus dem engsten Familienverband bis hin zum Abschied vom Elternhaus in der Adoleszenz. Auch im späteren Leben kommt es immer wieder zu Veränderungen und Trennungen: Ausbildung oder Studium in einer anderen Stadt, berufsbedingtes Unterwegssein, Fernreisen – es gibt viele Anlässe für Tränen und Abschiedsschmerz. Auf Bahnhöfen und Flughäfen ist täglich zu beobachten, wie schwer es uns fällt, uns von geliebten Menschen zu trennen. Der schmerzhafteste Verlust – ob in der Kindheit oder im Erwachsenenleben – trifft uns durch Tod. Er zwingt uns Abschied zu nehmen von allen, die uns wichtig sind: Eltern, Geschwister, Geliebte, FreundInnen, SchulkollegInnen, ja selbst vom geliebten Kätzchen oder Hund. Wir leben in der Vorahnung dieser endgültigen Trennung. Und nicht zu Unrecht sprechen wir vom »Tod einer Beziehung«.

Trennungen sind *life events*, die mit schweren seelischen Belastungen einhergehen. Das Ende einer Beziehung bedeutet nicht nur den Verlust eines nahen Menschen, sondern verändert auch das eigene Leben, etwa wenn man im Alltag nunmehr ohne Rat und Hilfe des anderen zurechtkommen muss. Selbst eine zerbrochene

Jugendfreundschaft gemahnt uns Erwachsene wehmütig an Abschied und Trennung, und um dies auszuhalten, verklären wir diese Beziehung, sofern sie nicht in »Todfeindschaft« geendet hat. Brüche sind in der Regel schmerzhaft. Partnerschaften gehen zu Ende. Auch die Ehe wird meist nicht mehr – wie versprochen – durch »den Tod« geschieden. Deshalb spricht man heute auch realistischerweise von »Lebensabschnittsbeziehungen«. Zwar wird die Unauflösbarkeit der Ehe von Religionen noch gefordert, ist aber, wie die Scheidungsraten zeigen, längst obsolet geworden. Selbst in der Vergangenheit, als solche Ansprüche noch verbindlich waren, wurde ihnen zwar nach außen entsprochen, in Wahrheit jedoch durch Auswege wie »Trennung von Tisch und Bett« oder das Unterhalten von Liaisons unterlaufen.

»Bis dass der Tod euch scheidet« ist also wohl eher eine Sehnsucht, ein Wunschtraum, den ausschließlich zu propagieren angesichts der Realität wenig sinnvoll erscheint. Wirklichkeitsnaher hingegen ist es, von der Tatsache auszugehen, dass Beziehungen endlich sein können. Und dass es Möglichkeiten gibt, sich – wenn es denn sein muss – auf »humane« Weise zu trennen, statt mörderische »Rosenkriege« vom Zaum zu brechen und lebenslang traumatisierte Opfer zurückzulassen.

Konflikte

Eine Liebesbeziehung zwischen zwei Menschen ist ein intimer, unverwechselbarer Prozess – verbunden mit ganz persönlichen Hoffnungen, Konflikten und Enttäuschungen. Ebenso individuell sind auch die Gründe für ihr mögliches Scheitern: Sie können – bewusst oder unbewusst – schon lange schwelen, ehe sie »explodieren«; manchmal verdecken die ständigen Reibereien bloß andere schwerwiegende Probleme oder sie wurzeln im persönlichen Hintergrund der Partner* und damit in einer Zeit lange vor der Begegnung der beiden. Oft summieren sich aber auch bloß die »kleinen« Unterschiede, mit denen so schwer umzugehen ist. Ursachen und Gründe für Beziehungsprobleme, die sich zur Kri-

---

* Nicht immer wird in diesem wie in anderen Fällen auch die weibliche Form angegeben, sie ist aber stets mit eingeschlossen.

se auswachsen können, gibt es genug: Fehlende Übereinstimmung in grundsätzlichen Fragen, Lebensstil und Perspektive, konfessionelle Intoleranz oder die ewige Hoffnung, dass sich der Partner schon noch ändern werde, sind nur einige davon. Auch Perfektionismus, Karriere-Enttäuschungen, Eifersucht, verletzender Umgang miteinander oder Träume, die an der rauen Wirklichkeit zerschellen, sind tickende Zeitbomben, die schließlich voller Hass und meist schon am *point of no return* hochgehen.

Vergessen wird dabei vielfach, dass auch die Kinder diese Beziehungen voller schwelender oder offener Konflikte ertragen müssen. Nur selten erleben sie als Vorbild ein positives Problemlösungsverhalten der Eltern: gemeinsames Aufspüren der wahren Konfliktstoffe, offene Aussprache, Zuhören, Eingestehen persönlicher Wünsche und Kränkungen. Schließlich wären die meisten Konflikte ja grundsätzlich lösbar, würden sie offenherzig und rechtzeitig angegangen – falls notwendig mit professioneller Unterstützung. Stattdessen wachsen die Kinder in einem ständig angespannten Klima auf, das von eskalierenden Auseinandersetzungen, gegenseitigen Vorwürfen und Beschuldigungen, Hassentladungen und schließlich dem Scheitern der elterlichen Beziehung geprägt ist.

Szenen einer Ehe

Inmitten endloser Streitigkeiten, die sich fruchtlos im Kreis drehen, steht schließlich die erste Drohung im Raum, dass man ja nicht zusammenbleiben müsse, dass man sich trennen könne. Zu diesem Zeitpunkt sind alle Versöhnungsversuche der Partner in der Regel erschöpft. Appelle an die Parteinahme Dritter erfolgen, die nun ihrerseits den ihnen näher stehenden Kontrahenten unterstützen und sich mit Parteinahmen und Beeinflussungen – vielfach in bester Absicht – in das Geschehen einmischen. Die Kinder, vor denen man die Probleme ursprünglich verbergen wollte, sind längst einbezogen; sie spüren die Hilflosigkeit ihrer Eltern, die Wut und die Verachtung, die sie füreinander hegen, und sie leiden unter dem konfliktreichen Familienklima. Wohlbefinden und positive Perspektiven sind verloren gegangen. Untergriffe, Zornausbrüche bis hin zu Tätlichkeiten und unversöhnlicher Hass stehen auf der Tagesordnung. Wurde zunächst nachts gestritten, um die

Kinder zu schonen, kämpft man jetzt rund um die Uhr. Auszugs-
drohungen des einen werden mit dem Satz »Dann geh doch endlich!« vom anderen quittiert. Die Kinder, zwischen den Beteiligten hin und her gerissen, befürchten das Schlimmste: »Was ist,
wenn *beide* gehen und uns zurücklassen?« Belastende Loyalitätskonflikte und schwere Verlustängste sind die Folge.

Schließlich kommt der Zeitpunkt, an dem es zumindest *einem*
Partner »reicht«. Er sucht einen Anwalt auf und wirft damit den
Fehdehandschuh; ab nun werden die persönlichen Probleme aus
dem alltäglichen Eheleben in objektive juridische Formulierungen
gefasst. Das Verhalten, das man einander in privaten Streits bisher
vorhielt, wird jetzt zur formal definierten »Verfehlung«. Vertraute
Gewohnheiten und Marotten aus dem gemeinsamen Alltag, einst
gemocht, toleriert oder belächelt, werden nun als unerträgliche,
das Zusammenleben behindernde Verhaltensweisen beschrieben.
»An Scheidungsgründen fehlt es nie, wenn nur der gute Wille da
ist«, hat schon Johann Nestroy geätzt. Die AnwältInnen loten die
Gründe für eine Trennung juristisch gründlich aus, verstärken sie,
ja verfremden sie manchmal so sehr, dass viele ihre gelebte Paarbeziehung in den Schriftsätzen nicht mehr wiedererkennen.

Die Scheidungsklage löst beim anderen oft einen Schock aus und
nach einigem Nachdenken und eventueller Beratung mit Naheste-
henden beauftragt dieser ebenfalls eine Rechtsvertretung. Diese
fährt nun in der unversöhnlichen Auseinandersetzung, welche damit aufgenommen wird, ihrerseits die ihr notwendig erscheinende
»Munition« auf und reagiert auf die tatsächlichen oder vermeintlichen Unterstellungen der Gegenseite mit scharfen Angriffen.
»Lasst die Waffen sprechen!« lautet ab nun die Devise des begin-
nenden Scheidungskriegs.

Das hier skizzierte Szenario mag manchen als krass erscheinen,
und doch ist es nicht selten Realität. Im heftigen Rechtsstreit, der
nun folgt, wird nicht mehr auf Objektivität und Fairness geachtet,
sondern lediglich auf Wettbewerbsvorteile. Mutter und Vater erklären zwar lautstark und übereinstimmend, dass sie ihren Konflikt eingrenzen und die Kinder nicht hineinziehen wollten. Tatsache aber ist, dass die Kinder im Scheidungskampf das wertvollste
Faustpfand darstellen, selbst wenn sie im Verfahren, in dem sich
alles um die Aufteilung von Hab und Gut dreht, »Nebensache«
zu sein scheinen.

Scheidungsgründe

Jeder Scheidung liegt die Unmöglichkeit der weiteren Eheführung zugrunde. Sie bedeutet die Endlichkeit einer vor dem Gesetz geschlossenen Verbindung und wird auf legal-rechtlichem Weg vollzogen. Dies setzt voraus, dass zumindest eine/r der beiden, die den Bund der Ehe geschlossen haben, die Fortsetzung der freiwillig gewählten Beziehung aufkündigt und dafür *Gründe* anführt: die so genannten Verschuldens-, Zerrüttungsprinzipien[*]. Diese Scheidungsgründe können später auch indirekt Entscheidungen bezüglich Unterhalt oder Eignung für Pflege und Erziehung des Kindes beeinflussen, wenn es im Pflegschaftsverfahren, das dem Scheidungsverfahren folgt, um Alimentationszahlungen, die jeweilige Verhandlungsposition im Streit um Sorge- und Besuchsrecht[**] und um die Frage geht, welcher Elternteil eher die pädagogische Befähigung besitzt, das gemeinsame Kind bestmöglich zu dessen Wohl zu erziehen.

Gründe im Fall der strittigen Scheidung sind unter anderem Untreue, Alkoholexzesse, zu geringes Wirtschaftsgeld (Verletzung der Unterhaltspflicht), Vernachlässigung, Lieblosigkeit, Beschimpfungen und Gewalt. Diese Scheidungsgründe sind anzugeben und zu beweisen, so schwierig das oft sein mag. Die Folge ist, dass sehr persönliche, ja intime Beziehungsprobleme in Scheidungs- und Pflegschaftsverfahren bis zur Unkenntlichkeit für die Beteiligten öffentlich gemacht werden. Auch soziales Gefälle, ethnische und konfessionelle Unterschiede, Geschlechterdiskriminierung, Krankheit und Sucht, Kriminalität und Gewalt in der Familie, insbesondere Gewaltformen gegen Kinder, können im Ehealltag wie im Gerichtssaal zum Zündstoff werden.

So dokumentiert das folgende Beispiel, wie sich *soziale* und *geschlechtsspezifische Unterschiede* auf das Scheitern der Ehe und das Verhalten danach auswirken können:

---

[*] In Deutschland löste das *Zerrüttungsprinzip* das *Schuldprinzip* ab. In Österreich bestehen nach wie vor beide Grundsätze.
[**] Besuchsrecht = Umgangsrecht.

Das Ehepaar Sch. hat drei Kinder im Alter zwischen acht und zwölf Jahren. Der Mann ist als Kaufmann im internationalen Import- und Exportgeschäft tätig und viel auf Reisen, während seine Frau nicht berufstätig ist, auch keinen Beruf erlernt hat und Kinder und Haushalt versorgt. Wie sich herausstellt, unterhält Herr Sch. seit längerem gleichzeitig in mehreren Ländern Liebesbeziehungen. Als seine Frau, die eine Untreue ihres Mannes vermutet, ihren Verdacht durch Detektive bestätigen kann, beschließt sie sich von ihm zu trennen. Die Ehe wird geschieden und die Kinder aufgrund des erwiesenen problematischen Lebenswandels des Mannes der Mutter zugesprochen; sie sollen den Vater nur in Gegenwart seiner Eltern und nur im eigenen Land stundenweise sehen.

Diesen Machtverlust will der erfolgreiche Geschäftsmann nicht akzeptieren. Er beginnt den Kindern jeden Wunsch von den Augen abzulesen, schreibt ihnen Karten aus der ganzen Welt, verwöhnt sie mit Mitbringseln und lockt mit Städteflügen und Wochenendreisen, sollten die Kinder bei der Mutter ein dafür verlängertes Besuchsrecht erreichen. Im Zuge des Verfahrens und der hartnäckig wiederholten Eingaben des Mannes auf Anspruch des Besuchsrechts erliegt schließlich die Pflegschaftsrichterin seinem weltmännischen Charme und der vermeintlichen Großzügigkeit und gestattet versuchsweise ein verlängertes Wochenende, das Vater und Kinder in London verbringen. In der Folge beginnen sich die Kinder zu verändern: Die schulischen Leistungen sinken, der Mutter gegenüber herrscht zunehmend ein harter bis brutaler Umgangston. Die früher harmonische Atmosphäre wird immer mehr »vergiftet«, bis Frau Sch. eines Tages entnervt ausruft: »Dann geht halt zu eurem Vater, ihr werdet schon sehen, wohin das führt!« Als dieser davon erfährt, formuliert er sofort eine gerichtliche Eingabe und punktet erfolgreich bei der bereits ins Wanken kommenden Pflegschaftsrichterin. Er erhält zunächst ein vorläufiges und schließlich das Sorgerecht über die drei Kinder. Allerdings nimmt er sie aufgrund seiner beruflichen Situation nicht zu sich, sondern bringt sie in renommierten Internaten im Ausland unter und besucht sie dort oft nicht mehr als wenige Stunden pro Monat. Die Kinder sind zwar in guten Schulen, leben nun aber ohne wichtige Bindungs- und

Bezugspersonen. Frau Sch. ist verzweifelt, doch da sie nicht die finanziellen Möglichkeiten ihres Mannes hat, kann sie weder einen Prozess noch das ihr zugestandene regelmäßige, »ausgedehnte« Besuchsrecht finanzieren, was erneut gegen sie verwendet wird: Sie muss den Vorwurf ertragen, sie kümmere sich nicht um ihre Kinder. Am Ende steht eine große Entfremdung zwischen Mutter und Kindern.

Untreue wird immer noch als einer der häufigsten Gründe für eine Trennung angegeben. Zwar haben viele einst Treue »bis zum Tod« gelobt, doch ist mit großer statistischer Häufigkeit das Gegenteil der Fall: Die Bereitschaft ist groß, mit einem anderen Menschen in so enge Beziehungen zu treten, dass die Ehe massiv darunter leidet bzw. für die/den Betrogenen keine Verzeihung oder Versöhnung mehr möglich ist.

Auch *permanente Kränkung* und *Demütigung* werden als Scheidungsgrund ins Treffen geführt, ein Vorwurf, der schon von der Begriffsbildung her äußerst subtil ist. Wo beginnt die permanente Kränkung? Wer von den Betroffenen, Zeugen oder Justizverantwortlichen ist imstande, »Demütigung« zu qualifizieren und zu quantifizieren?

Weiters gibt es psychische Gründe, also *Erkrankungen aus dem psychiatrischen Formenkreis*, die eine Weiterführung der Ehe aufgrund der Symptomgestaltung der Krankheit verunmöglichen können: dazu zählen Verfolgungswahn und andere Geistes- bzw. Gemütskrankheiten. Auch Persönlichkeitsstörungen und schwere sexuelle Abweichungen (Aberationen) können ein Aufrechterhalten der ehelichen Gemeinschaft auf Dauer verunmöglichen.

Ethnische und *kulturelle Unterschiede*, die von den Betroffenen zu wenig beachtet oder von einem der Ehepartner ausgenützt werden, können ebenfalls zum Bruch führen. Sie verwandeln sich allzu oft in Benachteiligung und Diskriminierung, wobei die PartnerInnen, die aus anderen Kulturen stammen, im Konfliktfall meist keine gleichen Chancen haben.

Tief greifende *konfessionelle Differenzen* können weitere Gründe dafür sein, dass ein Zusammenleben der Ehepartner nicht mehr möglich und sinnvoll erscheint; Liebe überwindet eben nicht immer alle Klüfte.

An dieser Stelle sei vermerkt, dass insbesondere sektiererische Intoleranz zu den Beziehungsproblemen mit schlechter Lösungsprognose gehört, da sie keinen Platz für anders Denkende lässt. Für die Kinder bedeutet dies im Konfliktfall, dass sie nicht nur zwischen den unterschiedlichen Denk- und Glaubensrichtungen der Eltern hin und her gerissen werden, sondern auch emotional in eine Zwickmühle geraten. Nach geltendem Recht dürfen Kinder ihre religiöse Präferenz erst mit Vollendung des 14. Lebensjahrs selbst festlegen; das heißt, dass sie bis zu diesem Zeitpunkt als Spielball im elterlichen Glaubenskrieg benützbar sind.

Ganz oben in der Begründungsstatistik für Ehescheidungen stehen *tätliche* und *gemütsmäßige, seelische Grausamkeit.* Dabei handelt es sich um körperliche, intellektuelle, emotionale und soziale Gewalthandlungen, die die Würde der/des Betroffenen so sehr verletzen, dass an ein Weiterbestehen der Ehe nicht mehr zu denken ist. Wenn allerdings ein »Rosenkrieg« tobt, ist bei solchen Vorwürfen einzubeziehen, dass sich dahinter vordergründige Motive verbergen können, etwa die Absicht, den anderen, durch die Behauptung, er sei gewalttätig, in Verruf zu bringen und ihm wirtschaftlich und sozial zu schaden.

Gewalt in der Familie spielt bei Trennungen und Scheidungen eine ausschlaggebende Rolle, wie die steigenden Zahlen der *Wegweisungen* belegen, und das quer durch *alle* Schichten der Gesellschaft. Dabei ist, wie gesagt, nicht nur *physische* Gewalttätigkeit ein Faktor. Wie wir am Beispiel des Kaufmanns Sch. gesehen haben, zählen auch psychische und soziale Gewaltformen zu den Faktoren, die eine Familie zerstören können.

Herr F. wird des sexuellen Missbrauchs an seiner 13-jährigen Tochter Gabi beschuldigt, nachdem sich das Mädchen einer seiner Lehrerinnen sowie seiner besten Freundin anvertraut hat. Zwischen Gabi und Frau F. herrschen zu jener Zeit Spannungen, wie sie häufig zwischen pubertierenden Töchtern und ihren Müttern auftreten. Diese Situation machte sich Herr F. zunutze; er schmeichelte seiner Tochter und diese stieg darauf mit der Keckheit eines provokanten Teenagers ein. Sie gilt – obwohl dies von Rechts wegen keinerlei Bedeutung haben darf – als »kindliche Verführerin«.

Die Mutter, die ihrem Mann vertraut, kann sich nicht vorstellen, dass dieser zum sexuellen Missbrauch an der Tochter im-

stande ist. Noch während der kriminalpolizeilichen Erhebungen und den Vorverfahren bei Gericht hält sie eisern zu ihrem Mann und verteidigt ihn ohne zu beachten, in welch schwierige Situation sie ihre Tochter bringt, die sich dadurch von der Mutter verraten und verlassen fühlt. Zwar erscheint die Beweislast erdrückend, doch nachdem Herr F. hartnäckig leugnet und ihm seine Frau gleichsam Vertrauensschutz gibt, wird er »im Zweifel für den Angeklagten« freigesprochen.

Für die Tochter bedeutet dies eine dreifache Viktimisierung: erstens durch die Tat an sich, die – selbst wenn sie teilweise »mitgespielt« hat – als verbotene Handlung durch den Erwachsenen eine Verletzung der körperlichen wie seelischen Integrität der Minderjährigen darstellt. Zweitens durch das Verfahren, das durch alle Medien ging, was sowohl in der Schule als auch in ihrem übrigen Umfeld soziale Diskriminierung zur Folge hatte. Und drittens durch den »Zweifelsfreispruch«: Gabi wusste und äußerte, was tatsächlich geschehen war, wurde aber von der eigenen Mutter als unglaubwürdig dargestellt – aus der Sicht des Psychotherapeuten sicherlich die tiefste seelische Verletzung.

Eine junge Verfahrensbegleiterin hat diesen Prozess zufällig im Rahmen ihrer Ausbildung mitverfolgt. Sie war von Anfang davon überzeugt, dass das Mädchen die Wahrheit spricht und trägt das Geschehen nach Prozessende ihrem Supervisor vor, der selbst ein Gerichtssachverständiger ist. In Beratung mit ihm nimmt sie Kontakt mit Gabi sowie deren Mutter auf. In den behutsamen Gesprächen kommen Frau F. allmählich Zweifel an ihrer den Ehemann schützenden Haltung. Sie beginnt ihre Einstellung zu überdenken und schärfer zu beobachten, bis sie erkennen muss, dass ihr Mann offensichtlich ein geschickter Vorsatztäter ist, der nicht nur seine Frau und die Gerichte getäuscht hat, sondern mittlerweile auch seine Nichte, die Tochter seiner Schwester, sexuell verführt. Es kommt zu einem neuerlichen Verfahren. Herr F. wird verurteilt und seine Tochter zivilgerichtlich rehabilitiert, indem ihre seelischen Leiden zivilgerichtlicherseits gewürdigt werden und die notwendige psychotherapeutische Betreuung, im Sinne eines Urteilsspruchs, vom Vater abgegolten werden muss. Frau F. trennt sich nach diesem Verfahren von ihrem Mann.

Es gibt keine Partnerschaft, die konfliktfrei ist. Deshalb benötigen wir die Fähigkeit, mit Zorn, Ärger, Wut und Frustrationen angemessen umgehen zu können, also die Entwicklung einer »Konfliktkultur«. Streiten muss nicht trennen, es hat durchaus bindungsstiftende Kraft: Schließlich kann es zu einer Klärung der Differenzen und zur Versöhnung führen und die darin ausgelebte dynamische Entlastung wird durchaus lustvoll erlebt.

Konfliktfähigkeit und *Toleranz* müssen bereits im Kindergarten und in der Schule, vor allem aber durch die Vorbildwirkung der Eltern gelehrt und eingeübt werden: Die Meinung des anderen gelten lassen, auch wenn sie nicht immer den eigenen Ansichten entspricht, sich mit der anderen Meinung ernsthaft zu beschäftigen und diese selbst dann nicht abzuwerten, wenn sie der eigenen Auffassung grundsätzlich zuwiderläuft, sind in der Konfliktpädagogik wesentliche Lernziele. Aggressionen sind unbestritten ein dynamischer Teil von uns und stellen eine wichtige Bedingung unserer Selbsterhaltung dar. Ebenso wichtig ist es aber, die Kinder im Lauf ihrer Sozialisation zu lehren, »zivilisiert« damit umzugehen, ohne sie zu verdrängen. Voraussetzung für eine positive Konfliktkultur ist also die Fähigkeit und Bereitschaft, aggressive Impulse zu kontrollieren und dennoch anderen den eigenen Standpunkt klar zu machen. Unüberlegtes Ausleben der aggressiven Impulse bis hin zu offener Gewalttätigkeit und Brutalität macht hingegen blind und lässt schon im Ansatz vermissen, dass man den anderen akzeptiert. Darin liegt gewiss eine der Hauptursachen für das Scheitern vieler Beziehungen.

Grundsätzlich gilt: Gewalt hat in der Familie keinen Platz. Dass die weitaus meisten Gewaltdelikte gerade hier stattfinden, muss uns zu denken geben.

Exkurs: Gewalt in der Familie

Die Zahl der jährlich verübten tätlichen Übergriffe von Familienvätern auf Kinder und Ehefrauen ist hoch und von zunehmender Brutalität. Schläge und Prügeleien mit jedwedem Gegenstand, Torturen, Racheakte für allfällige Anzeigen wegen Gewalttaten – es gibt kaum eine Grausamkeit, die nicht vorkommt. Die Leidtragenden – in der Regel Kinder und Frauen –

waren insoweit gesetzlich schutzlos, als immer »zuerst etwas geschehen musste«, ehe Behördenapparate und Schutzmaßnahmen in Gang gesetzt werden konnten. Diese Situation wurde in Österreich 1997 mit dem Inkrafttreten des Gewaltschutzgesetzes geändert: Mit dem *Wegweiserecht* hat die Gesetzgebung zunächst der Exekutive, danach den FamilienrichterInnen vorbildlich ein Instrument in die Hand gegeben, um der Gewalt in der Familie zumindest im Ansatz entgegenzuwirken. In Deutschland folgte Anfang 2002 nach langjährigen Diskussionen ebenfalls ein Gewaltschutzgesetz. Damit soll der zivilrechtliche Schutz vor Gewalttaten, Bedrohungen und Nachstellungen im privaten Umfeld verbessert und die Überlassung der gemeinsamen Wohnung bei Gewalttätigkeiten durch den Partner erleichtert werden.

Mit dem »Wegweiserecht« können Hilfe Suchende und Bedrohte ihre Peiniger durch die Exekutive entfernen und ein Wiederbetreten der Wohnstatt verbieten lassen. Auch wenn dieses Verbot begrenzt ist, bietet es doch die Möglichkeit, im überschaubaren Zeitraum zur Ruhe zu kommen, nachzudenken und entsprechende Schritte einleiten zu können – sofern nicht Schmeicheleien oder Einschüchterungsversuche der Gefährder dazu führen, dass die Beschuldigungen zurückgenommen werden bzw. es zur Versöhnung kommt. Da es sich häufig um Wiederholungstäter handelt, spielt eine Anzeige mit dem Wegweiserecht zumindest für das Scheidungsverfahren eine nicht unbedeutende Rolle. Das bedeutet aber nicht, dass automatisch der Umkehrschluss zulässig ist: wo eine Anzeige, da auch ein Täter!

Gewalt wird üblicherweise im physischen Sinn verstanden, beginnend mit der »harmlosen« Ohrfeige, mit der Kinder häufig bestraft werden. Die Zeiten, als man die »gesunde Watschn«, wie man in Österreich sagt, noch offiziell verteidigen konnte, sind zwar vorbei; diese wurde bereits in den 1970er Jahren durch den Kinderarzt und Sozialmediziner Hans Czermak als Gewalt gegen Kinder entlarvt und geächtet. Seitdem ist die körperliche Züchtigung von Kindern verboten. Doch noch immer hebt die Mehrzahl der Eltern die Hand gegen ihre Kinder oder wendet Gewalt als rituelle Strafe an. Trennungsphasen der Eltern und kritische Zeiten in der Eltern-Kinder-Beziehung erhöhen das Gewaltrisiko: Wenn das Baby brüllt, in der Trotzphase zwischen dem dritten und vierten Lebensjahr, sobald die ersten Schulprobleme auftreten und während der Pubertät der Kinder kommt es besonders häufig zu elterlichen Gewaltausbrüchen und Übergriffen.

Lange Zeit galt als Gewalt nur, was körperliche Folgen zeitigt. Aggressionsausübung hat aber viele Facetten: neben *körperlichen Tätlichkeiten* auch subtilere und weit schwieriger nachweisbare Formen, die nicht weniger Schaden anrichten. So gibt es die *intellektuelle Gewalt*, mit der Kinder etwa gezwungen werden, den Vorstellungen und Idealen ihrer Eltern zu entsprechen, ein Ehrgeiz, der oft mit ebenso großer wie gut verschleierter Brutalität durchgesetzt wird: Da werden Kindern zu frühe, nicht altersgemäße geistige Leistungen abverlangt, die sie – wenn überhaupt – nur unter Aufbietung ihrer gesamten Kraft zu erbringen imstande sind. Es müssen nicht immer die kleinen Mozarts, Eisprinzessinnen, Schachgenies und andere Wunderkinder sein – ehrgeizige Eltern können ihre Kinder schon wegen geringerer Leistungsforderungen unter Druck setzen, und sei es nur im vorgeblichen Glauben, möglichst alle Chancen zu nützen, ohne zu bedenken, welch große Defizite in anderen Bereichen der kindlichen Persönlichkeit dadurch entstehen können.

Gewaltverhältnisse, in denen Kinder zu einseitigen Höchstleistungen gezwungen werden, sind labile Verhältnisse: Wird eine solche Ehe geschieden, lässt sie heillos überforderte, in ihrer Gesamtentwicklung nicht genug geförderte, manchmal bereits psychosomatisch erkrankte Opfer voll verschluckter Trauer, Wut und Aggression zurück. Die Leistungsschau der »Herzeigekinder« ist schon lange vor der Trennung Zankapfel der Eltern im Streit um die »bestmögliche« Erziehung, und fast immer bleibt sie es auch während und nach der Scheidung; ein Elternteil wirft dann dem anderen vor, nicht genug für die Förderung des Kindes zu tun, oder mangelnde Schulleistung muss als Beweis für die Erziehungsschwäche des jeweils anderen Elternteils herhalten. Kinder, die gelernt haben, dass permanente Forderung und einseitiger Leistungsdruck der Preis sind, den sie für die elterliche Zuwendung zu bezahlen haben, werden die Scheidung als ein Versagen ihrerseits erleben, als etwas, das *sie* nicht »geschafft« haben. Dass Beziehungen auch emotionale und soziale Fähigkeiten voraussetzen, also eine umfassende und lustvolle Entwicklung der Persönlichkeit, die Wünsche an andere artikulieren und Niederlagen verkraften oder kompensieren kann, haben sie nicht gelernt – und ihre Eltern wohl auch nicht.

Auch *emotionale Gewalt* erzeugt Angst, seelische Deformation oder Krankheit bei Kindern, die selbst in psychotherapeutischen Behandlungen nur schwer heilbar sind. Elterliche Wutausbrüche, selbst wenn sie nicht mit körperlichen Tätlichkeiten einhergehen, Vernachlässigung und seelische Misshandlung gehören hierher, Verächtlichkeit, Spöttelei, Demütigung und Liebesentzug, also die strafende Versagung von Wärme, Zärtlichkeit, Zuwendung, Fürsorge. Diese emotionale Isolation des Kindes ist wohl die versteckteste Form emotionaler Gewaltanwendung; sie liegt teils in der mangelnden Bereitschaft, die Interessen des Kindes vor die eigenen zu stellen, teils im Strafverhalten der Eltern begründet. Die Möglichkeit des Heranwachsenden, sich je nach Temperament zu öffnen und nach außen »schwingungsfähig« zu werden, die ganze Bandbreite an Gefühlen frei auszudrücken und zu leben, wird durch solch subtile Gewaltakte blockiert. »Nachahmungslernen« (Training durch Vorbildwirkung) – eine wichtige Komponente im Erziehungsprozess – wird nachgerade verunmöglicht; allein dies ist ein Gewaltakt, der sich noch Jahrzehnte später rächen kann. Auch der beliebte Vorwurf streitender oder geschiedener Eltern an das Kind, es hätte – typisch! – diese oder jene emotionale Eigenschaft vom Partner »geerbt« (meist von jenem, der das Besuchsrecht erhielt), ist ein weiterer Akt emotionaler Grausamkeit und Bedrohung für das Kind. Denn damit erhält es die Vorstellung, dass der eine Elternteil den anderen auch in der Verkörperung des Kindes ablehnt und seine Liebe gewissermaßen auf jene Hälfte beschränkt, die von *ihm* stammt. Die Folge: Das Kind gerät im Innersten aus dem Gleichgewicht.

Soziale Gewalt ist jene, die am schwierigsten erkennbar ist. Als »Unterlassungsleistung« wird sie als Form der Aggressionsausübung oft gar nicht wahrgenommen. Die Sozialisation eines Kindes umfasst nicht nur – entgegen landläufiger Meinung – das Erlernen von Benimm- und Hygienegeboten oder das Einhalten gesellschaftlicher und hierarchischer Spielregeln, sondern vor allem auch die Entwicklung der moralischen Urteilsfähigkeit, die Fähigkeit zur Ein- und Voraussicht sozialen Handelns sowie den Anspruch auf sozialen Schutz durch die Eltern. Selbst da, wo die Entwicklung der moralischen Urteilsfähigkeit als wichtiges Erziehungsziel anerkannt wird, ist nicht immer gegeben, dass dieses durch Imitation des elterlichen Verhaltens auch erreicht werden kann. Nur die von Erwachsenen vorgelebten und sozial akzeptierten Moralvorstellungen werden vom Kind übernommen. Klagen Väter über die Last der Arbeit, berichten sie über ein von ihnen initiiertes Mobbing am Arbeitsplatz oder vertreten Mütter Ordnungsansprüche an andere, die sie selbst nicht einhalten, so wird das Kind eine ambivalente Weltsicht entwickeln, die es nicht angemessen für seinen weiteren Weg ausrüstet.

Auch die mangelnde Einübung der Fähigkeit, die Tragweite einer Handlung voraussehen zu können – nach dem Prinzip »Wenn ich dies tue, hat das jene Konsequenz« –, bereitet das Kind wenig oder gar nicht auf die Erfahrungen sozialer Gewalt und das Einschätzen-Können der damit verbundenen Gefahren »draußen« im Leben vor. Die Aggressivität anderer Kinder bereits im Kindergarten, durch Lehrer oder in der Gruppe Gleichaltriger machen ein Kind, das die entsprechenden Spielregeln daheim nicht erlernt hat, wehrlos und bestrafen es für etwas, das es nicht verschuldet hat. Es ist Zynismus, wenn die Eltern, die sich mit solchen Themen nicht »schmutzig« machen wollen, dem gefährdeten Kind auch noch erklären: »Du siehst ja, wohin du mit deiner Art kommst.« Wer sein Kind ungeschützt und ohne stützende Vorbildwirkung der Gewalt von außen aussetzt, nimmt in Kauf, dass es diese Normen übernimmt und später ebenfalls zu Gewalt neigt, nicht *nur* zu körperlicher, sondern auch zu den verbreiteten Formen der intellektuellen, emotionalen und sozialen Gewalt.

Dies ist in unserem Zusammenhang deshalb wichtig, da ein selbstkritischer Nachdenkprozess nicht nur die Beziehung zu den Kindern, sondern auch der Erwachsenen zueinander verändern kann: Mangelnder Streitkultur vorzubeugen, *verbindendes* Streiten zu fördern und so partnerschaftlichen Disput zu fördern, Konflikte – wenn notwendig auch in scharfer Form – anzusprechen und »auszustreiten« wird nicht nur das Leben der Kinder erleichtern, sondern könnte gewiss manche Ehe retten.

REDEN IST GOLD, SCHWEIGEN IST KATASTROPHE

Scheidung ist nichts Unanständiges

Sollen Trennung und Scheidung fair und verantwortlich statt in Form erbitterter Grabenkämpfe ablaufen, sind offene Gespräche zwischen den Partnern und mit den Kindern unerlässlich. Alle Beteiligten müssen sich in diesem schwierigen Prozess ernst genommen und akzeptiert fühlen. So selbstverständlich das klingt, so wenig verbreitet ist diese Einsicht in der Praxis.

Vorweg: Eine Scheidung ist eine ebenso bedeutende Sache wie die Eheschließung. Sie ist ein einschneidender und vor allem *legaler* Vorgang, der als Lösung einer verfahrenen Situation gewählt wurde. Scheidung legalisiert die Tatsache, dass eine Paarbeziehung gescheitert ist, und kann so die Befreiung aus einem anhaltend aggressiven oder depressiven Familienklima darstellen.

Je weniger man sich und den Kindern dabei vormacht, desto besser. Vor ihnen die geplante Trennung unter dem Vorwand, man wolle ihnen nicht wehtun, zu verstecken und zu verschweigen geht in die falsche Richtung: Kinder erhalten damit den Eindruck, Scheidung sei etwas »Unanständiges«, das vor den anderen – im Kindergarten, in der Schule, im Freundeskreis – verheimlicht werden muss. Solche Geheimniskrämerei belastet und ängstigt die Kinder nur noch mehr. Die Auswirkungen dieser Heuchelei können dramatisch sein: Das Kind ist auf die Veränderungen nicht vorbereitet, es versteht die Beweggründe nicht und glaubt Ursache der Scheidung zu sein. Es tritt ein schmerzhafter Vertrauensverlust gegenüber den Eltern ein. Es ist die Unehrlichkeit der Eltern, nicht die Scheidung selbst, die traumatisierend auf das Kind wirkt!

Ohnehin sollten sich Eltern niemals der Täuschung hingeben, dass die Kinder eine bevorstehende Trennung nicht ahnen, selbst wenn niemand mit ihnen darüber gesprochen hat. Wie viele Erfahrungen aus der psychotherapeutischen Arbeit mit Kindern zeigen, haben diese selbst bestgehütete Familiengeheimnisse aufgespürt, noch ehe die Eltern ihr *top secret* enthüllten. Familiengeheimnisse lassen sich nicht vertuschen. Auch wenn ihnen die gesamte Tragweite der Angelegenheit nicht bewusst ist, merken Kinder aus Blicken, Gestik und Mimik der Erwachsenen, dass man ihnen etwas vorenthält, und sie setzen alles daran, hinter das Verborgene zu kommen. Kommunikation zwischen Menschen findet ja nicht nur auf der verbalen, sondern auch auf der nonverbalen Ebene statt und darin sind Kinder Meister. Sie spüren, dass etwas nicht stimmt, ahnen, dass ein Verwandter im Gefängnis einsitzt, an einer Geistkrankheit leidet oder Selbstmord verübt hat, obgleich bisher jegliche Aufklärung vermieden wurde. Kinder kommunizieren anders und auf anderen Wegen wie Erwachsene. Spätestens dann, wenn MitschülerInnen oder Verwandte Andeutungen machen, ist ein fehlender Puzzlestein gefunden, das Bild komplettiert. Auch wenn Eltern noch so häufig versichern, dieses oder jenes können ihre Kinder unmöglich gewusst haben, so ist ihnen eindeutig zu widersprechen. Denn wie viele Beispiele klar belegen: Die Kinder *haben* es gewusst! Die Frage lautet daher nicht: Wie kann ich die Kinder am besten aus der Sache raushalten? Sondern: Was teile ich – ausgesprochen oder unausgesprochen – in welcher Form mit? Die bewusste, verbale Kommunikation mit Kindern hat dabei altersgemäß zu erfolgen. Und sie hat den moralischen Anspruch zu verwirklichen, dass sie von Offenheit und Aufrichtigkeit bestimmt sein soll. Das muss nicht bedeuten, dass es sich dabei um *die* Wahrheit handelt. Schließlich gibt es gerade in Konfliktsituationen bekanntlich immer *mehrere* Wahrheiten, die alle gleichermaßen ihre Daseinsberechtigung haben. Aber jede/r von uns kann versuchen, den eigenen subjektiven Standpunkt nach Stand der Dinge *ehrlich* zu vermitteln. Kinder prüfen uns im Lauf der Erziehungsarbeit immer und immer wieder. Und sie werden sich uns gegenüber so verhalten, wie wir mit ihnen umgehen. So ist es nicht verwunderlich, dass Kinder über Schulerfolge bzw. -misserfolge daheim lügen, wenn ihnen die Eltern im Alltag vorleben, dass sie es mit der Aufrichtigkeit auch nicht so genau nehmen. Um wie viel mehr gilt dies bei so wichtigen Prozessen wie einer Scheidung.

Kinder haben ein Recht auf Information

»Wollt ihr euch scheiden lassen?« – Kinder möchten wissen, woran sie sind. Sie wollen erfahren, welche Konsequenzen die Ehekrise für sie haben wird – ob die Eltern sich trennen oder ob sie trotz ihrer Konflikte zusammenbleiben. Auch wenn es vielen Eltern schwer fällt, mit ihren Kindern über solche Fragen zu sprechen: Es ist notwendig, die Kinder mit verständlichen Worten in Kenntnis zu setzen, wenn die Eltern vorhaben, sich zu trennen. Kinder haben ein Recht auf Information! Sie haben ein Recht darauf, dass ihnen *beide* Eltern erklären, was es mit der Trennung auf sich hat, wie es dazu kam und was sie für die Kinder bedeutet. Schließlich haben sie ja zusammen mit den Eltern die Auswirkungen der gescheiterten Ehe zu tragen.

Die meisten Eltern bemühen sich freilich nicht um solche Aufklärung. Wie die Gerichtspraxis zeigt, wird die große Mehrheit der Scheidungskinder nicht oder nicht ausreichend über die bevorstehende Trennung ihrer Eltern informiert. Kaum ein befragtes Kind vermag auch nur einen triftigen, gar wahrscheinlichen Grund zu nennen, weshalb die Ehe seiner Eltern gescheitert ist. Es scheint also, dass die meisten Eltern versuchen, die Trennung den Kindern gegenüber herunterzuspielen oder überhaupt zu verschweigen. Damit nehmen sie ihren Kindern die Möglichkeit, sich damit offen auseinander zu setzen, ihre Gefühle und ihre Bedürfnisse auszudrücken und ihre Ängste zu verarbeiten. Um die Scheidung ohne Schäden zu überwinden, brauchen Kinder angemessene Informationen und sie müssen Gelegenheit erhalten, mit ihren Eltern darüber zu sprechen. Dies vor allem: Sie müssen immer und immer wieder nachfragen dürfen, denn ein seelisches Trauma kann nur durch oftmals wiederholtes Fragen und Besprechen bewältigt werden.

Der innerfamiliäre Dialog

Sobald die Eltern ihre Trennung beschlossen haben, sollten sie gemeinsam ihre Kinder über die Umstände und Beschlüsse informieren. Sie sollten den Kindern vermitteln, dass ihnen bewusst ist, was sie tun, dass sie ihre Entscheidung reiflich überlegt haben und nicht aus einer Laune heraus den Fortbestand der Familie aufs

Spiel setzen. Kurz, dass sie auf die Scheidung vorbereitet sind und wissen, was auf Eltern und Kinder zukommt. Viele Trennungswillige entdecken ja selbst häufig erst im Rahmen des Gerichtsverfahrens, welche Belastungen sie mit der Scheidung auf sich nehmen, um wie viel mehr gilt dies für ihre Kinder!

Kinder müssen *vor* Beginn des Scheidungsverfahrens erfahren, was geplant ist. Vorstellungen über die weitere Zukunft der Familie sollten möglichst bald angesprochen werden, und zwar unter Einbeziehung von Kindern etwa ab dem fünften Lebensjahr. Diese sollten unter allen Umständen rechtzeitig darüber informiert werden, was von den Eltern und – nach Abschluss des Verfahrens – vom Gericht beschlossen wurde. So ist es für die Kinder wichtig, sehr bald zu wissen, wie ihre künftigen Kontakte zu den Eltern aussehen und was es für sie konkret bedeutet, dass Mutter oder Vater aus dem gemeinsamen Haushalt auszieht oder ausgezogen ist. Kinder können mit Scheidungen der Eltern gut zurechtkommen, wenn so rasch wie möglich festgelegt wird, dass sie weiterhin Mutter und Vater sehen dürfen, auch wenn diese getrennt leben, und dass sie weiterhin beide Eltern lieb haben dürfen, ohne dass der eine über die Zuneigung des Kindes zum anderen enttäuscht oder verärgert ist. Je schneller geeignete Lösungen für Kontaktregelungen nach der Trennung erarbeitet und mitgeteilt werden, desto leichter werden die Kinder den Scheidungskonflikt unbeschadet überstehen.

Entscheidend ist, dass die Kinder auf die bevorstehenden Veränderungen von beiden Eltern *behutsam* vorbereitet werden. Den Handlungen der Menschen gehen ja meist Pläne voraus, in welche die Kinder – sollen sie sich respektiert fühlen – einbezogen werden müssen. Werden sie ohne Vorwarnung vor vollendete Tatsachen gestellt und wird das, was man ihnen ankündigt, unmittelbar darauf Realität, so ist das ein entsetzlicher Schlag und zudem äußerst verletzend. Wenn ein Vater den Kindern aus heiterem Himmel seine Scheidungsabsichten mitteilt und den sofortigen Auszug ankündigt, also die angekündigte Trennung von der Mutter umgehend in die Tat umsetzt, ist die Wirkung traumatisierend. Wie soll der plötzliche Verlust verkraftet werden? Die Kinder waren darauf nicht gefasst, und sind von der Unvermitteltheit und Endgültigkeit der Entscheidung geschockt und überfordert: Der Schmerz über das plötzliche Verschwinden des Vaters kann nicht verarbeitet und nur durch Verdrängung ertragen werden. Ein solches Verhalten der Erwachsenen ist für Kinder unerträglich und wird sie auf Dauer belasten.

Kinder suchen bei den Eltern Stabilität und Sicherheit. Doch gerade diese Faktoren, die für Heranwachsende das Wichtigste sind, geraten im Trennungsprozess ins Wanken. Alles kommt in Bewegung. Können die Eltern in dieser Situation keine klaren Entscheidungen treffen, stoßen sie ununterbrochen ihre Pläne um oder machen hohle Versprechungen, die sie nicht einhalten, ist es für das Kind nicht möglich, sich zu orientieren. Auch fühlt es sich dann nicht in das Geschehen einbezogen, sondern findet sich als Spielball von Interessen wieder, die nicht seine eigenen sind. Nichts aber kann das Kind in dieser bedrohlichen Lage weniger gebrauchen, als zum unklaren und ungeklärten Objekt elterlichen Tauziehens zu werden.

Kinder messen uns an unserer Konsequenz und an unserer Ehrlichkeit. Es muss daher klar sein, dass in einer so ernsten Lebenssituation voller Ungewissheit alle Darstellungen und Lösungsvorschläge ehrlich und realistisch sein müssen. Kinder nehmen Abmachungen und Versprechungen ernst und halten daran fest, verstehen sie sich doch als paktfähige Partner der Familie. Dies gilt im Übrigen auch für andere soziale Verbände. Es gibt ja auch Lehrkräfte, die – manchen Eltern gleich – versuchen, die Kinder mit ständig neuen Versprechungen hinzuhalten. Die Klasse ist stets in freudiger Erwartung eines Ausflugs, einer Bastelstunde, eines besonderen Besuchers, doch treffen dann – immer wegen widriger Umstände – die versprochenen Ereignisse nicht ein. Um Kindern solche Enttäuschungen zu ersparen, sollten Eltern die Flucht in Versprechungen vermeiden, von deren Einhaltung sie selbst nicht überzeugt sind. Oder die von zu vielen unsicheren Faktoren abhängig sind; gerade in Krisenzeiten treten ja häufig unerwartete Umstände ein, die eine Einhaltung des Versprochenen unmöglich machen. Auch auf die Vorgaukelung falscher Tatsachen ist zu verzichten, zum Beispiel die Verlockung eines Elternteils, dass es dem Kind bei ihm viel besser gehen würde als beim anderen. Häufig werden Kinder auch, um dem Konflikt aus dem Weg zu gehen, mit Lügen oder Halbwahrheiten über die familiäre Situation abgespeist. Jüngeren Kindern wird gern erklärt, der Vater (die Mutter) sei verreist – er (sie) kehrt aber dann, wie sich herausstellt, von der Reise nicht zurück. Lügen haben kurze Beine: Sie werden als unhaltbar entlarvt und ihre Beweggründe sind allzu durchsichtig. Zurück bleiben verletzte und verunsicherte Kinder, die sich betrogen, missbraucht und missachtet fühlen. Der ehrliche Umgang mit der Realität und die verantwortliche Suche nach echten und fairen Lösungen für alle ist der beste Weg, Kindern und Jugendlichen in dieser unsicheren Zeit der Trennung zu helfen. Kinder können – wenn es ihnen altersgemäß vermittelt wird – verstehen, dass die Eltern miteinander einen schweren Konflikt austragen, der ihnen unlösbar erscheint und deshalb ein Zusammenleben für sie auf Dauer nicht möglich sein wird; dass sich aber beide bemühen werden, ihnen die notwendige Kontinuität im Leben zu garantieren und die Liebe beider Eltern – wenn auch unter geänderten Bedingungen – zu erhalten. Schon Vor- und Volksschulkinder sind imstande, eine Scheidung als verantwortliches Handeln von Seiten der Eltern zu verstehen, wenn diese mit ihnen angemessen darüber sprechen; ältere Kinder und Jugendliche wünschen auch, ihre eigenen Vorstellungen und Bedürfnisse einbringen zu dürfen. Durch ihre Offenheit, Verantwortlichkeit und Aufrichtigkeit können solche Gespräche zugleich wichtige soziale Lernprozesse hinsichtlich Dialogfähigkeit, Konfliktkultur und Krisenmanagement vermitteln.

Familien, in welchen über die Trennung und deren Auswirkungen offen geredet wird, können ihre Krise leichter überwinden. Regelmäßige familiäre Gespräche helfen Kindern und Jugendlichen besser zu verstehen, weshalb die Scheidung der Eltern notwendig ist und welche Veränderungen sie nach sich zieht. Verwandte, KindergärtnerInnen oder LehrerInnen können einspringen und mithelfen, dem Kind die Entwicklungen begreiflich zu machen. Gelungene Beispiele aus dem Familien- und Bekanntenkreis helfen, ihm eine anschauliche Vorstellung davon zu vermitteln, wie Trennungsphasen und Konflikte in Achtung voreinander und ohne bedrohlichen Hass verlaufen können.

Kommunikation nach außen

Wenn entschieden ist, dass ein Zusammenbleiben der Ehepartner nicht mehr möglich ist, wird eine Strategie notwendig, wie dieser

Schritt nach außen zu vermitteln ist. Meist findet der erste Probelauf im engeren Rahmen statt: Eltern, Geschwister, nächste und beste Freunde des Paares werden informiert, wobei häufig nur bestätigt wird, was sich für die anderen längst abgezeichnet hat. Diese Mitteilungen sollten möglichst früh erfolgen; dies schafft einerseits Hilfe und Unterstützung und es unterbindet von Anfang an Unterstellungen, Intrigen und Eskalationen von außen. Dennoch ist im Freundes- und Bekanntenkreis mit Parteinahmen, mit Pro und Kontra dem einen oder anderen Ehepartner gegenüber zu rechnen. Manch vermeintlich guter Freund wechselt – nicht immer aus nachvollziehbaren Gründen – ins andere »Lager« und verliert dadurch seine Vertrauenswürdigkeit. Nicht nur die Ehe, auch Freundschaften bieten keine Gewähr auf absolute Verlässlichkeit und ewige Treue! Dabei muss nicht immer Verrat oder Opportunismus unterstellt werden, sondern es können sich verändernde Beziehungsstrukturen der Grund sein. Unerfreuliche Konfrontationen sind hier gleichsam als »Sparring-Training« für all das zu betrachten, was auf die Trennungskandidaten ab nun zukommt.

Die Informationen über die bevorstehende Scheidung sollten also zu einem möglichst frühen Zeitpunkt sowie in größter Klarheit und Eindeutigkeit erfolgen. Die Gründe für die Trennung zu verschleiern bringt wenig, da sie später ohnehin ans Tageslicht kommen. Auch kann es unangenehm werden, wenn im gerichtlichen Verfahren falsch informierte Zeugen ahnungslos das Gegenteil von dem behaupten, was wirklich gewesen ist. Damit schafft man sich nur Feinde in einer ohnehin prekären Lage.

Zur sachlichen Aufklärung Außenstehender gehören *keine* intimen Details, selbst wenn sie als Salz in der Klatsch-und-Tratsch-Suppe unverzichtbar zu sein scheinen – man denke nur an die gnadenlosen »Enthüllungen« der Regenbogenpresse, gespickt mit pikanten Einzelheiten. Keine noch so sachliche Information ist aber ganz frei von Emotionen, vor allem wenn es um die Kränkungen geht, die ein Partner dem anderem zugefügt hat. Hier bedarf es häufig der Tröstung und Stützung durch diskrete Vertraute. Klärende solidarische Gespräche können hier Hilfe zur Selbsthilfe leisten, statt falsche Hoffnungen zu wecken oder Rachegelüste zu schüren. Auch kann es für emotionsgeladene Scheidungswillige nützlich sein, sich der Dienste sensibler »BotschafterInnen«

zu versichern, die als Eingeweihte die Empfindungen der Betroffenen sachlich nach außen kommunizieren. Solche Personen können zum Beispiel AnwältInnen Informationen vermitteln, die ihnen bei der Rechtsvertretung ihrer KlientInnen nützen, vor allem gegenüber unverständigen Partnern. Solche »HelferInnen« sind übrigens auch im Berufsleben dienlich, wo sie konträre Meinungen zweier Konfliktparteien kommunizieren können, wenn sonst nichts mehr geht. Sind solche »BotschafterInnen« im Scheidungskonflikt nicht zur Hand, so ist der Einsatz professioneller MediatorInnen zur persönlichen Konfliktlösung zu empfehlen. Anwälte als Parteienvertreter können sie jedoch nicht ersetzen.

Für die Besprechung praktischer Entscheidungen ist Trennenden dringend geraten, sich für die Kommunikation neutrale »Grenzgebiete« zu suchen: Orte außerhalb der gemeinsamen Wohnung, an denen notwendige Treffen der beiden stattfinden können. Diese Begegnungen sollten möglichst von neutralen Personen mit sozialem Einfühlungsvermögen moderiert werden, die beiden gleichermaßen vertraut, aber doch zu genügend Distanz fähig sind, um die notwendigen Diskussionen über anstehende Fragen leiten zu können: Zeitpläne oder Verfahrensschritte, die durchaus selbst abgesprochen werden können und so keine kostspielige Anwaltshilfe erforderlich machen. Solche neutrale Zonen helfen unter Begleitung Dritter, Sachlichkeit walten zu lassen, auch wenn die Gefühle eines oder beider Partner noch so tief verletzt sind.

Die Eltern sollten sich darüber einigen, wem genau man die beabsichtigte Scheidung mitteilen will. Kindergarten, Schule, Hort und Freizeiteinrichtungen der Kinder sind jedenfalls zu informieren. Vor allem wenn die Kinder noch die Volksschule besuchen, obliegt es den Eltern, den Lehrkräften Mitteilung zu machen. In der Schule der Sekundarstufe sollte zumindest der Klassenvorstand oder eine besondere Vertrauenslehrperson von den Eltern informiert werden, schließlich geht es ja auch darum, mögliche Schulprobleme im Gefolge der Scheidungssituation frühzeitig »abzufangen«.

»*Wir* haben uns scheiden lassen.« So lautet eine häufig gewählte Formulierung von Kindern, die zum Nachdenken anregt. *Wer* hat sich denn scheiden lassen? Und auf welcher Seite meint das Kind zu stehen? Es ist nicht gleichgültig, in welchen Worten die Kinder zu Außenstehenden – Verwandten, besten FreundInnen, Schul-kollegInnen – über die neue familiäre Situation sprechen. Was soll, was darf, was muss, was kann und auch, was *will* ich sagen: Kinder benötigen hier ein hohes Maß an Hilfe. Es ist nachgerade eine Erziehungspflicht, mit ihnen zu besprechen, welche Sprach-regelung gewählt werden soll. Indem die Eltern vorschlagen, auf welche Weise sie kommunizieren könnten, werden die Kinder zu-gleich offen oder indirekt dazu ermutigt, mit anderen über ihre Probleme zu reden.

Die Sprachregelung, die beide Eltern akzeptieren können, sollte mit den Kindern mehrmals geübt werden. Dies kann verhindern helfen, dass durch unglücklich gewählte Erklärungen Zündstoff von außen in die ohnehin konfliktreiche Familiensituation ge-bracht wird. Je mehr sich Eltern um ihre Kinder bemühen, umso klarer lernen Kinder auch die Fähigkeit zur »Antizipation«: näm-lich, sinn- und planvoll voraus denken und Tragweiten des eige-nen Handelns abschätzen zu können. Kann die Familie diese Antizipationsfähigkeit trotz aller bestehender Probleme mit sich selbst genügend trainieren und sich auf die künftigen Ereignisse vorbereiten, so werden die Kinder mit den Reaktionen der Um-welt – kritischen Fragen, aber auch ehrlichem wie unehrlichem Mitgefühl – besser umgehen können.

Den Blick nach vorn richten

»Wie verhalte ich mich im Leben – danach?« Die Erreichung die-ses Lernziels benötigt – wie alle Lernprozesse der Kinder – Übungszeit und Geduld. Beides steht aber gerade jetzt, da sich die Familie in Auflösung befindet, nur begrenzt zur Verfügung. Die Eltern haben ihre eigenen Sorgen, andere Interessen rücken in den Vordergrund, der neue Partner von Mutter oder Vater drängt auf Loslösung, ist weniger an produktiven Trennungsprozessen der alten Familie als an der Gründung einer neuen, eigenen interes-siert. Und so kommt es, dass es im Strudel der Ereignisse nicht an Ausreden fehlt: »Den Kindern geht's ja gut«, »Alles klappt bes-tens«, »Man sieht ja: sie schaffen das problemlos«. Leider sehen diese Selbstberuhigungen der Eltern wie so oft geflissentlich von den Anliegen ihrer Kinder ab.

Wie kann der elterliche Trennungsprozess bei allen Schwierigkeiten aber kindgerecht durchgeführt werden? Welche Möglichkeiten gibt es, den Kindern zu helfen, die Trennung ihrer Eltern zu verarbeiten, sich davon zu lösen und die eigene Krise zu überwinden? Kinder durchleben während der Scheidung und danach verschiedene Phasen, manche langsam und sichtbar, andere unmerklich. Werden sie auf die Trennung oder Scheidung gut vorbereitet und sicher durch die verschiedenen Stadien der Scheidungsverarbeitung begleitet, können sie sich rascher von ihrem Schock erholen, sich frei entwickeln und der Zukunft gestärkt und mit Zuversicht entgegensehen. Wichtig ist, dass es den Eltern gelingt, ihnen dabei eine ermutigende Perspektive zu geben. Die Welt der Kinder wird sich ändern, aber sie wird nicht untergehen – dieser Leitgedanke sollte nie aus dem Blickfeld geraten. Es gibt ein Leben »danach«! Und es liegt an der positiven Gestaltung dieser Zukunftsperspektive, dass die Bewältigung der Trennung sehr wohl gelingen kann. Wir alle besitzen *normoplastische* Fähigkeiten, also Kräfte, die Ungünstiges zur Normalität formen können. Unzählige Menschen, die ein tragisches Schicksal erlitten haben, konnten es aus sich heraus bewältigen, oft ohne psychotherapeutische Hilfe. Es gibt auch *euplastische* Fähigkeiten, die Ungünstiges gleichsam zum Guten wandeln, indem sie Schwierigkeiten zu kompensieren vermögen, also Energie aus dem Negativen ins Positive holen können. All diese Kräfte wohnen unseren Kindern inne. Man muss die Kinder nur ermutigen und bestätigen, sie mit ausreichendem Selbstbewusstsein versehen, um die Entwicklung dieses Potenzials zu stärken. Auch wenn es nicht gleich so aussieht: Das Leben des Kindes wird nach der Trennung der Eltern weitergehen. Aber es wird anders sein. Dieses Anderssein ist vielleicht mit der Erfahrung von Emigranten zu vergleichen, die in ein fremdes Land ziehen und dort Fuß fassen. Wie viele gibt es, die das schaffen, die sich erfolgreich im neuen Land integrieren und doch wichtige Anteile ihrer bisherigen Kultur und Wesensart beibehalten! Ähnlich geht es Kindern mit der Scheidung: Es ist ein Aufbruch ins Neue und Ungewisse. Die Eltern sollten sich auf dieser Entdeckungsreise als verlässliche Begleiter für das Kind erweisen und ihm als Rüstzeug einen ehrlichen, verständlichen und überschaubaren Fahrplan zur Verfügung stellen.

DIE BEDEUTUNG VON LEBENSALTER, ENTWICKLUNGSPHASEN UND GESCHLECHT DES KINDES FÜR SEINE BEZIEHUNG ZU DEN ELTERN

Um die Stellung des Kindes und seine jeweiligen Bedürfnisse im elterlichen Trennungs- und Scheidungsgeschehen besser verstehen zu können, werden im Folgenden die verschiedenen altersabhängigen Entwicklungsphasen sowie die emotionale und soziale Beziehung des Kindes zu seinen Eltern beleuchtet. Dies mag auch helfen, das Kind in seinen phasentypischen Leidenszuständen und deren Folgen zu sehen. Darüber hinaus ist auch die Geschlechtsspezifität zu beachten, da Mädchen und Jungen in den einzelnen Lebensabschnitten sehr deutliche Unterschiede in ihren Bindungsformen zeigen.

Das Neugeborene

Angenommen, heute wurde ein Baby geboren: Die Geburt verlief ohne Komplikationen und das Baby ist gesund. Es erfüllt alle Kriterien, die an die körperliche Entwicklung eines Neugeborenen gestellt werden; darüber hinaus blickt es bereits auf eine neunmonatige emotionale und soziale Geschichte zurück. Sein Lebens- und Erziehungsstil ist für die nächsten Jahre bereits vorprogrammiert. Entscheidend für sein junges Leben ist, ob es ein geplantes, »passiertes«, geduldetes, ungewolltes, nur von der Mutter oder auch vom Vater gefühlsmäßig angenommenes Kind ist. Auch ob die Mutter während der Schwangerschaft unter massiven körperlichen Beschwerden oder einer konfliktreichen Situation gelitten hat, ob sie vom Kindesvater verlassen wurde oder andere *life events*, also schwer belastende Erlebnisse, eintraten, die sich in ihrer Befindlichkeit oder in vegetativen Nervensystemstörungen widergespiegelt haben, wird die Entwicklung ihres Kindes beeinflussen. Man weiß, dass sich vegetative Symptome wie Blutdruckkrisen oder Hormonschwankungen, körperliche Spannungszustände und -reaktionen (etwa durch Angst) auf die Befindlichkeit des Embryos auswirken. In diesem Stadium ist die primäre körperliche und emotionale Beziehungsstruktur des Babys zur Mutter am engsten – mag die Vorfreude und die Zuneigung des Vaters zu seinem werdenden Kind auch noch so groß sein.

In den vergangenen zwei Jahrzehnten hat sich mehr und mehr die *sanfte Geburt* durchgesetzt, eine Methode, die der Würde von Mutter und Kind Rechnung trägt, die medizinisch-klinischen Faktoren berücksichtigt und den Vätern Zugang in den Kreißsaal wie zur Beziehung zwischen Mutter und Kind ermöglicht. Markiert durch den ersten Schrei des Babys, ist der Akt der Geburt ein unvergesslicher und berührender Moment, der sich entscheidend auf Bindung und Beziehung von Mutter und Vater zum Kind auswirkt.

War die Wissenschaft noch vor 20 Jahren der Ansicht, der Mensch sei eine »physiologische Frühgeburt«, das heißt, er käme – verglichen mit hoch entwickelten Säugetieren – zu früh auf die Welt und bedürfte aufwändiger Pflege, um überleben zu können, so wurde diese Meinung inzwischen revidiert. Aus entwicklungsphysiologischer und neurophysiologischer Erkenntnis kommt das menschliche Baby genau zu jenem Zeitpunkt auf die Welt, zu dem es ein entsprechendes Reizangebot benötigt. Unsere akustischen und optischen Systeme brauchen diese Stimulierung ebenso wie die Motorik, die durch entsprechende Außenweltreize angeregt werden muss, um im Gehirn eine entsprechende Entwicklung in Gang zu setzen. Für diese Impulse im Zentralorgan Gehirn bedarf es neben äußerer Reize auch der Grundversorgung des Babys durch Nahrung und Körperpflege sowie der emotionalen Zuwendung und Beziehung. Spätestens seit Mitte des vorigen Jahrhunderts weiß man, dass Kinder trotz physisch ausreichender Versorgung (etwa in Heimen, Spitälern und ähnlichen Institutionen) bei gleichzeitigem Mangel an emotionaler Zuwendung seelisch verkümmern, ja sogar sterben können – ein Phänomen, das der Psychoanalytiker René Spitz 1945 als *Hospitalismus* beschrieben hat.

In diesem Alter wird im Fall einer Scheidung der primären emotionalen Zweierbeziehung (= *Dyade*) – meist die enge und lebenswichtige Mutter-Kind-Dyade – der Vorzug eingeräumt. Das Kind verbleibt also zumeist in der Obhut der Mutter, es sei denn, es sprechen sehr gewichtige Gründe dagegen. Da es ausreichend Zeit für die Entwicklung von Bindungsfähigkeit benötigt, sollten die Beziehungen zwischen der nächsten Vertrauensperson und dem Kind in diesem Alter möglichst stabil sein und nicht allzu häufig wechseln. Auch kann bei ganzheitlicher Betrachtung der körperlichen, intellektuellen, emotionalen und sozialen Bedürfnisse des Babys in der Regel die Mutter am besten für sein Wohl sorgen. Zwar wird in Scheidungsverfahren zuweilen der Einwand vorgebracht, dass die Mutter durchaus ersetzbar sei – schließlich müsse ja auch bei ihrem etwaigen Tod die Primärversorgung des Kindes garantiert werden –, aus kinderpsychiatrischer und entwicklungspsychologischer Sicht ist jedoch darauf zu antworten, dass bei einem solchen Wegfall der Mutter natürlich eine ebenso stabile Bezugsperson als Ersatz gefunden werden muss, die das Baby in der oben angeführten Gesamtheit seiner Bedürfnisse versorgen kann.

Das erste Lebensjahr

Im ersten Lebensjahr ist die natürliche »Egozentrik« des Kindes mit einem »Urvertrauen« (Erik H. Erikson), das sich nun entwickelt, verbunden. Das Baby wird um seiner selbst willen geliebt; es muss keinerlei Leistung erbringen, muss nicht folgen, keine Erwartungen erfüllen. Selbst das erste Lächeln, spontan oder als Antwort auf optische Wahrnehmung, geschieht aus sich selbst heraus und ist nicht als »Leistung« zu betrachten. Das Baby badet gleichsam in einem »Nirwanagefühl«. Zärtlich, aber Reizen ausgesetzt, wird es mehr und mehr in seine eigene Entwicklung entlassen – ein ungemein wichtiger Lebensabschnitt, in dem die ersten Formen der Kommunikation ebenso gespeichert werden wie die Erfahrung von Herzenswärme, Geborgenheit, Fürsorge, Liebe und Stabilität von Gefühlen sowie die Beantwortung des kindlichen Appells auf Wiederholung angenehmer Empfindungen. In diesem ersten Lebensjahr wird all das bisher Beschriebene in optimalem Ablauf strukturiert, und es entwickelt sich – nach der *Dyade* Mutter – Kind – die *Triade*: das Beziehungsdreieck zwischen Mutter, Vater und Kind. Längst wird nicht mehr belächelt, wenn der Vater liebevoll sein Kind umsorgt, es wickelt, zu Bett bringt, in den Schlaf singt, mit dem Kinderwagen ausführt und ihm in der Öffentlichkeit das Fläschchen gibt. Doch noch fällt es Männern schwer, dieses Verhalten zu legalisieren, etwa die Karenzzeit in Anspruch zu nehmen, die ein hohes Maß an Gleichberechtigung bedeutet, jedoch in der karriere- und leistungsbestimmten Männer-Gesellschaft noch immer Zivilcourage verlangt bzw. Spott für den »Übervater« eintragen kann.

Das zweite Lebensjahr

Gegen Ende des ersten Lebensjahrs erreicht das Kind die motorische Autonomie. Mit seinem ersten Schritt expandiert es voller Neugier in die Welt. Eine kritische Phase lebensaltertypischer Angst und deren Bewältigung hat das Kind bereits im letzten Drittel seines ersten Jahres bewältigt: Diese Angst vor fremden Gesichtern, vor neuen Situationen wird auch »Fremdeln« genannt; sie ist ein markantes Zeichen von Bindung und Fremdheit, indem das Kind vertraute Personen differenziert, erkennt und wieder erkennt, wohingegen es unvertraute Gesichter durch Angst- und Panikreaktionen abzuwehren versucht.
Die nun erreichte Phase allgemeiner Mobilität zieht erhöhte Aufmerksamkeit und damit ein vermehrtes Maß an Bindung, Risikominimierung und Obsorge nach sich. Eine neue, nonverbale Dialogform entsteht, die Konsequenz erfordert und die Art der Bindungen verändert. Mütter, die den ganzen Tag mit ihrem Kind verbringen, sind abends »geschafft«, Männer sind nach wenigen Stunden genervt, und Karenz-Väter bekennen, dass die Obsorge Ein- bis Zweijähriger ein veritabler Ganztagsjob ist. Die Bindungsmodalitäten zu Mutter und Vater sind im zweiten Lebensjahr bereits differenzierter; das Kind verbindet sehr genau einen individuellen Forderungskatalog mit den spezifischen Verrichtungen des jeweiligen Elternteils und nimmt auch schon Drittpersonen in seine Beziehungsstruktur auf. Großmütter, Tages- oder Krippenmütter und andere Hilfspersonen werden mit unterschiedlicher Bindungsstruktur wahrgenommen. Auch neigt das Kind schon zu Abwehrreaktionen bestimmten Personen gegenüber. Verhinderungen des kindlichen Forschungsdrangs werden

von ihm als Bestrafung empfunden und mit emotionalen Reaktionen beantwortet. Erste Eifersüchteleien zwischen den Eltern keimen auf, wenn das Kind zeigt, dass es für bestimmte Verrichtungen oder Handlungen einen Elterteil bevorzugt.

Sowohl tiefenpsychologisch als auch entwicklungspsychologisch gilt die Zeit um das zweite Lebensjahr als besonders markante Phase. Das Kind gewinnt an Autonomie, an Eigenständigkeit und an Erkennen derselben. Es ist in einem Experimentier-Alter angelangt, in dem es seine Macht gegenüber den Eltern spielerisch auslebt. Nicht das viel zitierte Sauberkeitstraining steht im Vordergrund, sondern das Spannungsfeld Eigenständigkeit – Gehorchen. Das Kind stellt gleichsam die Frage nach seinem Wollen, danach, inwieweit Forderungen zu erfüllen seien, nach den Konsequenzen der Verweigerung, dem Mut zur Autonomie und dem ersten Funken von »Zivilcourage«, also der Auflehnung und des »Andersseins«.

Die Bindungs-»Strapazen« der Mutter werden erkennbar, zumal sie nun auf dem Prüfstand strenger Juroren steht: Ehemann, Mutter, Schwiegermutter, Mütter im Park oder im Kindergarten und ArbeitskollegInnen kommentieren ihre Erziehungsfähigkeit. Maßregelungen in Gestalt wohlmeinender Ratschläge, Ideenbringer ohne Verantwortungskompetenz, Ratgeber in Buchform oder in Zeitschriften geben vor, bei der Bewältigung individueller Probleme zwischen Mutter und Kind helfen zu können. Nicht zum ersten und nicht zum letzten Mal avanciert das Kind zum Verfügungsobjekt selbst ernannter Qualitätsapostel. Der Druck schafft Beziehungsprobleme und Konflikte zwischen den überlasteten und verunsicherten Eheleuten. Die Bindungsstruktur des Kindes zu seinen Eltern gleicht jetzt zuweilen einer späteren Phase: jener der Pubertät. Zuneigung wird besonders dem gewährenden Elternteil geschenkt – ein Charakteristikum, das in Verhandlungen über das Sorgerecht zum Tragen kommen kann und besonders kritische Entscheidungen in der Einschätzung der Zuwendung von Zweijährigen wie von Zwölfjährigen verlangt, da hier leicht »der Schein trügt«.

Vom zweiten bis zum fünften Lebensjahr

Diese Phase gilt als jene der »ersten Sozialisation«. Ein gewisses Maß an Autonomie ist erreicht, nunmehr wird die soziale Welt entdeckt und internalisiert. Gleichzeitig müssen sich die Eltern dem Realitätsdruck beugen: Arbeitsmarkt und Familieneinkommen fordern ihre Weiterarbeit bzw. den oft schwierigen Wiedereinstieg in den Beruf.

Doch gerade jetzt durchlebt das Kleinkind eine typische Phase der Trennungsängste. Jede auch noch so kurze Entfernung der Mutter wird als bedrohlicher Verlust empfunden, auch dann, wenn sie versichert, sie gehe nur eben einkaufen und komme sofort wieder zurück. Ein intensives Gefühl der Verlassenheit entsteht und wird oft nur mittels so genannter *Übergangsobjekte* wie Teddybären, Schlummerhasen, Schmusedecken und dergleichen bewältigt. Die Mutter muss diese Angst mit »Reparationsleistungen« wieder gutmachen, indem sie ihr Kind bei der Rückkehr aufnimmt, es liebevoll umarmt und kost, ihm körperlich wie emotional vermittelt, dass es ganz und gar nicht allein ist. Man kann also ermessen, was es für das Kleinkind in dieser Phase bedeutet, wenn die wieder berufstätige Mutter gleich einen ganzen Tag fehlt. Zumal es von der Bewältigung dieser kritischen Phase abhängt, wie wir später mit Trennungen und deren Wiedergutmachung umgehen werden. Das Ausmaß der Angst und des Vertrauens, das später für uns damit verbunden ist, wird von der möglichen Stabilität dieser Lebensphase, auf die wir im Leben immer wieder zurückgeworfen werden, geprägt sein.

Die außerhäusliche Beziehungsstruktur rückt also zwischen dem zweiten und dem fünften Lebensjahr (bei der Berufstätigkeit der Eltern notwendigerweise) in den Mittelpunkt und das Kind muss sich nun mit neu hinzukommenden Bezugssystemen auseinander setzen: mit Oma, Opa, Tagesmutter, Krippe oder Kindergarten bis zur Vorschule. Für die Eltern bedeutet dies sowohl Entlastung als auch zunehmende Belastung, müssen sie doch in der ihnen für die Kinder kürzeren zur Verfügung stehenden Zeit deren wachsende intellektuelle Neugier und emotionale Bedürfnisse trotzdem stillen. Die Zuwendung besteht zu einem nicht geringen Teil aus Reparationsleistungen, mit denen sie ihre Abwesenheit wieder gutmachen müssen.

Aus demselben Grund sind vermehrt Liebe und Sicherheit zu vermitteln: Das Kind braucht Trost, wenn ihm tagsüber etwas zugestoßen ist, es soll ermutigt werden, sich in der Gruppe durchzusetzen oder nachzugeben. Dazu tritt es nun in die Phase des Imitationslernens ein – das Kind ahmt Lebensstil und Verhaltensweisen der Eltern nach, begleitet von der Trotzphase, in der es auf seinem »Nein« den Eltern gegenüber besteht. Und es beginnt die Phase des Versuch-Irrtum-Lernens, während der es bei jedem der Elternteile ausprobiert, wie weit es gehen kann, wo die Erwachsenen eine Grenze setzen. Eltern, die ihr Kind in diesem Alter verwöhnen, tun dies oft aufgrund von Schuldgefühlen; sie meinen, durch ihre Berufstätigkeit oder das Nachgehen anderer Interessen etwas falsch zu machen und durch Verwöhnung sich von der Verantwortung ihrem Kind gegenüber freikaufen zu können. Besonders strenge Erziehungshaltung wiederum entsteht aus der Vorstellung der Eltern, dass sie der Umwelt ein »wohlerzogenes« Kind präsentieren müssten. Die Beziehungsstruktur dieser Altersstufe belässt die Mutter in ihrer Rolle als primärer Versorgungs- und Bezugsperson; der Vater nimmt oft nach vorherrschendem oder eigenem Verständnis die Position eines »Freizeitvaters« und Animateurs ein.

Ab ihrem dritten Lebensjahr etwa realisieren Kinder, dass die Eltern-Kind-Beziehung eine Dreiecksbeziehung ist, dass also auch zwischen den Eltern eine Liebesbeziehung besteht, dennoch haben sie noch lange die Vorstellung, das Zentrum der Familie zu sein – um so mehr, je besser es ihnen mit den Eltern gegangen ist. Diese egozentrische Erlebnisweise des Kindes wird begünstigt durch den »magischen« Charakter (Jean Piaget), den das kindliche Denken im Vorschulalter hat; in dieser »Märchenphase« fühlen sich Kinder als Mittelpunkt der Welt und können sich kaum vorstellen, dass irgendetwas ohne ihr Zutun geschieht. Kinder sind in allen ihren Entwicklungsphasen Leidtragende der elterlichen Konflikte. Da sie sich aber gerade jetzt als Zentrum des familiären Geschehens betrachten, werden sie elterliche Probleme und Streitigkeiten – selbst wenn sie gar nicht darin vorkommen – auf sich beziehen und annehmen, sie ausgelöst zu haben. Deshalb fühlt sich ein Großteil der Kinder dieses Alters in besonderem Ausmaß an der Scheidung der Eltern schuldig.

Mit dem Eintritt in außerhäusliche Beziehungsstrukturen erfolgt die *Außensozialisation*, zum Beispiel durch den Kindergarten, und verändert die Beziehung zur Welt. Galt bisher der innerfamiliäre Stil, der das Kind bisher prägte, als absolut, kommen nun weitere soziale Spielregeln hinzu: sich in neue Gruppen einordnen, an deren Regeln halten, im Sesselkreis stillsitzen müssen, lernen, nicht jederzeit dazwischenzureden, mit anderen frei zu spielen, »Arbeitssituationen« zu erleben, neue sprachliche Formulierungen in ungewohnter Artikulation zu erleben. Kommt das Kind aus einer Familie, in der es mit beiden eigenen Eltern lebt, erfährt es nun im Zusammensein mit Gleichaltrigen, dass es auch andere Familienformen gibt: Allein erziehende Mütter oder Väter, Pflegefamilien, Fremderziehung in betreuten Wohngemeinschaften oder in Heimen usw. Es erlebt das Besondere seiner gewohnten Familienstruktur, der Zuwendungsformen und – daraus entspringend – der eigenen emotionalen Bedürfnisforderungen. Die Beziehungsstrukturen des Elternhauses verbinden sich allmählich mit jenen außerhalb und bereiten so das Kind auf den künftigen Schulbesuch vor.

Diese Phase ist auch geprägt vom Erleben der Gemeinschaft Gleichaltriger, von sozialer *Einpassungsangst*: Es ist bedrohlich, sich in einer Gruppe bewegen und durchsetzen zu müssen. Sanfte Kinder werden auf die lauten schreckhaft reagieren, Ungestüme werden sich nur ungern von den anderen oder der Kindergärtnerin einbremsen lassen, daheim Trotzige verlieren plötzlich den Mut. Neue Fragen stellen sich: Welche Rolle spiele ich in der Gemeinschaft? Werde ich angenommen, übersehen oder ausgeschlossen? Wie gehe ich mit der Erfahrung, gemocht oder abgelehnt zu werden, um? Habe ich die Spielregeln für diese sozialen Ranggefüge gelernt? All dies kann Angst machen.

Zugleich gewinnt das Geschlecht des Kindes jetzt zunehmend an Bedeutung. Es ist dies die Zeit des ödipalen »Konflikts«, der um das fünfte Lebensjahr einsetzt – eine der wesentlichsten Phasen menschlicher Zuneigung und deren »vermeintlicher Zurückweisung«. Eine besondere Beziehung zum gegengeschlechtlichen Elternteil entsteht. Dieser wird mit spezieller Innigkeit und Zuneigung belegt, oder – wie es in der Fachsprache heißt – *libidinös* besetzt, während der gleichgeschlechtliche Elternteil abgewertet wird. Nicht selten äußert der Junge in dieser Phase seiner Mutter gegenüber: »Wenn ich groß bin, heirate ich dich.« Gleiches gilt selbstverständlich für das Mädchen in Bezug auf den Vater. Diese emotionale Hingabe stellt einen wichtigen Schritt in der Entwicklung des Kindes dar und wirkt in dieser entscheidenden Lebensphase gestaltend auf künftige Beziehungsstrukturen. So können Konflikte, die das Mädchen jetzt mit dem Vater, der Junge mit der Mutter hat, bis in das erwachsene Leben der Betroffenen hineinwirken. Probleme mit dem gleichgeschlechtlichen Elternteil führen bisweilen beim Kind zu Größen- und Machtfantasien, indem es im Streitfall der Eltern mit einem Elternteil ein Bündnis eingeht, um sich seiner Zuneigung zu versichern.

Auch wenn man der tiefenpsychologischen Konzeption nicht folgen möchte, so ist die Geschlechterausdifferenzierung und die besondere Beziehungsstruktur des Kindes zu beiden Elternteilen in diesem Alter unleugbar vom Buhlen um Zuneigung und Rivalität geprägt. Im Hinblick auf diese Beziehungen gewinnt natürlich elterliche Disharmonie oder eine Trennung in dieser Phase an großer Bedeutung. Es stellt ein einschneidendes Erlebnis dar, wenn der Vater die Familie gerade zu jenem Zeitpunkt verlässt, zu dem die besondere Zuneigung der Tochter zu ihm den Höhepunkt erreicht; und es wird für den Sohn eine tief greifende Erfahrung sein, dass er am Höhepunkt seines männlichen Rivalitätskonflikts als vermeintlicher Sieger in der Familie verbleibt, während der Vater sie verlässt. Schuldgefühle wegen der Wünsche, die Mama (den Papa) allein zu besitzen, und die Angst, die Trennung von der Familie sei ein väterlicher (mütterlicher) Racheakt, können die Folge sein und das Verhältnis zum Vater (zur Mutter) nach der Scheidung belasten. Auch die daraus entstehenden Loyalitätskonflikte den Eltern gegenüber werden oft zum Ballast.

Jedes Kind muss mit Ausklingen dieser Entwicklungsphase erkennen, dass noch so innige Beziehungen ihre Grenzen haben, dass Sehnsüchte durchaus ungestillt bleiben können und dass ein Verlusterlebnis auch eine Form der Bewältigung von Beziehungsängsten und von Trennungsstrukturen darstellen kann. Wie sehr Beziehungsabläufe dieser Altersstufe in späteren Jahren immer wieder zum Ausgangspunkt von Konflikten werden können, zeigt sich vor allem im gutachterlichen und therapeutischen Bereich.

Eine Scheidung konfrontiert Kinder dieser Entwicklungsstufe nicht nur mit der beunruhigenden Erfahrung, dass Liebe zu Ende gehen kann, sondern auch mit der bitteren Tatsache, dass nicht alle Liebe sich auf das Kind bezieht und zwischen den Eltern eine vom Kind unabhängige Beziehung besteht, die ebenso wichtig, ja womöglich wichtiger ist. Nicht immer glückt dieser schmerzliche, aber wichtige Lernprozess.

Das Schulalter

Im Alter des Schuleintritts schließt das Kind gewöhnlich die Phase des »magisch-animistischen« Denkens (Jean Piaget) ab: Die Märchenphase, in der auch Unrealistisches denkmöglich erschien, wird abgelöst von logischem Denken, gepaart mit dem Forschungsdrang, alles ergründen zu wollen. Die Phase des real-konkreten Denkens beginnt und voll Neugier entdeckt das Kind eine neue Welt. Nicht zufällig fällt der Schulbeginn mit seinem enormen kognitiven Wissenserwerb in diese Lebensphase. Es ist – nach dem Eintritt in den Kindergarten – ein wichtiges Trennungserlebnis im Leben des Kindes, das bereits Eigenständigkeit verlangt und zugleich erkennen lässt, welche Bindungskapazitäten das Kind besitzt. Das Phänomen der »Schulphobie« etwa wird oft vordergründig als Angst vor der Schule interpretiert, bedeutet aber vielmehr, dass ein Kind die Trennung von der Mutter nicht verkraftet und fürchtet, ihr könnte in der Zwischenzeit etwas passieren und es stünde dann »mutterseelenallein« da.

Auch sonst kommt es im emotionalen und sozialen Leben dieser Altersstufe zu einer Neuorientierung: die *Peergroup*, also die Gruppe der Gleichaltrigen, erhält Bedeutung. Vorstrukturierte Beziehungsmuster wie in der Kindergartenzeit erhalten nun konkretere Freundschaftsprägung. Die Schule wird zu einer Arbeits-, Erlebnis- und Sozialgemeinschaft, die ein hohes Maß an Beziehungsenergie verbraucht. Neue Bindungen gestalten das Leben des Kindes mit zum Teil sehr innigen gegengeschlechtlichen Beziehungen, die den Verlust der vergangenen Entwicklungsphase zu bewältigen helfen. Bindungserfahrungen, Erfahrungsaustausch und die Erkenntnis unterschiedlicher Familienformen, aber auch Konflikte, die in anderen Familien stattfinden oder auch schon der Vergangenheit angehören, führen zum Informationsaustausch untereinander. MitschülerInnen, die mit einem allein erziehenden oder einem Stiefelternteil, mit Stief- und Halbgeschwistern oder in die Familie aufgenommenen Pflegekindern leben, beschäftigen das Kind. Diese Erfahrungen führen um das zehnte bis zwölfte Lebensjahr zur oft gestellten Frage Frühpubertierender an ihre Eltern, ob diese tatsächlich ihre leiblichen Eltern seien; und sie fördern das Grübeln darüber, ob nicht vielleicht doch einer der beiden Elternpersonen erst später hinzugekommen sei. Damit soll die Wahrhaftigkeit der Eltern geprüft und zugleich hinterfragt werden, ob ihre »Strenge« eigentlich einem leiblichen Kind angemessen ist.

In dieser Phase zeigt sich, wie notwendig es ist, von klein auf den Umgang mit Konflikten zu erlernen: Jetzt kommt es darauf an, ob man streiten, einander böse sein, Kämpfe schlichten und sich entschuldigen kann. Kinder sind nun imstande, ihre Gefühle – Wut, Enttäuschung, Ärger, Angst – direkt oder über den Weg der Symptombildung auszudrücken. Davon geprägte Verhaltensänderungen von Scheidungskindern fallen dabei in der Schule häufig deutlicher aus als daheim. Das Schulalter lässt ein erhöhtes Maß an Kritikfähigkeit entstehen, das auch der Rolle der Eltern gilt. Nach einer bisher stillen, beobachtenden Haltung wird ab nun immer lautstärker Stellung bezogen, wenn es darum geht, einem Familienmitglied Gerechtigkeit widerfahren zu lassen, Meinungen werden kundgetan und Vater oder Mutter – je nachdem – in Schutz genommen. Bei häuslichen Konflikten und bei Trennungen werden Kinder für den einen oder anderen Elternteil Partei ergreifen. Sie müssen aber auch mit den Rollenzuweisungen und Projektionen, die ihnen von den Eltern insbesondere während und nach einer Scheidung zugemutet werden, zurechtkommen. Werden Kinder in diesem »moralischen« Alter im Zuge einer Scheidung dazu gezwungen, ergreifen sie Partei – meist für den aus ihrer Sicht »hilfloseren« oder »traurigeren« Elternteil. Diese Entscheidung bedeutet eine Ablehnung des anderen Elternteils und kann deshalb dem Kind massive Schuld- und Einsamkeitsgefühle bereiten.

Pubertät und Adoleszenz

Mit der *Pubertät* beginnt die Loslösung vom Elternhaus und die Suche nach neuer Identifikation, nach Identität und Intimität setzt ein. Es ist die Sturm-und-Drang-Periode, in der die Nähe zu den Eltern aufgegeben und Distanz zu ihnen eingelegt wird. Erste Liebesbeziehungen entstehen und gehen schmerzhaft zu Ende, gleichsam um auszuprobieren, wie man Nähe und Entfernung zum anderen Geschlecht bestimmt, Konflikte austrägt, sich versöhnt oder trennt.

Es entwickeln sich grundsätzlich neue Beziehungsstrukturen zu Mutter und Vater. Die dabei auftretenden, sich verschärfenden Konflikte übertreffen häufig die schlimmsten Erwartungen der Eltern. Die Parteienstellung der Heranwachsenden wird deutlicher, Mut und Zivilcourage weichen zum Teil überkritischer Heftigkeit, die von den Erwachsenen oft als »frech« und »ungehörig« empfunden wird, hinter der sich aber zumindest ein Funken Wahrheit und ein karikierendes, vergröbertes Spiegelbild verbirgt. Dazu kommt am Höhepunkt der Pubertät ein Wiederaufleben der »ödipalen« Konflikte, indem die Mädchen Aussehen und Verhalten ihrer Mütter heftigst kritisieren und die Jungen mit ihren Vätern rivalisieren. Solche Kämpfe können unter anderem zu trotzigem Leistungsabfall in der Schule führen, nach dem Motto: »Recht geschieht meinem Vater, dass mir die Hände frieren; hätte er mir Handschuhe gekauft.« Umgekehrt werten in dieser Phase Söhne ihre Mütter, Töchter ihre Väter auf. Das alles ist normal. Eltern sind eben die Versuchsobjekte für Zuneigung und Ablehnung ihrer heranwachsenden Kinder; sie werden zum »Reibebaum« für die jungen Rebellen, damit diese sich aus den engen Bindungen an die Eltern lösen können. Schwierig wird es erst, wenn sich die stürmischen Lösungsprozesse mit den Trennungsproblemen der Eltern vermengen: wenn der Sohn die Mutter verehrt, während diese im Streit mit dem Vater liegt und sich jetzt nach nichts mehr als dieser Verehrung sehnt, während Töchter ihren Vätern genau das versprechen, was diese in einer Trennungskrise gern hören: dass sie der Klügste und Schönste seien, auf jeden Fall im Recht und überhaupt »der beste Papa der Welt«. Solches zu vernehmen – aus welchen Gründen auch immer – tut gut, kommt einem doch vom scheidungswilligen oder geschiedenen

Partner und vom gleichgeschlechtlichen Nachwuchs genug Negatives entgegen. Scheidungseltern sind besonders massiv durch ihre pubertierenden Kinder verunsichert, mehr noch als Eltern mit intakten Beziehungen; schließlich lassen Zuspruch oder Ablehnung der Kinder nichts an Deutlichkeit vermissen. Auch in anderer Hinsicht wirken sich die Geschlechterkonflikte in der Scheidungsfamilie aus: Es kann für die Mutter ein Schock sein, wenn die bei ihr wohnende Tochter in ihrer Ablösungsphase nun meint, beim Vater besser aufgehoben zu sein. Und es ist für den Vater, der annahm, er wäre die ideale Bezugsperson für seinen Sohn, schwer erträglich, wenn dieser lieber bei der Mutter lebt. Heranwachsende nach dem 14. Lebensjahr dürfen ja selbst wählen, ob sie ihren Lebensmittelpunkt bei Vater oder Mutter haben möchten. Es darf aber nicht vergessen werden, welch ungeheure innere Konflikte und Verantwortungszumessung mit einer solchen Entscheidung verbunden sind. Gerade in diesem Alter sind Kinder schließlich – wie gezeigt wurde – versucht, Partei zu ergreifen, zu idolisieren, heftigst Kritik zu üben und die Eltern als Übungspartner für künftig eigenes erwachsenes Verhalten zu verwenden. Kein Wunder, dass es in dieser Phase bisweilen nicht bei *einer* Entscheidung bleibt, sondern es zu einem mehrmaligen Wechsel des Wohnplatzes kommt, was den geschiedenen Eltern den Umgang mit ihren Kindern nicht gerade erleichtert.

Eine Scheidung der Eltern ist für die Heranwachsenden in dieser vielleicht schwierigsten Phase ihres jungen Lebens besonders bedrohlich: Der Zerfall der Familie erfolgt in einer Zeit persönlicher Ablösung und Sinnsuche, aber zugleich eines starken Bedürfnisses nach einer Familienstruktur, innerhalb derer die jungen Menschen mit ihren sexuellen Impulsen und Aggressionen umgehen lernen. Viele Jugendliche haben das Gefühl, mit den eigenen Schwierigkeiten im Stich gelassen zu werden. Gerade jetzt haben sie Fragen über Fragen: über das Leben, die Liebe, ihren Platz in der Welt, wie es ist, erwachsen zu sein und sich als Mann oder Frau in der Gesellschaft darzustellen. Fehlen ihnen hier die notwendige Unterstützung bzw. die Möglichkeit zur kritischen Auseinandersetzung mit dem elterlichen Rollenmodell, kann diese Enttäuschung die gesamte weitere Entwicklung prägen; in extremen Fällen kann sie zu Störungen wie Leistungsverweigerung, Suchtverhalten, frühen sexuellen Beziehungen, Autoaggression und Suizid führen.

Ab dem 15. Lebensjahr werden die Jugendlichen allmählich kritisch genug, die Beziehung und den Konflikt ihrer Eltern zu objektivieren. Sie beziehen nun ihre eigene Position und werden, je nachdem wie ihre Kindheit und Pubertät verlaufen ist, auf Beziehungen und Autoritätspersonen in ihrem Lebensumfeld reagieren. Konfrontiert mit der Scheidung ihrer Eltern, machen sie sich Sorgen um ihre Zukunft und um die Liebe: Auf wen kann man sich verlassen? Wer wird sich ihrer Probleme annehmen? Wird die eigene Ehe auch einmal scheitern? Und je nach Ich-Stärke werden unbewältigte Probleme im Zuge der Scheidung oft noch Jahrzehnte später wiederholt oder kompensiert, im besseren Fall vermieden werden.

Am Ende der Adoleszenz steht schließlich der Abschied vom Elternhaus. Zwar zögern viele junge Leute heute diesen Schritt hinaus und ziehen es vor, möglichst lang im komfortablen »Hotel Mama« zu bleiben. Dennoch ist diese Trennung eines Tages als Auftakt für ein eigenes, selbständiges Leben unvermeidlich.

TRENNUNG, SCHEIDUNG, ROSENKRIEG

EIN DRAMA NAMENS SCHEIDUNG?

Eine Scheidung erkennt die Endlichkeit einer rechtlich geschlossenen Verbindung an. Sie besiegelt grundsätzlich die Trennung des Ehepaars, das zu einem früheren Zeitpunkt beschlossen hat, ein Leben – oder zumindest einen Teil davon – miteinander zu verbringen und eventuell gemeinsame Kinder bestmöglich zu erziehen. Sie wird auf gesetzlichem Weg vollzogen. Es gibt auch konfessionelle Arten der Scheidung; so besteht im Judentum oder im Islam neben der staatlichen verbrieften Möglichkeit auch zusätzlich jene per klar geregelten *Scheidebrief*, in dem der Ehemann seiner Frau die Trennung mitteilt.

Der kürzere oder auch längere Weg der Scheidung führt durch die konflikthafte Geschichte des Paares. Sie ist eine Art ehelicher »Konkurs« und beinhaltet eine umfassende Auseinandersetzung zwischen den Eheleuten, an deren Ende schließlich der Entschluss zur rechtlichen Auflösung der Ehe steht. Diese letzte Etappe der ehelichen Beziehung und gemeinsamen Elternschaft soll im Folgenden gestreift werden, um jene Vorgänge zu beleuchten, die sich von nun ab auf das Leben und die Beziehungen aller Familienmitglieder zueinander bestimmend auswirken werden. Scheidung ist kein *Ereignis* – aus sozialer und kinder- und jugendpsychiatrischer Sicht handelt es sich um einen vielschichtigen und dynamischen *Veränderungsprozess*, der für die Betroffenen auch nach dem formalen Scheidungsakt zwei Jahre und länger dauern kann.

Einvernehmliche Scheidung

Das Familienrecht kennt, vereinfacht gesagt, zwei Scheidungsmodelle: die einvernehmliche und die strittige Scheidung. Der überwiegende Anteil der Ehen wird einvernehmlich geschieden, bietet diese Variante doch einen raschen, kostengünstigen Ausstieg aus der gescheiterten Ehe ohne gerichtliche Ursachenforschung. So wird einerseits die große »Schmutzwäsche« vor dem Richter vermieden, andererseits ein gütlicher Umgang in Hinblick auf die

Kinder ermöglicht. Es lohnt sich also in der Regel, um eine gemeinsame Lösung zu ringen, selbst wenn die Bemühungen um sachliche Einigung längere Zeit brauchen sollten.

Die einvernehmliche Scheidung ist dann möglich, wenn die eheliche Lebensgemeinschaft bereits aufgehoben ist (Deutschland: seit mindestens einem Jahr, Österreich: seit mindestens sechs Monaten), beide Teile geschieden werden wollen und es den Eheleuten möglich ist, sich gemeinschaftlich über die Folgen der Scheidung zu einigen; sie müssen also in allen Fragen, welche die Kinder, den Unterhalt und das eheliche Vermögen betreffen, Einigkeit erzielen.

Im Gegensatz zur strittigen Ehescheidung ist die einvernehmliche Scheidung nicht mit einer Klage, sondern mit *Antrag auf Durchführung der Ehescheidung im Einvernehmen* zu begehren, es kann aber ein strittiges Scheidungsverfahren jederzeit unterbrochen und stattdessen eine einvernehmliche Ehescheidung durchgeführt werden. Dasselbe gilt im umgekehrten Fall: was einvernehmlich begann, kann im Streit enden. »Wir lieben unsere Kinder und brauchen daher für ihre Zukunft keinen Richter«, hört man häufig von »einvernehmlich« Trennungswilligen. Dies ist eine begrüßenswerte Einstellung von Eltern, die sich um ihre Kinder sorgen. Doch die Erfahrung zeigt, dass die friedliche Trennungsabsicht rasch umschlagen kann, sobald es bei den gemeinsamen Lösungen um konkrete soziale bzw. ökonomische Belange geht oder um unbewältigte Gefühle.

Vor allem wenn es um Besitz und Geld geht, sind oft alle guten Vorsätze vergessen. Die Kinder, um derentwegen die Einvernehmlichkeit eigentlich angestrebt wurde, werden da plötzlich zweitrangig, und das Bestreben, die eigenen Vorteile im Strcit um Unterhalt, Wohnung, Hausrats- und Vermögensteilung zu erhalten, tritt in den Vordergrund. Das erforderliche Einverständnis beider Ehepartner und die Einigung über einen Scheidungsvergleich – Voraussetzungen für die einvernehmliche Scheidungsvariante – sind trotz aller Beteuerungen also nicht immer zu erzielen und mitunter unüberbrückbare Hindernisse auf dem Weg zum ehelichen Finale. Hier ist auf die Möglichkeiten der *Mediation* hinzuweisen, mit der auch in verfahrenen Situationen akzeptable Lösungen für die Trennung erarbeitet werden können und die in der Regel kürzer dauert als strittige Gerichtsverfahren.

Wie oben erwähnt wurde, gibt es durchaus Fälle, wo Eltern bereit sind, auf Streitigkeiten zu verzichten. Affektausbrüche, Beschimpfungen, Vorwürfe oder gar Handgreiflichkeiten, werden vermieden, um später einen guten Kontakt als geschiedene Eltern zueinander und mit den Kindern haben zu können. Eine solch »harmonische« Scheidung hat das Ziel, möglichst viel Positives von der Beziehung auch nach der Scheidung aufrechtzuerhalten und »gute Freunde« zu bleiben. Das Problem dabei: Haben die Partner ihre Konflikte nicht nur vor den Kindern, sondern auch voreinander »versteckt« und nicht ausgetragen, können sie – wie die Erfahrung zeigt – *nach* der Scheidung mit voller Wucht aufbrechen und sind dann für die Kinder ein umso größerer Schock, als doch alles so »problemlos« lief. Auch kann die »sanfte« Scheidungsvariante bei den Kindern die Hoffnung – und die Illusion – nähren, dass die Eltern, die doch so »lieb« zueinander sind, wieder zusammenkommen könnten. Gerade Paare, die sich bei einem niedrigen Konfliktniveau trennen, machen es ihren Kindern oft schwer, die Trennung zu akzeptieren und zu verstehen. Deshalb ist es in diesen Fällen besonders wichtig, den Kindern die Beweggründe für ihr Auseinandergehen zu vermitteln und klar auszusprechen, dass der Entschluss unwiderruflich ist.

Strittige Scheidung

Wenn einer der Partner eine Scheidungsklage einreicht, kommt es zur strittigen Scheidung. Ein Gerichtsverfahren beginnt. Zeugen und die Parteien selbst werden vernommen und nach Vorlage der wesentlichen Urkunden fällt das Gericht schlussendlich ein Urteil, in dem die Verfahrensergebnisse rechtlich beurteilt werden: Mit Rechtskraft der Entscheidungen wird schließlich die Ehe aufgelöst. Können sich die Eltern einigen, wird auch über die Kinderzuteilung und die Besuchsrechtsregelung entschieden; falls nicht, kommt der Fall vor das Pflegschaftsgericht.
Die strittige Scheidung umfasst – wie gesagt – in Österreich *Verschuldensscheidungen* und *Zerrüttungsscheidungen,* in Deutschland nur Letztere. Bei Verschuldensscheidungen kann sich die beklagte Partei gegen die Klage wehren, wenn sie findet, diese würde zu Unrecht erhoben. Im Fall sie der Ansicht ist, auch den Partner träfe

Schuld am Scheitern der Ehe, und kann dies bewiesen werden, bedeutet das, dass die Scheidung aus *beiderseitigem Verschulden* ausgesprochen wird. Die Gewichtung des Verschuldens ist maßgeblich für den Ehegattenunterhalt. Früher einmal spielte sie auch bei der Hausratsteilung (im österreichischen Volksmund »Häferlverordnung«) eine Rolle, heute nicht mehr.

Im *Zerrüttungsprinzip* kommt – im Unterschied zu kirchlichen Auffassungen – grob gesagt die Vorstellung zum Ausdruck, dass jede gescheiterte Ehe geschieden werden sollte, wenn sie nicht mehr zu retten ist und einer der Partner – unabhängig davon, ob ihn die Schuld an der Zerrüttung trifft oder nicht – den Willen zur Fortsetzung der Ehe verloren hat. Die Zerrüttungsgründe können die Entscheidungen über Sorge- und Besuchsrechtszuteilung beeinflussen. *Schwierig* ist oder wird das Scheidungsverfahren jedenfalls immer dann, wenn bezüglich der Kinder Drohungen im Raum stehen, wie: »Die Kinder siehst du nach der Scheidung nie mehr wieder«, »Ich werde dir zeigen, wer den längeren Atem in Hinblick auf die Kinder hat« oder »Wir werden schon sehen, wen die Kinder lieber haben«.

Wer die *strittige* Scheidungsvariante wählt, überlässt die Lösung der eigenen Beziehungskonflikte letztlich dem Gericht und ist selbst auf dem besten Weg, in einen langwierigen und kostspieligen »Rosenkrieg« zu schlittern: Da wird im Prozess der andere schlecht gemacht. Man rückt sich selbst ins vermeintlich rechte, den anderen in möglichst unvorteilhaftes Licht. Man blickt bitter zurück in die Vergangenheit. Die Rivalitäts- und Machtkämpfe verlagern sich aus der Privatsphäre in den Gerichtssaal; beide Parteien sind darauf bedacht, möglichst siegreich aus dem Verfahren hervorzugehen. Am Ende des Scheidungsprozesses steht das richterliche Urteil, das fast immer einen zum Gewinner und einen zum Verlierer macht. Damit nicht genug, geht der Kampf noch Jahre nach der Scheidung weiter. Man übertrumpft einander, wer der pädagogisch bessere oder bei den Kindern beliebtere Elternteil ist. Oder ein Elternteil sucht dem anderen zu beweisen, dass seine neue Familiengründung erfolgreicher und glücklicher verläuft als die vorige. Die Kinder werden als Mitstreiter in diesen Konkurrenzkampf hineingezogen und mit den persönlichen Problemen der Erwachsenen belastet. Der einzige Stress für ein Kind, der schlimmer ist als zwei streitende Eltern, sind zwei geschiedene streitende Eltern, meint E. Mavis Hetherington in ihrem Standardwerk *Scheidung. Die Perspektiven der Kinder* (2003). Wie negativ sich diese emotionale Überforderung auf die kindliche Entwicklung auswirkt, wird noch später dargestellt werden.

Pflegschaftsverhandlung

In vielen Fällen geht für die Kinder vor dem Scheidungsgericht ein langer erster Akt zu Ende: das Leid, in einem stark von Konflikten bestimmten Familienklima aufgewachsen zu sein, das obendrein oft von mangelnder gegenseitiger Achtung der Eltern und deren Versuchen, die Kinder zur Parteistellung in ihren Konflikten aufzufordern, geprägt war. Doch das Drama namens Scheidung ist für die meisten Kinder damit noch lange nicht zu Ende.

Eine Scheidung, gleichgültig ob einvernehmlich oder strittig, macht nach geltendem Recht eine Entscheidung notwendig, wem das Sorgerecht oder die Zuständigkeit für das »Heim erster Ordnung« (bei gemeinsamer Obsorge) für das Kind langfristig zukommen soll. Im Zuge einer einvernehmlichen Scheidung bildet die Obsorgeregelung einen unverzichtbaren Bestandteil des Scheidungsvergleichs. In allen anderen Fällen genehmigt bzw. entscheidet das zuständige Pflegschaftsgericht, wie die *Obsorge* künftig geregelt werden soll: Diese Phase der Entscheidung über das Sorge- und Besuchsrecht bildet oft den zweiten Akt der Tragödie. Über Kinder bis zum 10. Lebensjahr wird üblicherweise entschieden – das ist die passive Form des Dramas. Bei Kindern zwischen etwa dem 10. und dem 14. Lebensjahr wird eine Entscheidung in der Regel akzeptiert, danach vom Gesetz abverlangt – dies ist die aktive Form. Beide Fälle verlangen den Kindern und Jugendlichen schwierige Loyalitätskonflikte ab: sich zwischen den Eltern entscheiden zu müssen, dabei womöglich von ihnen beeinflusst, bedroht oder unter Druck gesetzt zu werden, ist für Kinder eine Qual und höchst schädigend.

Einigen sich die Eltern auf Sorge- und Besuchsrecht bzw. nehmen sie das *gemeinsame* Sorgerecht in Anspruch, weil sie gut kooperieren können, so scheint für die Kinder vorerst Ruhe eingekehrt zu sein. Von diesen diskreten Fällen, die sich friedlich trennen und vernünftig einigen, was das Wohlergehen der Kinder sowie die

Aufteilung von Hausrat und Besitztum angeht, hört man in der Regel wenig. Sie brauchen keinen Streit vor dem Pflegschaftsgericht, um ihre Angelegenheiten in Ordnung zu bringen. Umso heftiger geht es bei jenen zu, die PflegschaftsrichterInnen und Sachverständige aufbieten, um angeblich das kindliche Wohlergehen zu sichern. Hier ist das Gericht zuständig, weil die Eltern versagen. Eingaben treffen ein, die in langen Erklärungen und Einsprüchen Lebensart, Erziehungsstil und Sorge- oder Besuchsrechtsausübung des anderen Elternparts kritisieren; diesen Eingaben wird entgegnet, widersprochen, sie werden in mündlichen Streitverhandlungen bearbeitet, mit Beschlüssen entschieden und diesen wird erneut entgegnet, statt gemeinsam Lösungen für die Kinder zu finden. Die Kampfansagen entzünden sich bevorzugt an der Anzahl der Besuchstage, an Erziehungsfragen, Schulnoten, Urlaubsplanungen, Alimentationszahlungen, den Verbindungen jedes dieser Themen miteinander und schließlich an den vom Gericht geforderten Auflagen, die im Namen des Kindeswohls erfüllt werden mögen.

Der »Rosenkrieg« ist erneut in vollem Gang und in kürzester Zeit sind die RichterInnen überfordert, zumal es für sie aufgrund ihrer Ausbildung wie auch persönlicher Einflussfaktoren mitunter überaus schwierig ist, objektive Urteile zu formulieren. Als vermeintlicher »Helfer in der Not« tritt dann der Sachverständige auf den Plan, der im undurchschaubar gewordenen Dickicht der Anträge, Schriftsätze und Beschuldigungen einen Weg finden soll. Nun können Sachverständige, wie noch zu zeigen sein wird, zwar Hilfestellung bei Gericht bieten, aber den Stein der Weisen besitzen natürlich auch sie nicht. Die letzte Entscheidung obliegt schließlich der Richterin/dem Richter: sie/er fällt einen Beschluss. Doch geklärt wird oft wenig. Der Einspruch folgt unverzüglich und so geht der Kampf mit unverminderter Heftigkeit weiter.

Auswirkungen auf die Kinder

Paradoxerweise scheint es, dass gerade die Modernisierung des Scheidungsrechts die emotionale Überforderung der Kinder verstärkt. Zwar hat die gemeinsame Obsorge ein Scheidungsmodell ermöglicht, das auf der Paarebene nicht ausschließlich auf Konfrontationskurs geht, und die Praxis, Kinder (und damit auch Alimente) nicht, wie früher üblich, automatisch der Mutter, sondern auch dem Vater zuzusprechen, ist durchaus ein Stück emanzipatorischen Ausgleichs. Beides führt aber offenbar dahin, dass sich der Konflikt der Ehepartner verstärkt auf den Kampf um die Kinder konzentriert. Kämpfe um Wohnplatz, Erziehung und Besuchsrechtsregelungen nehmen – wie die Gerichtspraxis zeigt – nicht nur zu, sondern laufen immer bösartiger ab. Die Folgen dieses Scheidungsdramas für die Kinder, um deren Wohl sich beim Pflegschaftsgericht ja eigentlich alles dreht, sind in der Praxis unabsehbar. So wurde die Möglichkeit einer Anhörung des Kindes eingeführt, um die Perspektive des Kindes besser zu berücksichtigen, doch führt auch dies in Wirklichkeit oft dazu, dass die Kinder nur stärker in den Konflikt hineingezogen werden: Vor jeder Befragung durch RichterInnen oder Sachverständige kommt es zu Beeinflussungsversuchen. Elternparteien möchten das Kind dahin bringen, dass es in der Befragung die jeweils »richtige« Position einnimmt; man versucht ihm den jeweiligen Vorteil von Vater oder Mutter einzutrichtern, man präpariert, manipuliert, schmeichelt, droht, verwöhnt, besticht und setzt zugunsten des eigenen Vorteils alle Mittel des Wettbewerbs ein. Das Kind – eingeschüchtert, geängstigt, ermutigt oder bestätigt – gerät dabei zunehmend in einen Zwiespalt der Gefühle. Verwirrt und verunsichert macht es Äußerungen in nicht kindgerechten, unsachgemäß durchgeführten Befragungen, bereut die Aussagen anschließend, widerruft und hofft, dass so dieser Albtraum möglichst bald vorbeigeht. Doch die Hoffnung trügt. Denn nun betritt eine weitere Berufsgruppe die Szene und eröffnet den dritten Akt der Tragödie: die schon bekannten AnwältInnen, die – stets mit der Versicherung, nichts als das Kindeswohl im Auge zu haben – das Drama in Gang halten. Hier soll keineswegs pauschal ein Berufsstand verunglimpft werden, doch gibt es einige »schwarze Schafe«, derentwegen immer wieder laut darüber nachgedacht wird, die Anwaltskosten in Scheidungsverfahren nach oben hin zu begrenzen. Eine Diskussion, die zumindest deutlich auf die Notwendigkeit einer Abkürzung von Scheidungs- und Pflegschaftsverhandlungen verweist und das Bestreben verdeutlicht, nach Wegen zu suchen, um die Verfahren und damit die Qual der Kinder zu verkürzen. Wie dem auch sei – die Konsequenzen, die aus der bisherigen Gerichtspraxis im Interesse der Kinder zu ziehen sind, liegen auf der Hand: *Alle* beteiligten Erwachsenen und Berufsgruppen sind aufgerufen, von Verfahrensbeginn an mit Kindern möglichst behutsam, verantwortungsvoll und ohne jegliche Beeinflussungsversuche und Zuteilungsfragen vorzugehen. Richterliche und gutachterliche Anhörungen, elterliche Manipulationsversuche und anwaltliche Ratschläge können sonst dem Kind Schockerlebnisse bereiten, die sich an der Grenze zur Kindeswohlgefährdung und zum Missbrauch bewegen.

Kindesabnahme

Gerichtsbeschlüsse über den Verbleib der Kinder bei einem Elternteil eröffnen ein weiteres dramatisches Kapitel: die Übergabe bzw. Abnahme des Kindes. Entsteht für das Gericht der Eindruck, dass für das Kindeswohl Gefahr im Verzug besteht, kann es eine *Kindesabnahme* anordnen. Als mögliche Gründe dafür gelten unter anderem, wenn ein Kind äußert, es wolle nicht mehr leben, es beabsichtige, sich das Leben zu nehmen, oder es habe vor, von dem Elternteil, bei dem es derzeit lebt, fortzulaufen. Macht ein Kind solche Äußerungen und erfährt das Jugendamt oder das Pflegschaftsgericht davon, wird entschieden, das Kind aus seiner derzeitigen Umgebung zu entfernen. Der künftige Aufenthaltsort wird im Allgemeinen von den Behörden bestimmt: meist sind es vorerst Wohngemeinschaften, Kinderheime oder Kinderdörfer sowie Beobachtungsstationen und kinder- und jugendpsychiatrische Abteilungen, falls Krankheitssymptome vorliegen. Die handelnden Personen sind SozialarbeiterInnen, PolizeibeamtInnen, Gendarmen oder Gerichtsexekutoren.

Immer wieder erregen Kindesabnahmen das öffentliche Interesse: Zwei Gendarmen holen ein Kind mitten aus dem Unterricht seiner Dorfschule, um es in eine kinderpsychiatrische Klinik zu bringen, Exekutoren schleppen ein Kind im Gerichtsauftrag wie bei einer Entführung unter brutaler Gewaltanwendung ab, oder Kinder, die in einem EU-Land aufgefunden werden, müssen dort wochenlang im Heim eines Klosters auf die Abholung durch den sorgeberechtigten Elternteil warten, weil die rechtliche Kommunikation zwischen den betroffenen Staaten nicht funktioniert.

Diese Dramen haben die nicht hinreichend geregelte Übergabemodalität gemeinsam, entstanden aufgrund eines Kompetenzwirrwarrs, in dem die Entscheidungshierarchien nicht eindeutig klargelegt sind. Nach einem spektakulären Fall vor laufenden TV-Kameras wurde 2004 in Österreich die Expertengruppe »Obsorgeregelung und Kindeswohl« ins Leben gerufen. Ziel dieser Kommission des Justizministeriums ist es, das einzige Interesse des Kindes in diesen Fällen, nämlich das Kindeswohl, außer Streit zu stellen. Schulungen im Umgang mit Kindern und die Bereitstellung von Fachkräften, welche die Beamten bei solchen Vollzügen begleiten, sollen die Kindesabnahmen künftig humaner gestalten.

Wie schon festgestellt, dürfen Vierzehnjährige ihren Aufenthaltsort selbst bestimmen; Zehn- bis Zwölfjährige müssen in dieser Frage angehört werden. Es gebietet jedoch jegliche Kenntnis der Entwicklungspsychologie, Kindern bereits ab dem Schuleintrittsalter, spätestens aber ab dem achten Lebensjahr, wenn sich das real-konkrete Denken entwickelt, Aufmerksamkeit und Gehör zu schenken. Zu beachten ist dabei, dass Kinder leicht in Loyalitätskonflikte geraten, besonders wenn sie vor ihren Eltern Aussagen darüber treffen müssen, bei wem sie leben möchten und welche Besuchsrechte sie sich wünschen. Zweifel und Unentschlossenheit eines Kindes bedeuten also nicht, dass es für eine Mitentscheidung nicht reif wäre; es können vielmehr massive Bedrängungen der Eltern die Ursache sein. In solchen Fällen braucht das Kind dringend Entscheidungshilfen von außen.

Meist haben beide Eltern im Scheidungsverfahren einen Rechtsbeistand, der sich bemüht, das Beste für seine Klientin/seinen Klienten zu erzielen. Dazu gehört auch der Wunsch eines Elternteils nach dem Sorgerecht für das Kind, weshalb von anwaltlicher Seite auch das Kind »verhandelt« wird. Aus juridischer Sicht wird also leicht verständlich, wieso das Kind als »Objekt«, als Verhandlungsgegenstand, betrachtet wird. Am Ziel, das Kindeswohl zu sichern, trifft diese Haltung gewiss vorbei. Hier gelten andere Regeln, die Zeit, Sorgfalt und Verständnis benötigen: Kindliche Ängste treten nicht immer offen zutage, sondern äußern sich oft in maskierter Form; Aggressionen haben ihre Ursachen und bedeuten nicht grundsätzlich Unfolgsamkeit; kindliche Wünsche sind nicht übertrieben. Und es ist nicht unnötig kostspieliger Aufwand, die kindlichen Interessen behutsam mit Hilfe von Mediation herauszufinden. Der Einsicht, dass auch das Kind ein Mensch mit autonomen Bedürfnissen ist, die erkannt und zur Handlungsmaxime gemacht werden müssen, entspricht ein anwaltlicher Beistand für Scheidungskinder – zumindest in schwierigen strittigen Verfahren. Erst wenn das Kind gehört, beteiligt und nicht mehr als »Verhandlungsgegenstand« betrachtet wird, wenn es Respektsperson und rechtlich gut vertreten ist, sodass seine eigenen Interessen vermittelt und durchgesetzt werden können, wird die Kindesabnahme im Sinne des Kindeswohls ausgeführt oder vielleicht sogar rechtzeitig vermieden werden können.

Scheidung von Eltern und Kindern?

Im Jahr 2001 ging in den USA ein Kind vor Gericht, um sich wegen Vernachlässigung, mangelnder Geborgenheit und Misshandlungen von seinen Eltern scheiden zu lassen. Der Aufsehen erregende Prozess endete für den Kläger erfolgreich. Die Rechtslage in Deutschland, Österreich und der Schweiz schließt eine solche Vorgehensweise aus. Es ist nicht möglich, sich von den Eltern durch ein Scheidungsverfahren loszusagen, ebenso wenig wie sich umgekehrt die Eltern von einem leiblichen Kind scheiden lassen können. Ausschließlich die Pflegschaftsbehörde bzw. das Jugendgericht kann die Trennung eines Kindes aus seiner Umgebung veranlassen bzw. Trennungsvereinbarungen festlegen, die jedoch die Eltern nicht aus der ökonomischen Verantwortung für das Kind entlassen. Dasselbe gilt auch für Adoptiveltern, die ja rechtlich leiblichen Eltern völlig gleichgestellt sind. Es ist also aufgrund des Adoptionsrechts nicht möglich, sich von einem Adoptivkind zu trennen.

MACHTKAMPF TOTAL: DER »ROSENKRIEG«

»Rosenkrieg« – was ist das eigentlich?

»Rosenkrieg« bedeutet vor allem eines: Krieg. In ihm kulminieren Hass, Kränkung, verletzter Stolz und Vergeltungsgefühle und formieren sich zu einem erbitterten Rachefeldzug. Der »Rosenkrieg« ist die auf die Spitze getriebene Streit-Scheidung: Auch diese will Schuld geben, doch verläuft sie nach gewissen Regeln und beabsichtigt in der Hauptsache die Durchsetzung tatsächlich oder vermeintlich gerechtfertigter Ansprüche; im Krieg aber ist alles möglich – bis hin zum Gemetzel.

Der Begriff selbst wurde spätestens durch den gleichnamigen Hollywood-Film mit Michael Douglas und Kathleen Turner aus dem Jahr 1989 populär. Seither füllt er die Seiten der Skandalpresse, wo Beckers, Wussows oder Fendrichs sich Scheidungsschlachten bis zum Ruin liefern. Ihr ultimatives Ziel ist die Existenzvernichtung des Kontrahenten. Ein »Rosenkrieg« – oft medienwirksam als Skandal inszeniert – soll den anderen ins Mark treffen, ihm alles nehmen, was ihm etwas bedeutet: Ruf, Geld, Erfolg, Glück, Zukunft, Kinder. Nach der Devise: Bevor ich einen Menschen freigebe, zerstöre ich ihn lieber! Um das zu erreichen, wird mit Waffen gekämpft, die mit der zunehmenden Eskalation der Konflikte immer brutaler werden. Lässt die Intensität der Kämpfe nach, unternehmen die Beteiligten alles, sie neu anzuheizen. Ein Ende ist meist nicht in Sicht und oft nicht einmal gewollt. Noch nach Jahren können sich viele Parteien keine akzeptable Regelung vorstellen. Offenkundig besteht wenig Interesse, mit Fachleuten an echten Problemlösungen zu arbeiten, sondern primär daran, dem anderen Schmerz zuzufügen.

Wie es dazu kommt

»Rosenkriege« entstehen zumeist aufgrund der Unfähigkeit oder Unwilligkeit eines Paares, seine Beziehungs- und Scheidungsprobleme zu erkennen und auf geregelte Weise zu lösen. Fast immer sind starke Gefühle im Spiel, die jedoch nicht eingestanden werden. Verletzungen, Schmerz, Wut und Rachegefühle, beruhend auf jahrelanger Missachtung durch den Partner und auf geringen Selbstwertgefühlen, zählen zu den wichtigsten Antriebsfaktoren. Wer fortgesetzt und in steigender Intensität in seinen persönlichen Eigenschaften abgewertet wird, erfährt eine tiefe *Kränkung*. Selbst wer sich ihr Ausmaß zunächst gar nicht eingestehen will, ihre Tragweite herunterspielt, alle Signale übergeht, wird irgendwann Reaktionen zeigen – Empörung, Beleidigtsein, Aggressionen dienen dem anderen dann nur zum neuerlichen Vorwand, mit seinen Verletzungen fortzufahren. Diese Wechselbeziehung von *Verletzen und Verletztwerden*, aus der es anscheinend kein Entrinnen gibt, kann beim Opfer schließlich zu reaktiven Gemütsverstimmungen, zu Panikreaktionen und Selbstmordgedanken führen.

Verletzter *Stolz* spielt in der destruktiven Vorgeschichte eines »Rosenkriegs« die Hauptrolle. Wird einer der Partner im Verlauf der Ehe vom anderen ständig gedemütigt, erniedrigt, verhöhnt, in Gesellschaft bloßgestellt oder wird sein Selbstbewusstsein systematisch untergraben, können daraus beim Opfer irgendwann impulsive Rachegefühle entstehen; sein Handeln gerät außer Kontrolle und ist nicht mehr an den für ihn üblichen Maßstäben zu messen. Wem der Begriff *Stolz* zu antiquiert ist, mag ihn durch Selbstwertgefühl, Akzeptanz, Menschenwürde und Selbstachtung ersetzen – schon wird vorstellbar, wie solch anhaltende Entwürdigungen in Beziehungen zügellose Vergeltungsfeldzüge nach sich ziehen können.

Meist liegt eine Anhäufung tiefer liegender Ursachen vor, die in der früheren Lebensgeschichte der Partner, im Mangel an emotionaler Beziehung zueinander, in ihrer Sprachlosigkeit wurzeln können. Auch nicht genügende Vermittlung des Trennungswunsches gibt eine emotionale Basis für gnadenlose Scheidungsschlachten ab. Letztlich kann *jede* tiefe Verletzung, die nicht ausgesprochen oder vom anderen angenommen wird, einen »Rosenkrieg« motivieren.

Es gibt durchaus Möglichkeiten, die Ursachen solcher Widersprüche in der Beziehung – etwa durch Fachberatung – rechtzeitig zu erkennen. Auch könnte eine bessere Vor- und Aufbereitung der Trennung helfen, die negativen Konsequenzen einer Scheidungsschlacht zu vermeiden. Die Frage ist nur: Ist das erwünscht? Ist nicht der »Rosenkrieg« zuweilen die Fortsetzung der Beziehung mit verkehrten Mitteln statt ihr – vorgebliches – Ende? Man *bindet* sich durch solche Kämpfe ja recht lange an den (angeblich) verhassten Partner: Über Jahre wird gestritten und prozessiert, jedes Detail mit Sorgfalt aufgespürt und genützt, statt die Konsequenz aus der gescheiterten Beziehung zu ziehen und dem Leben eine neue, sinnvolle Wendung zu geben. Fast könnte man sagen: Der »Rosenkrieg« ist der falsche Ausdruck einer Beziehung, die nicht aufhören darf. Schon deshalb wird die Möglichkeit einer raschen und klaren (Los-)Lösung gar nicht ins Auge gefasst.

Schlachtfeld Scheidung

Wurden alle Alarmzeichen übersehen und die Möglichkeiten einer rationalen Problemlösung erfolgreich ignoriert, wird der Nervenkrieg eröffnet. Ausgespannt zwischen Macht und Ohnmacht, stecken die Kombattanten ihr Feld ab. Vernichten statt Verhandeln, lautet die Losung. Wie in jeder kriegerischen Auseinandersetzung will einer als Sieger vom Feld gehen. Es stellt sich nur die Frage, wer als Publikum in der Kampfarena applaudiert, wer mit den Verlierern leidet, nicht nur nach der Schlacht, sondern auch später, und was »siegen« in diesem Zusammenhang überhaupt bedeutet. Wird etwa die Frage, bei wem die Kinder nach der Scheidung leben sollen, von Beginn an zum Streitgegenstand im Machtkampf der Eltern, statt diesen Bereich auszuklammern und zum Wohl der Kinder einvernehmlich zu regeln, *kann* es keine Sieger, sondern nur Verlierer geben.

Den Startschuss zum Gemetzel gibt in der Regel eine Seite, indem sie unannehmbare Forderungen stellt, verbunden mit der Illusion: je maßloser der Anspruch und je länger der Prozess, desto eher werde er erfüllt. Dazu kommt Trotz, wenn diese unmäßigen Forderungen nicht erfüllt werden. Die Gegenpartei wiederum, keineswegs gewillt, diesen Erwartungen zu entsprechen, ist tief gekränkt und wütend über die Zumutungen und schlägt »jetzt erst recht« zurück: die Aufschaukelung beginnt. Klagen werden mit Gegenklagen, Forderungen mit Gegenforderungen, Zeugen auf der einen Seite mit noch mehr Zeugen auf der anderen Seite quittiert. Die Situation wird immer verfahrener. Die Eltern können lebensnotwendige Fragen ihre Kinder betreffend nicht mehr aushandeln und hören auf miteinander zu reden. Der Krieg ist kein geeignetes Mittel dagegen: Er fördert die Sprachlosigkeit, statt sie zu überwinden. *Alle* werden verlieren – am meisten die Kinder.

Kinder – die Opfer der »Rosenkriege«

Ungelöste oder scheinbar unlösbare Scheidungskonflikte bedeuten für die Kinder, dass ihre Verstörung, ihre Angst, ihre Desorientierung und die Ungewissheit ihrer Zukunft anhalten. Sie belasten die Kinder auf Dauer und setzen ihr Wohl aufs Spiel, selbst wenn sie anfangs nicht unmittelbar involviert sind. Um wie viel mehr, wenn der Kampf von Beginn an direkt über die Kinder ausgetragen wird: wenn jede für sie wichtige Frage erbittert umkämpft ist, wenn jedes sie betreffende Detail von den Eltern als Vorwand benutzt wird, einander wehzutun; wenn Mutter und Vater zu Krieg führenden Parteien und ihre Kinder zur begehrlichen Beute werden, um deren Besitz mit allen Mitteln gekämpft wird – ungeachtet dessen, dass die Kinder im jahrelangen Sorgerechtsdrama ständigen Spannungen und einem ungewissen Ausgang ausgesetzt sind und letztlich geliebte Menschen verlieren müssen.
Selbst wenn Sorgerecht und Alimente nicht von Anfang an Gegenstand der scheidungsgerichtlichen Auseinandersetzungen sind – irgendwann artet die Frage, wer die Kinder »bekommt«, im Scheidungskrieg fast immer in einen Machtkampf aus: der eine will die Kinder, dem anderen sollen sie vorenthalten werden. Dabei geht es aus der Sicht der beiden Gegner nur um Sieg oder Niederlage; man ist ausschließlich auf den »Feind« fixiert und verliert das Wohl der Kinder ganz aus den Augen. Die wiederum haben ganz andere Interessen. Sie wollen beide Eltern als Bezugspersonen behalten, denn auf einen Elternteil verzichten zu müssen, bedeutet einen schweren Verlust mit langfristigen Folgen und belastet auf lange Sicht auch die Beziehung zum »siegenden« Elternteil.
»Aber eines sage ich dir, die Kinder bleiben bei mir!« – Fast immer ahnen die Kinder, was auf sie zukommt, besonders dann, wenn bereits im Vorfeld von einem Elternteil solche Drohungen

geäußert werden. Kinder sind das wichtigste Unterpfand im Scheidungskonflikt von Eltern, die bereit sind, in ihrem Kampf jedes Mittel einzusetzen, und sei es noch so brutal: Entführungsdramen, Erpressungsversuche, Verleumdungsskandale – die Opfer all dieser Schlachten sind letztlich die Kinder und Jugendlichen, auch wenn es »nur« um Rache am Partner, um pure Machtdemonstration und um die Durchsetzung des eigenen Willens um jeden Preis geht. Kriege gehen *immer* zu Lasten der Kinder, zumal wenn sie darin abwechselnd als Beute, als Rachewerkzeug und als Munition herhalten müssen.

Trotz gegenteiliger Beteuerungen – ein »Rosenkrieg« *ohne* Einbeziehung der Kinder ist kaum denkbar. Jeder erliegt im Lauf solcher Kämpfe der Versuchung, die Kinder zu benützen, um die eigenen Interessen beim oder gegen den Partner durchzuboxen oder Verletzungen auszutragen. Besonders belastend ist es für Kinder und Jugendliche, wenn der Scheidungskrieg der Eltern an die Öffentlich dringt. Immer öfter bindet eine Seite massiv die Medien ein, sobald ihre Lage ausweglos erscheint. Vor allem beim Sorgerechtsstreit wird oft auf den Druck der Öffentlichkeit gesetzt, um die eigene Position zu stärken. Zwar ist diese Hoffnung trügerisch, doch die Skandalpresse stürzt sich darauf, vor allem wenn es sich um Prominente handelt. Scheidungsaffären von Schauspielern, Politikern, Künstlern oder Sportlern werden so über Jahre in den Medien verfolgt, akribisch kommentiert und in jedem Detail enthüllt. Ein unwürdiger Schmutz-Wirbel entsteht – manchmal bis zum Selbstmord eines der Betroffenen. Für Kinder sind medial inszenierte Schlammschlachten der Eltern eine Tragödie. Sie wünschen und lieben die Anonymität ihrer Familie, sie wollen geschützt sein und nicht erleben müssen, dass im Kindergarten, in der Schule, auf Partys Details ihres Familienlebens ausgebreitet werden. Kinder haben – wie Erwachsene – ein Recht auf Privatsphäre und auf Achtung der persönlichen Würde.

»Rosenkriege« stellen – wie alle Konflikte – einen zeitlichen Ablauf mit statischen und dynamischen Aspekten dar, die aber von den Beteiligten nicht als Chance genützt werden. *Statische* Aspekte bilden etwa die in der Vergangenheit erfolgten Kränkungen und Verletzungen: Sie werden beklagt und können auch bewiesen werden; was »Rosenkriegern« hingegen nicht gelingt, ist, das Vorgefallene zu klären und einander zu verzeihen. Zu den *dynami-*

schen Faktoren gehört, dass Konflikte ausgelebt, aber auch bearbeitet und bewältigt werden können und schließlich Versöhnung eintritt: emotionale Aktivitäten, die im »heißen« Krieg ebenfalls kaum als Möglichkeiten wahrgenommen werden.

Kinder erleben in der dynamischen Phase des Konflikts, wenn die Eltern ihre Probleme ungebremst ausleben, ein Wechselbad der Gefühle. Einmal scheint diese Seite, dann wieder jene Recht zu haben. Im Streit werden Drohungen ausgestoßen, die dem Kind Angst machen, weil es ihre Tragweite nicht immer realistisch einschätzen und verarbeiten kann. Die Eltern, die eigentlich positive Leitbilder für die Entwicklung ihrer Kinder sein sollten, leben ständig ungebremsten Hass und Kampf vor oder brechen den Kontakt zueinander ab, unfähig, sich über familiäre Entscheidungen zu einigen. Orientierungslosigkeit entsteht. Sie können ihren Kindern weder eine emotionale Stütze sein noch eine Richtlinie für soziale Selbstsicherheit oder moralische Urteilsfähigkeit vorgeben. Die Folge sind Verunsicherung, Selbstzweifel und Schuldgefühle; die Kinder – ohnmächtig, ohne Einfluss auf das Geschehen – büßen jegliche Sicherheit ein. Gute und lebensnotwendige Gefühle wie Achtung und Respekt der Eltern voreinander sowie Liebe und Vertrauen der Kinder zu Mutter und Vater gehen verloren. Eine Prüfung, die oftmals die Kräfte des Kindes übersteigt.

Zwischen den Fronten: der Loyalitätskonflikt

Gerichtshorror, Gewalttätigkeit, Psychoterror, Medienexzesse, Entführungen: Der »Rosenkrieg« ist zweifellos die Hauptursache für seelische Krankheiten und Beziehungsprobleme vieler Scheidungskinder. Für sie wird die Trennung der Eltern zum Trauma. Der Grund liegt im psychischen Missbrauch der Kinder. Ohne Rücksicht auf ihre Befindlichkeit und ihre Bedürfnisse werden sie von den Konfliktparteien zum Lügen angestiftet und zu Parteinahmen aufgefordert. Sie dienen als Druckmittel und Bündnispartner. Und sie müssen erleben, wie die Eltern einander abwerten und versuchen, die Kinder zu Kampfgefährten gegen den anderen zu machen.

Kindern, die als Streitobjekt in den Konflikt der Eltern hineingezogen werden, wird ein emotionaler Balanceakt zugemutet, der kaum gelingen kann: der *Loyalitätskonflikt*, verursacht durch die elterlichen Versuche, das Kind auf die jeweils eigene Seite zu ziehen. Diese Bündniserwartungen – ob offen geäußert oder subtil vermittelt – führen beim Kind zu einer inneren Spaltung, die zur großen psychischen Belastung wird: Sprachlosigkeit, Einsamkeit, Verwirrung, Zerrissenheit, die ständige Angst, einen oder beide Elternteile zu verlieren und durch einen Fehltritt, einen Verrat, eine taktische Fehlentscheidung selbst Schuld daran zu tragen, sind die Folge dieser schwierigen Gefühls- und Gewissenskonflikte. Lieber finden sich Kinder irgendwann damit ab, auf einen Elternteil zu verzichten, als auf Dauer zwischen den elterlichen Fronten zu stehen.

Kinder sind ja emotional eng mit beiden Eltern verbunden. Sie hängen selbst an kalten und abweisenden Eltern und haben zu ihnen eine tiefe, von der Sehnsucht nach Liebe und Anerkennung geprägte Beziehung. Die Tatsache, dass sie so stark mit beiden Eltern, unabhängig von deren Charakter, verbunden sind, macht es Kindern unmöglich, zwischen den Eltern zu wählen. Deshalb dürfen kleine Kinder auch nicht darüber entscheiden, bei wem sie nach der Scheidung der Eltern leben werden. Wird ihnen dennoch zugemutet, eine solche Wahl treffen zu müssen, stürzt man sie in Gefühlskonflikte, denen sie nicht gewachsen sind. Die Entscheidung überfordert ihre seelischen und geistigen Kräfte, weil sie ja *beide* Elternteile brauchen, lieb haben und behalten möchten.

Trotzdem nötigen Eltern ihre Kinder im Zuge der eskalierenden Konfliktdynamik immer wieder zu unpassenden Entscheidungen und Solidaritätsbekundungen. Sie machen ihre Kinder zu Komplizen, indem der eine mit dem Kind Geheimnisse hat, die dem anderen Elternteil nicht verraten werden dürfen. Eltern horchen ihre Kinder übereinander aus (»Hat er eine Neue? Wie sieht sie denn aus?«) oder beeinflussen sie gegen den anderen (»Bei mir hast du es doch viel besser«, »Ich hab dich doch viel lieber als dein Vater und du mich auch!«). Andere versuchen die Kinder bei Gericht zu Verbündeten zu machen. Sie hoffen, ihre prozessuale Situation zu verbessern, indem sie das Kind vor seiner Befragung »präparieren« (»Du musst dem Richter nur sagen, dass du lieber bei mir bleiben willst«), was die Kinder in ungewollte Koalitionen zwingt und ihre Loyalitätskonflikte verstärkt.

Dabei ist es ein Irrtum, zu glauben, man könne Kinder unbemerkt beeinflussen. Kinder sind wahre Meister der Kommunikation. Sie merken immer, wenn sie manipuliert werden, und reagieren, wenn sie für Anliegen der Eltern missbraucht werden: Körperliche Symptome, auffälliges Verhalten, Blockaden ihrer Entwicklung sind die psychischen Antworten, wenn Kinder zwischen den Eltern stehen und zwischen ihnen gefühlsmäßig hin und her gerissen werden.

Auch die mangelnde Übereinstimmung im Lebens- und Erziehungsstil der Eltern kann, wenn sie ständig ausgespielt wird, Kinder in Loyalitätskonflikte stürzen und sie im wahrsten Sinn des Wortes krank machen. Da untergräbt einer die Maßnahmen des anderen (»Bei mir brauchst du nicht so früh schlafen gehen«), vertritt das genaue Gegenteil (»Bei mir wird *kein* Fleisch gegessen. Das tun nur Barbaren!«) oder wirft dem Kind vor, die schlechten Anteile des anderen zu verkörpern (»Diese Faulheit, Frechheit, Verlogenheit ... hast du von deinem Vater«). Haben Eltern derartig stark rivalisierende und einander abwertende Auffassungen, fühlt sich das Kind gespalten zwischen seiner Treue sowohl zum Vater wie zur Mutter. Der elterliche Widerstreit, in dem der eine Elternteil am anderen nichts positiv finden kann, wirkt verunsichernd und macht es für das Kind schwieriger, zu jedem Elternpart loyal zu sein. Es spürt, dass jeder der beiden vom ihm erwartet, dass es »so ist wie er selbst« bzw. sich in seinem Sinn weiterentwickelt. In dem unlösbaren Zwiespalt weiß es nicht, mit wem es solidarisch sein soll. Ziehen hingegen beide Eltern am selben Strang und setzen sie dieselben Wertmaßstäbe, ist es für das Kind einfacher, seine »Linien-Treue« zu den getrennten Eltern zu wahren.

Für die meisten Kinder ist es unerträglich, auf Dauer in einem schweren Loyalitätskonflikt zu leben. Jedes Kind trägt ja Anteile von Vater und Mutter in sich und ist sich dessen auch bewusst. Wenn es einen Teil bevorzugen oder leugnen muss, fühlt es sich innerlich zerrissen. Um dieser seelischen Not zu entkommen, beginnt es, sich einseitig mit einem Elternteil zu identifizieren und dessen Sicht der Dinge – auch in Bezug auf den anderen Elternteil – zu übernehmen. Auf dieser Dynamik der Abspaltung beruht das so genannte »Pariental Alienation Syndrome (PAS)«, das »elterliche Entfremdungssyndrom«, auf das später in diesem Buch noch einmal eingegangen wird: Es tritt ein, wenn der Loyalitätskonflikt des Kindes von einem Elternteil bewusst oder unbewusst dazu benutzt wird, das Kind so zu beeinflussen, dass es den zweiten Elternteil ablehnt und die Beziehung zu ihm zerstört wird. Es handelt sich dabei um eine Form psychischer Ausbeutung, die im Ausmaß ihrer Auswirkungen mit den Folgen sexuellen Missbrauchs verglichen wird; sie kann zu einer Traumatisierung bis in das Erwachsenenalter führen.

Auswege

Was hilft aus dem Teufelskreis eines »Rosenkriegs« heraus? Wie ist die fatale Konfliktdynamik zu durchbrechen? Ob ein Ende in Sicht ist, hängt nicht zuletzt stark davon ab, inwieweit die Eskalation von den Beteiligten – Betroffene, selbst ernannte RatgeberInnen, AnwältInnen, Sachverständige – geschürt wird, oder im Gegenteil diese bestrebt sind, die Qual zu beenden. »Befriedung statt Aufrüstung«, hat die Maxime zu lauten. So können AnwältInnen fortlaufend bei Gericht neue Verhandlungen herbeiführen – oder eben nicht. Statt Gleiches mit Gleichem zu vergelten, können sie nach Auswegen suchen, indem sie etwa gemeinsam auf ihre KlientInnen einwirken, ein Ende der Auseinandersetzung herbeizuführen, bzw. zusammen mit MediatorInnen, RichterInnen und GutachterInnen auf Verfahrensbeschleunigung dringen.

Der Erfolg von Vermittlerdiensten »guter FreundInnen« am Höhepunkt eines Scheidungskriegs ist dagegen anzuzweifeln, da sie in Ermangelung entsprechender Ausbildung wohl eher in die »Schusslinie« der Streitenden geraten werden. Diese Tätigkeit sollte man eher Profis überlassen. Auch wohlmeinende ZeugInnen, die vor Gericht versuchen, helfend Partei zu ergreifen, erreichen bloß das Gegenteil und büßen an Glaubwürdigkeit ein.

Das wirksamste Mittel, um den Dauerkonflikt zu durchbrechen, ist der Verzicht eines Elternteils auf sein Recht, sei es ein wirkliches oder vermeintliches, zur Herbeiführung einer raschen, vernünftigen Regelung. Ein solcher Verzicht kann *alle* Familienmitglieder zu »Gewinnern« machen, sofern er nicht als neuerlicher Schachzug im Kampf mit dem Partner, sondern im Sinn einer Einigung den Kindern zuliebe geleistet wird. So könnte der mit den Kindern zusammenlebende Elternteil einem Entgegenkommen des anderen mit der Zustimmung zu günstigeren Besuchsregelungen antworten. Nur die Bereitschaft beider Eltern, die Streitigkeiten zugunsten des Wohls ihrer Kinder zurückzustellen und ein Opfer zu bringen, kann letztlich den »Rosenkrieg« positiv beenden.

Gesprächsbereitschaft, Kompromiss und Zugeständnis statt irrationalem, eiskaltem Rachefeldzug: Es gehört viel Selbstüberwindung dazu, eine innere Einstellung zu verändern und den eigenen Standpunkt als verletzte Ehefrau oder verletzter Ehemann zu verlassen, um das Augenmerk darauf zu richten, wie die Kinder eine gute und möglichst normale Beziehung zu beiden Elternteilen behalten können. Ein Verzicht, der dazu beiträgt, dass die Mutter weiterhin Mutter und der Vater weiterhin Vater bleiben kann, wird mehr zum Wohl der Kinder beitragen als ein formal-juridischer »Sieg«, der in langen Kämpfen um das Recht erstritten wurde. Eine günstige Entwicklung der Kinder wird der Dank sein, dass man es ihnen erspart hat, den Eltern noch länger als Zankapfel dienen zu müssen. Schließlich waren sie die einzigen, die sich ihre Beteiligung und ihre Rolle im Scheidungskampf nicht aussuchen konnten.

SCHEIDUNGSKRIMINALITÄT

Immer öfter wird in Scheidungskriegen die Grenze zur Kriminalität überschritten. Und fast ebenso oft erfolgen diese unter skrupelloser Benützung der Kinder: Entführungen, Verleumdungen, Misshandlungen oder andere Formen der Gewalttätigkeit sollen über das Kind den Partner treffen, doch es ist das Kind selbst, dem dabei am meisten Schaden zugefügt wird. Selbst Taten wie Erpressung oder Finanzmanipulationen, ausschließlich zum Schaden des Expartners gedacht, treffen in ihren Auswirkungen immer auch das Kind. Nur selten sind Mutter oder Vater, die im Verlauf ihres persönlichen Psychodramas zu solchen Mitteln greifen, gute und liebevolle Elternpersonen, die ihre Kinder schützen. Meist handeln sie bewusst oder unbewusst aus eigennützigen Motiven.

Kindesentführung

Eines der härtesten Druck- oder Rachemittel bei Trennung ist die Kindesentführung. Sie liegt vor, wenn ein Elternteil, der nicht im Besitz der alleinigen elterlichen Sorge oder des Aufenthaltsbestimmungsrechts ist, das gemeinsame Kind gegen den Willen des anderen Elternteils in ein anderes Land bringt – und das geschieht immer häufiger. Über 250 Fälle von Kindesentzug wurden im Jahr 2002 allein in Deutschland von der Bundesanwaltschaft registriert. Die Dunkelziffer liegt deutlich höher: etwa bei 1000 bis 5000 Fällen. Auch wenn ein Kind nach einem vereinbarten Besuch im Ausland nicht zurückgeschickt wird, handelt sich um Kindesentführung.

Man spricht heute auch von *Kindesmitnahme* und *Kindesentzug* – ein Versuch, die familiäre Dynamik ins Blickfeld zu rücken, also sprachlich zu unterscheiden zwischen erpresserischem »Kidnapping« durch Fremde und der Tat eines Elternteils, der im Zusammenhang mit familiären Krisen und Konflikten das gemeinsame Kind an einen unbekannten Ort bringt. Allerdings ist und bleibt auch die *Kindesentführung* ein strafrechtlicher Tatbestand.

Zur Veranschaulichung ein aktueller Fall:

Ein Bankdirektor, der an seiner kleinen Tochter Misshandlungsspuren zu entdecken glaubt, entführt sie aus Deutschland nach Griechenland, wo er mit ihr Interviews aufzeichnet. Auf diese Weise will er seinen Verdacht bestätigen, dass der Lebensgefährte seiner geschiedenen Frau, die das Sorgerecht zugesprochen erhielt, die Misshandlungen unter Duldung der Frau gesetzt hat; die Vorwürfe werden von den Betroffenen zurückgewiesen. Der Mann kehrt schließlich freiwillig mit dem Kind zurück und stellt sich den Behörden. Sobald das Mädchen bei der Mutter ist, widerruft es seine in den Aufnahmen getätigten Aussagen. Es gerät in ein schier ausweisloses Dilemma, denn es will weder die Zuneigung des Vaters noch die der Mutter verlieren. Bis zur Klärung des Falles kommt es in ein Heim.

Gemeinsam ist vielen Fallgeschichten, dass von einem Elternteil gewaltsame Handlungen gesetzt werden, wenn der Eindruck entsteht, die ihm zukommenden Ansprüche auf die Kinder oder Vorwürfe gegen den Expartner seien auf anderem Weg nicht verwirklichbar. Dass jemand dabei nicht zimperlich ist bei der Wahl der Mittel, die zum tatsächlich oder vermeintlich zustehenden Recht verhelfen sollen, mag in manchen Situationen verständlich sein. Zugleich manifestiert sich aber in der widerrechtlichen Verbringung des Kindes an einen dem anderen Elternteil unzugänglichen Ort fast immer ein Besitzanspruch auf das Kind, der auf diese Weise durchgesetzt werden soll.

Wer weiß, wie schleppend die Verfahrensweisen der Pflegschaftsgerichte sein können, wird erkennen, dass für die Entführer zudem ein wesentlicher Wettbewerbsvorteil zu gewinnen ist: nämlich Zeit – denn die ist im Gerichtsprocedere wie im kindlichen Entwicklungsprozess ein wichtiger Faktor. Ein heranwachsendes Kind verändert sich laufend – je jünger, desto rascher. Ein fünfjähriges lebt noch in der magisch-animistischen Denkwelt des »Märchenalters«, erreicht aber wenige Monate später die Schulreife mit ihrem realen, logischen Denken. Aussagen, Handlungen und Reaktionen auf bestimmte Entscheidungen werden also im Vorschulalter ganz anders ausfallen wie im Schulalter. Eine Tatsache, die man in Pflegschaftsverfahren für sich nutzen kann.

Kinder finden sich bei Entführungen handstreichartigen Veränderungen der Betreuungs- und Lebenssituation ausgesetzt, die jeglichem Grundsatz der Kontinuität zuwiderlaufen, der da lautet: Kein Kind soll aus seinem vertrauten Umfeld herausgerissen werden. Dazu kommt der Schock der Entführung selbst, die ja – wie viele Beispiele zeigen – mit drastischen Tätlichkeiten einhergehen kann. Auch müssen sich die Kinder oft auf der Flucht verkleiden oder verstecken, sind unterernährt, in sich zurückgezogen, misshandelt oder verwahrlost. Dies und oftmalige Umzüge können für Außenstehende Indizien für eine Kindesentziehung sein. Schlafstörungen, Ängstlichkeit, Bettnässen, Angst vor Fremden, Erziehungsschwierigkeiten, Angst vor der Dunkelheit, Schwierigkeiten, Freunde zu finden, begrenztes Zugehörigkeitsgefühl, Rückentwicklung und kindliches/kindisches Verhalten sind die Folgen. Häufig ist daher familientherapeutische Hilfe notwendig, wenn entführte Kinder zurückkehren. Zudem befinden sie sich häufig in einem erheblichen Loyalitätskonflikt gegenüber der/dem Entführenden, während die emotionale Bindung zum zurückgebliebenen Elternteil in der Zwischenzeit vielleicht schon abgebrochen oder abgekühlt ist. Es dauert oft lange, bis es mit viel Geduld, Liebe und Fachbeistand gelingt, gemeinsam das Geschehene zu verarbeiten.

Kindesentführungen ereignen sich in Krisen und psychischen Ausnahmesituationen der Erwachsenen, sie sind jedoch selten reine Affekthandlungen, sondern meist mehr oder weniger gut geplante Taten. Hintergrund sind in der Regel eskalierte Konflikte, Verzweiflung angesichts eines als ungerecht erachteten Urteils oder der Wunsch, über das Kind Druck auf den Partner auszuüben, um bestimmte Ziele zu erreichen, etwa die Trennung zu verhindern oder rückgängig zu machen. Auf Seiten eines ausländischen Elternteils kann das Gefühl, ausgegrenzt zu werden und im Land seiner Partnerin/seines Partners nicht zu seinem Recht zu kommen, der Grund sein. Manchmal geht es um den Besitz der Kinder als vermeintlich »gerechten« Ausgleich für den Verlust der Familie oder als Strafe für denjenigen, der die Trennung und damit die Auflösung der Familie wollte. Vor allem bei Männern spielt oft auch verletzter Stolz eine Rolle: Mit dem Entzug der Kinder sucht der Mann seinen Gesichtsverlust zu rächen, den er durch das Scheitern der Beziehung nach seiner Ansicht erlitten hat.

Nicht immer ist es dabei den Beteiligten bewusst, dass sie ungesetzlich handeln, wenn sie zum Faustrecht greifen. Manchmal treibt sie das verzweifelte Wissen, im Recht zu sein, während der andere einfach stärker ist, mehr Mittel besitzt, die Landessprache spricht oder über ausreichend Wissen und Verbindungen verfügt, um in jahrelangen Prozessen seine Position zu erstreiten und Schritt für Schritt den anderen ins Unrecht zu setzen. Wie schmal der Grat zwischen Recht und Unrecht auch sein mag, auf dem die Wütenden und Verzweifelten wandeln: fast immer haben sie der Mangel an Strategien, mit der Trennung umzugehen, und meist auch fehlende Zukunftsperspektiven dorthin geführt. Vielfach bleibt es auch nur bei der Drohung, um Zugeständnisse vom Partner zu erpressen. Es muss aber jede Ankündigung ernst genommen und sofort gehandelt werden. Das heißt: Kindergarten, Schule und Jugendamt* müssen informiert, Ausweispapiere des Kindes beim Familiengericht hinterlegt werden, um eine Ausreise zu verhindern. Per Gericht kann verboten werden, den Aufenthaltsort des Kindes ohne schriftliche Zustimmung zu verändern. Als Erfolg versprechende Vorsichtsmaßnahme hat sich der so genannte »begleitete Umgang« bewährt: Hier darf der umgangsberechtigte Elternteil das Kind nicht ohne einen neutralen Dritten (oft vom Jugendamt oder einer Kinderschutzeinrichtung) meist an einem neutralen Ort besuchen.

Zur besseren internationalen Kooperation bei Kindesentführungen trägt seit 1980 die Haager Kindesentführungskonvention (genauer: *Haager Übereinkommen über die zivilrechtlichen Aspekte Internationaler Kindesentführungen* – HKÜ) bei, dem 1990 schließlich auch Deutschland, Österreich und die Schweiz beigetreten sind. Das weltweite Abkommen sieht Maßnahmen vor, um widerrechtlich ins Ausland mitgenommene oder dort zurückbehaltene Kinder zu finden und zurückzubringen. Ein zweites Übereinkommen ist das *Europäische Sorgerechtsübereinkommen* (ESÜ), ebenfalls aus dem Jahr 1980, das allerdings für die Rückführung von Kindern weniger gut geeignet ist. Wenn Kinder in ein Land entführt werden, das nicht das Haager Übereinkommen unterzeichnet hat, ist ihre Rückholung über juristische Wege

---

* Die Behörden für Jugend und Familie werden in diesem Buch meist mit dem gebräuchlichen Begriff »Jugendamt« bezeichnet.

schwierig, oft unmöglich. Hier kann man sich an internationale Verbände wenden, die in dem Land Kontakt mit dem entführenden Elternteil und dem Kind aufzunehmen versuchen. Gelingt dies, wird mit den Betroffenen nach einer einvernehmlichen Lösung des Problems gesucht – nicht als Anwalt des einen oder anderen Elternteils, sondern als neutrale Vermittler zum Wohl des Kindes.

Amok

Seit Jahren ist die Sozialpsychiatrie und die sie begleitende Kinder- und Jugendpsychiatrie mit einem dramatischen Phänomen konfrontiert, das erschreckend zunimmt: dem »Amoklauf«. Überwiegend von Männern ausgeführt, handelt es sich oft um Täter, die ihre Trennung von Frau und Kindern nicht verkraften und ihre Rolle als geschiedene, *besuchsberechtigte* Väter kränkend, als Machtverlust oder als persönliche Diskriminierung erleben.
Wie Untersuchungen ergeben, sind Männer, die allein bleiben bzw. ohne ihre Kinder leben, die häufigsten Scheidungsverlierer. Ihr Leben verläuft nach der Trennung chaotisch, sie versorgen sich schlecht, fühlen sich einsam und desorientiert, neigen zu Angst, Wut, Depressionen, Drogenmissbrauch, Alkoholismus und Gesundheitsproblemen. Die Lage verschlimmert sich, wenn Gelegenheitssex den Wunsch nach Zuneigung und Intimität ersetzt: er macht noch einsamer, enttäuschter, depressiver, suizidgefährdeter und verstärkt das Gefühl des Ungeliebtseins.
Sozialer Rückzug und Isolation gelten denn auch als häufige Indizien für den bevorstehenden Verzweiflungsakt. Kränkung oder Trennung sind Auslöser, ebenso wenn »Besuchsväter« meinen, die Beziehung zum Kind nicht in der von ihnen bestimmten Art gestalten zu können – wobei zwischen der auslösenden Situation und der Tat Stunden, Tage und sogar Jahre vergehen können.
Psychische Ticks oder Macken werden manchmal im Nachhinein als Signale festgestellt. Oft, aber nicht immer sprechen die potenziellen Amokläufer vor der Tat verhüllte Drohungen aus, die von ihrer Umwelt nicht als solche wahr- oder ernst genommen werden. Die Andeutungen werden entweder in das Reich der Fantasie verwiesen oder nach dem Motto »Wer so etwas ankündigt, tut es

nicht« verharmlost, was den Willen zur Durchführung anheizen kann. Anordnungen von Seiten der sorgeberechtigten Exfrau, der geschiedene Ehemann möge sich von den Kindern fernhalten, steigern das Aggressionspotenzial. Nicht zufällig bedeutet ja *Amok* auf Malaiisch »Wut«.

Die Tat selbst erfolgt im Glauben des Verzweifelten, dass er nicht nur sich selbst, sondern auch dem Kind (den Kindern) hilft, aus dem tristen Diesseits in ein schöneres Jenseits zu wechseln. Innig liebende Väter haben in der Folge ihre Kinder einzeln oder alle zusammen in den »Wochenendausgang« mitgenommen und sie vergiftet, ertränkt, erschossen oder erdrosselt, um sich anschließend selbst, manchmal davor auch die Exfrau, zu richten.

Amok wird als eine Inszenierung des eigenen gewaltsamen Todes betrachtet. Er gilt als »erweiterter« Selbstmord. Meist wird ein Abschiedsbrief hinterlassen, der das Ausmaß an Wut, Ohnmacht und Verzweiflung offenbart und ein ähnliches Muster zeigt wie jene von selbstmordgefährdeten (präsuizidalen) Frauen, nämlich: »Dieses Leben hat keinen Sinn mehr, ich nehme das Kind mit in eine bessere Welt« oder »Wenn ich das Kind nicht bei mir haben darf, sollst du es auch nicht haben«.

Exkurs: Das präsuizidale Syndrom

Der Begriff des »präsuizidalen (zum Selbstmord hinführenden) Syndroms« wurde in den 1950er Jahren von dem Individualpsychologen und Psychiater Erwin Ringl geprägt, dessen Verdienst es war, die Öffentlichkeit für Fragen der Selbstmordgefährdung, Krisenintervention und Psychosomatik zu sensibilisieren.

Zum präsuizidalen Syndrom gehören nach seiner Definition erstens die situative (von seiner Lage her) und affektive (gemütsmäßige) Einengung des Betroffenen, zweitens die Selbstmordfantasie und drittens die Aggressionsumkehr gegen sich selbst. Mit *situativer und affektiver Einengung* ist gemeint, dass Menschen, die sich aus eigener Sicht in einer ausweglosen Situation befinden, mehr und mehr von der Umwelt abkapseln, um sich gleichsam auf ein einziges Problem und dessen Lösungsversuche zu beschränken. Die gesamte Lebenssituation engt sich zwanghaft auf diesen »Röhrengedanken« ein, ebenso die Gemütsverfassung. Gelingt es nicht, einen Ausweg zu finden, dann beginnen die Betroffenen mehr und mehr darüber zu trauern, dass es offenbar keine Lösungsvariante gibt, die sie glücklich bzw. glücksfähig machen könnten. Sie fangen an, sich mit Selbstmordfantasien zu beschäftigen, dem scheinbar einzigen Ausweg aus dem Dilemma: die Wut richtet sich nicht mehr nach außen, sondern *gegen sie selbst.*

Man kann wohl davon ausgehen, dass jeder Mensch im Lauf seines Lebens irgendwann in kritischen Momenten mit Selbstmordgedanken gespielt und sich ausgemalt hat, auf welche Weise er aus dem Leben scheiden, extreme Schmerzen beenden oder einem unerträglichen Schicksal mit unveränderbarem Ausgang entrinnen könnte, ohne seine Fantasien in die Wirklichkeit umzusetzen. Im Unterschied dazu stellt der selbstmordgefährdete Mensch derartige Überlegungen an, *nachdem* er keinen Ausweg aus seiner Lebenssituation findet. Er ist also von seiner Lage her (situativ) wie gemütsmäßig (affektiv) eingeschränkt und außerstande, Lösungsfantasien zu entwickeln. Nur ein einziger Gedanke beherrscht sein Denken: »Wie könnte ich den Selbstmord durchführen – wie geht es am einfachsten, schnellsten, sichersten, unauffälligsten, die Umgebung am wenigsten schädigend …?« Also alles durchaus Varianten, die auch anderen Menschen zuweilen in den Sinn kommen, im suizidgefährdeten Fall jedoch kombiniert mit schwerer seelischer Belastung und dem Fehlen jener Aggressionshemmung, die andere hindert, die fantasierte Handlung tatsächlich auszuführen. Steigert sich diese Aggression, also die innere, seelische Dynamik, welche die Wut auf sich und die Welt in Gang setzt, und wendet sie sich gebündelt gegen den Betroffenen, so entsteht der explosive und impulshafte Wunsch: »Ich richte mich selbst«. Der Ausdruck größter Aggression, die der Mensch gegen sich haben kann, ist zweifellos die Auslöschung seines eigenen Lebens, seiner Existenz.

Folgt man diesen Überlegungen von Ringl und fügt den Umstand hinzu, dass die/der Betroffene ein Kind oder Kinder hat, so findet man Fantasien vor, das Kind mit in den Tod zu nehmen, vorgeblich ihm damit eine glücklichere Existenz zu verschaffen, meist aber aus Wut und Aggression gegen den Partner/die Partnerin und um diesen/diese tief zu verletzen bzw. auch dieses und des Kindes Leben zu zerstören.

Die Kenntnis aller Anzeichen für selbstmordgefährdende Tendenzen kann helfen, eine solche tödliche Entwicklung rechtzeitig zu verhindern.

Frau J. lebt nach der Scheidung allein mit ihrer achtjährigen Tochter Eva, für die sie das alleinige Sorgerecht zugemessen erhalten hat. Die Inanspruchnahme des Besuchsrechts durch Herrn J. verhindert sie erfolgreich, indem Eva just an den Besuchstagen, die vom Gericht festgesetzt sind, »krank« wird oder aus anderen persönlichen Gründen anderweitig beschäftigt ist. Gleichzeitig zieht sich Frau J., die sich seit der Scheidung in einem depressiven Zustand befindet, mit ihrer Tochter mehr und mehr zurück. Um Weihnachten beginnt sie sich einzuigeln, sie bricht zunehmend den Kontakt zu ihrer Umwelt ab und lässt kaum einen der früheren Bekannten an sich heran. Eva gegenüber äußert sie, wie sich nachfolgend herausstellt, kryptisch schwarze Gedanken und kündigt ihrem Töchterchen sogar die Möglichkeit eines Selbstmords an. Der Weihnachtsabend verläuft in bedrückender Stimmung. Ein winziger Weihnachtsbaum trägt drei Kerzen, die entzündet werden. Keines der Geschenke entspricht den Bedürfnissen einer Achtjährigen. Eine düstere Abschiedsstimmung kommt auf. Am zweiten Weihnachtsfeiertag verabreicht Frau J. ihrer Tochter ein vergiftetes Mischgetränk mit deren Lieblingsgeschmack; sie wartet, bis Eva bewusstlos ist, um sich danach aus dem Fenster zu Tode zu stürzen. Eva wird entdeckt und auf der Entgiftungsstation einer Klinik wieder zum Leben erweckt. Anschließend kommt sie in kinderpsychiatrische Behandlung. Sie lebt heute in einer Adoptivfamilie, wo sie optimal versorgt wird, nachdem sich Herr J., ihr leiblicher Kindesvater, bei kritischer Prüfung als erziehungsunfähig erwies.

Gerade in Fällen selbstmordgefährdeter Mütter oder Väter bedarf es besonderer Sensibilität der berufsmäßig Beteiligten, seien es SozialarbeiterInnen, ÄrztInnen, KindergärtnerInnen, LehrerInnen oder Sachverständige, alle Botschaften, auch die versteckten, als mögliche Realität ernst zu nehmen und rechtzeitig präventive Maßnahmen zu ergreifen, um Erwachsene wie Kinder zu schützen.

Weitere Tötungsdelikte

Anders als in den vorhergehenden Fällen liegt die Sache, wenn im Vorfeld klare Mordabsichten gegen die eigenen Kinder geäußert werden. Das subjektive Motiv lautet bei Männern oft, ohne Familie und den Kindern nicht mehr leben zu können. Verzweifelte Frauen ermorden ihre Kinder häufig auf der vermeintlichen Suche nach einer »besseren Welt«, da sie ihr gegenwärtiges Leben voller Kränkung, Wut und Enttäuschung offenbar nicht mehr aushalten können; auch wollen sie – so lautet ihre Argumentation – dem Kind ersparen, in der Welt des von der Mutter abgelehnten, ja gehassten Vaters leben zu müssen.

Pflegschaftsverfahren und gutachterliche Tätigkeit müssen in solchen Fällen, in denen alarmierende Äußerungen getätigt werden, mit besonderer Bedachtsamkeit durchgeführt werden, um auf dem schmalen Grat zwischen Unterschätzung und Überdramatisierung zu einer realistischen Einschätzung zu gelangen. Sorgerechtsverfahren, in denen Leib und Leben der Kinder gefährdet sind, stellen deshalb ein besonders heikles Kapitel dar. Es gehört zu den schwierigsten Aufgaben von Gericht und Sachverständigen, die Wahrhaftigkeit und Tragweite solcher Ankündigungen sowie das Ausmaß der realen Verzweiflung zu prüfen und zu würdigen, um »Sofortmaßnahmen« zum Schutz des Kindes einzuleiten, selbst wenn sie von allen anderen als überzogen bewertet werden.

Langjährige Erfahrung in der Diagnose und Behandlung von Kindern mit Erlebnis- und Belastungsreaktionen sowie posttraumatischen Aufarbeitungsreaktionen nach versuchten Tötungsdelikten durch Eltern erhöht die Sensibilität. Die Fähigkeit wächst, zwischen theatralischen Drohgebärden, die kaum wörtlich zu nehmen sind, Mordabsichten und präsuizidalen Äußerungen, wie sie oben beschrieben wurden und die sehr wohl ernst zu nehmenden Ankündigungscharakter besitzen, zu unterscheiden. Die vollzogene Tat löst massive Schuldgefühle bei allen mit dem Fall Betrauten aus: Wieso hat man die Signale nicht ernst genug genommen? Welche Anzeichen wurden nicht erkannt, unterschätzt oder übersehen? Grundsätzlich gilt: Durch Sorge- und Besuchsrechtsstreitigkeiten ausgelöste Morddrohungen, vor allem von Vätern mit Alkoholproblem, sind *immer* ernst zu nehmen. Ein Satz wie

»Wenn man mein Sorgerecht (oder mein Besuchsrecht) ein-
schränkt, nehme ich sie alle mit!« darf nicht überhört werden.
Auch auf Drohungen von Müttern wie »Mein Kind soll es im Jenseits besser haben« ist sofort zu reagieren. Die daraus folgenden
Entscheidungen sind oft wegen ihrer scheinbaren Härte oder
mangelnden Sensibilität vielfacher Kritik ausgesetzt. Doch muss
gehandelt werden, ehe es zu spät ist, oder auch, um mögliche
Wiederholungen zu verhindern.

Es mag hart wirken, wenn ein Kinderpsychiater die Erziehungs-
befähigung einer verzweifelten Mutter in Frage stellt. Doch fest
steht: Es gibt Mütter, die ihr Kind zu töten versuchen. Und jahrzehntelange Erfahrung auf dem Gebiet der Kinderpsychiatrie
zeigt, dass der Mordversuch am eigenen Kind ein kaum bewältig-
bares Trauma für das Opfer darstellt und sein künftiges Wohl
nicht genügend garantiert ist, um es weiterhin in der Obsorge der
Mutter zu belassen. Das Risiko wie auch die Gefahr mangelnder
Aufarbeitung sind einfach zu groß. Auch soll klar festgehalten
werden: Ein Kind ist kein Therapeutikum seiner Eltern! Psychotherapeuten und Psychiater sind häufig geneigt, bei Nerven-, Gei-
stes- oder Gemütskrankheiten von Mutter oder Vater das Kind in
den Genesungs- und Heilungsprozess der ihnen anvertrauten Pa-
tienten einzubinden. Die Ansicht lautet dann etwa: »Dieser Frau
täte es gut, ihre Tochter wenigstens einmal in der Woche sehen zu
können, sie würde sich dann emotional und sozial stabilisieren.«
Dem ist entgegenzuhalten, dass ein Kind den Leidenszustand seiner Mutter sehr wohl wahrzunehmen imstande ist und rasch erkennt, dass es als Mittel zum Zweck missbraucht wird und nicht
um seiner selbst willen die Mutter treffen soll. Der Gesundungs-
prozess eines Erwachsenen ist ausschließlich aus eigener Kraft zu
bewältigen und nicht mit therapeutischer »Funktionalisierung«
des Kindes. Erst nach Abklingen der Erkrankung und der Einstu-
fung der Verlaufsform (episodisch, in abgesetzten Phasen oder
chronisch verlaufend) kann überlegt werden, ob und in welcher
Form ein Zusammentreffen zwischen Kind und Mutter günstig
ist: und zwar ausschließlich nach dem Kriterium, ob dies für das
Kindeswohl günstig ist. Es ist ausschließlich das Wohl des Kindes,
das bei einer solchen Entscheidung an erster Stelle zu stehen hat.
Hier wird die Schnittlinie transparent zwischen elterlichen Sach-
walterInnen und PsychotherapeutInnen einerseits und Kinder-

psychiaterInnen und KindertherapeutInnen andererseits. Erstere haben vor allem das Wohl ihrer eigenen (erwachsenen) PatientInnen im Auge, während aus der Sicht der Letzteren in Abwägung beider Interessen – des Kindes und seiner Eltern – stets dem Kindeswohl der Vorrang einzuräumen ist.

Beschuldigungen

Es ist verlockend, im Scheidungskampf mit Diffamierungen des Partners, mit Verleumdungen, Beschuldigungen und Unterstellungen für die eigene Position Terrain zu gewinnen. Hier ist der Abstand zwischen Recht und Unrecht besonders klein. Denn was vielleicht nicht alle wissen: Wer Behauptungen dieser Art aufstellt und sie nicht beweisen kann, macht sich selbst schuldig. Frauen, die ihren Partnern Gewalttätigkeit oder sexuellen Missbrauch an den Kindern vorwerfen, sind sich oft nicht bewusst, dass zwischen der Vermutung, und sei es mit noch so großer subjektiver Gewissheit, und rechtsrelevanten Fakten ein großer Unterschied besteht und auf die Verdächtigung hin ein strafbares Delikt noch nicht als erwiesen gilt. Auch der Grat, auf dem RichterInnen und Sachverständige bei ihren Entscheidungen zwischen Richtig und Falsch wandeln, ist manchmal äußerst schmal.

Frau N., eine tief gekränkte Ehefrau und Mutter von zwei Töchtern zwischen dem achten und zehnten Lebensjahr, gibt im Rahmen der Scheidungsverhandlung an, sie habe den begründeten Verdacht, Herr N. hätte mehrmals intime sexuelle Übergriffe auf die Töchter durchgeführt, und zwar mit so großem »Geschick«, dass keine »größeren« körperlichen oder seelischen Verletzungen entstanden seien. Sie könne jedoch deshalb unter gar keinen Umständen einem Besuchsrecht von Seiten des Kindesvaters zustimmen, zumindest so lange nicht, bis der vorhandene Verdacht ausgeräumt sei.
Längere Zeit diskutieren die mit dem Fall befassten Fachleute, ob eine Anzeige sinnvoll sei oder vermieden werden soll. Man nimmt schließlich davon Abstand, da die so genannte Beweissicherung zu fragwürdig sei. Als die Scheidungsfrage und anschließend die Sorge- bzw. Besuchsrechtsregelungen in die

»heiße« Phase geraten, erklärt der Anwalt seiner Mandantin, eine Anzeige wäre günstig, falls sie vorhabe, Kontakte zwischen Töchtern und Vater zu verhindern; auch käme sie dadurch in eine bessere Ausgangsposition hinsichtlich der Alimentationszahlung und der Aufteilung des Hausrats. Die Anzeige erfolgt, und umgehend wird korrekterweise jedwede Form eines Besuchsrechts ausgesetzt, bis der Verdacht erwiesen bzw. widerlegt wird.

Zwei Jahre später wird der Verdacht ausgeräumt. Die beiden Mädchen sind inzwischen alt genug, klarzulegen, dass es niemals einen Übergriff von Seiten des Vaters auf ihre persönliche Integrität gegeben hat. Auch berichten sie, aufgrund der Art der damaligen Befragungen betroffen gewesen zu sein, in welch peinliche Situation sie geraten waren. Sie sehen aber nicht, dass es eigentlich ihre Mutter war, die sie mit ihren Behauptungen in diese missliche Lage gebracht hat. Die Folge: Die Kommunikation zwischen Herrn und Frau N. ist äußerst gespannt. Schließlich wurde Herr N. kriminalisiert. Der Umgangston in Bezug auf Besuchsrechtsregelung und Entscheidungen im Zusammenhang mit Schule, Urlaub usw. bleibt gereizt. Frau N. ist auf ihren Anwalt, dessen Rat sie befolgt hat, schlecht zu sprechen. Immerhin konnte sie kleine Teilerfolge durch das zeitweise Aussetzen des Besuchsrechts erzielen; so sind die Alimentationszahlungen pünktlicher und höher als zuvor und Herr N. nimmt seine Besuchszeiten genauer.

In Missbrauchsvorwürfe verwickelt zu werden ist für Kinder besonders quälend. Sie merken, dass ihre geheimsten, intimsten Belange benützt werden, um fremden Zwecken zu dienen. Dieses Vorgehen ist eine der bösartigsten und rücksichtslosesten Formen, die Kinder auszubeuten und zum »Vehikel« für die Durchsetzung der eigenen Ziele zu machen.

Schwere Vernachlässigung

Mangelnde Kommunikation zwischen den Eltern kann Zustände herbeiführen, denen die Kinder psychisch und körperlich zum Opfer fallen. Sie werden zwischen der Selbstsüchtigkeit der Erwachsenen zerrieben, die sich nicht auf ihre elterlichen Versorgungsaufgaben besinnen können. Dass Mutter und Vater sich nicht (mehr) verständigen können, ist eine Sache, dass sich dieser Umstand schädigend, ja katastrophal auf ihre Kinder auswirkt, eine andere. Dramatischer Kommunikationsmangel, gepaart mit Verantwortungslosigkeit, kann zu lebensbedrohender Vernachlässigung der Kinder führen. »Schwere Vernachlässigung« aber wird geahndet, sie ist kein Kavaliersdelikt und auch kein Austragungsmittel der elterlichen Konflikte. Das folgende Beispiel möge die grausamen Folgen für die Kinder veranschaulichen:

Das Amt für Jugend und Familie wird verständigt, nachdem seit mehreren Stunden Kindergeschrei aus einem Haus in ländlicher Gegend dringt. Die Mutter war nach Aussage von Nachbarn zuletzt am Vormittag davor im Haus gesehen worden, seither ist sie verschwunden. Der Kindesvater, der mit der Frau in Scheidung lebt, ist schon wochenlang nicht mehr gesehen worden. Es besteht der Verdacht, dass die drei Kinder allein in dem Haus eingesperrt sind. Die Gendarmerie wird verständigt, und die Beamten öffnen gewaltsam die Haustür. Ein unbeschreibliches Bild der Verwahrlosung bietet sich ihnen. Ein Kind wurde allein in einen abgedunkelten Raum gesperrt, die zwei anderen befinden sich in einem heruntergekommenen Schlaf-Küchen-Wohnraum, das eine Kind innerhalb eines Holzlaufstalls, das andere am Boden sitzend. Überall bestialischer Gestank, schmutziges Geschirr, schimmlige Essensreste – alles offensichtlich seit Tagen unberührt. Die Kinder sind nackt, die Windeln voll und vom Körper gerissen, der Holzlaufstall, in dem eine völlig verdreckte Matratze und eine Decke liegen, wurde offensichtlich von den hungrigen Kindern angenagt.
Der in Scheidung lebende Mann ist »geflohen«, hat es aber nicht der Mühe wert gefunden hat, die furchtbaren Umstände, die er offenbar selbst nicht abzustellen imstande war, weiterzumelden. Bekannte, die um den sozialen Notstand wussten, fanden es ebenfalls nicht notwendig, die zuständige Pflegschaftsbehörde zu verständigen. Mit Aufdecken der Tragödie stellt sich heraus, dass die Mutter die verkommene Behausung tatsächlich seit mehr als 24 Stunden nicht mehr be-

treten hat. Schon davor hat sie den Haushalt infolge übermä-
ßigen Alkoholkonsums nicht mehr angemessen betreut. Als
die Kinder den Eltern, die sozial gesehen eigentlich keine sind,
abgenommen und bei einer Pflegefamilie untergebracht wer-
den, zeigt sich das wahre Ausmaß jahrelanger Mangelversor-
gung. Vater und Mutter werden angeklagt. Ihre Schuldzu-
schreibungen vor Gericht sind in ihrer Brutalität und Gefühl-
losigkeit selbst für abgebrühte Fachleute unvorstellbar. Die
beiden werden verurteilt und die Ehe anschließend ge-
schieden.

Zwei Jahre später landet der Pflegschaftsakt just bei dem
Sachverständigen, der schon im ersten Verfahren ein Gutach-
ten erstellt hat. Diesmal geht es um das Ansuchen, die Kinder
mögen zur Mutter zurückgeführt werden. Sie habe sich be-
sonnen, ihr Leben geändert und sei nun durchaus in der Lage,
ihre drei Kinder großzuziehen. Die Prüfung fällt äußerst kri-
tisch, vielleicht auch »dramatischer« aus, da der Gutachter,
der den Fall noch gut in Erinnerung hat, die frühere Situation
dem Gericht in aller Deutlichkeit vor Augen führen kann.
Auch muss er erkennen, dass sich die psychische Grundstruk-
tur der Mutter in keiner Weise geändert hat: Wie sich heraus-
stellt, möchte sie die Kinder bloß zurückhaben, da sie regel-
mäßige Alimentationszahlungen an die Pflegefamilie zu leis-
ten hat, eine Verpflichtung, der sie auf diese Weise zu entkom-
men sucht.

ROLLENPOSITIONEN DER KINDER IN SCHEIDUNGSFAMILIEN

Kinder brauchen Schutz und Liebe. Diese Abhängigkeit wird von den Eltern oft mit »Verfügbarkeit« verwechselt. Je jünger die Kinder, desto leichter werden sie *instrumentalisiert*: das heißt, sie müssen Funktionsrollen erfüllen, die den Erwachsenen im Streit oder im Kummer dienlich sind, aber wenig mit den kindlichen Bedürfnissen zu tun haben. Meist wird ein solches Vorgehen mit Argumenten wie »Elternliebe« oder »bessere Erziehung« verschleiert. In Wahrheit werden die Kinder als Projektionsflächen für die Gefühle der Erwachsenen benützt und versuchen auf diese Weise oft einfühlsam und über Jahre hinweg deren neurotischen Bedürfnisse zu befriedigen. Dabei können nur die wenigsten ihren bekümmerten oder problembeladenen Eltern *wirklich* helfen, sosehr sie dazu bereit sein mögen. Sie verlieren vielmehr ihre Kindheit und werden lebenslang an ihrer Überforderung leiden.

Es ist oft äußerst schwierig, die subtilen Mittel auszumachen, die Scheidungseltern zum Einsatz bringen, um Kinder für ihre taktischen oder emotionalen Zwecke auszunützen. Umso notwendiger ist es aufzuzeigen, in welche Rollen Kinder unter Ausnutzung ihrer Liebe und Abhängigkeit gedrängt werden können. Es gilt, Missbrauch und psychische Ausbeutung der Kinder zu stoppen. Kinder müssen *Kinder* bleiben können, statt Konflikte, Sorgen und Zuständigkeiten der Erwachsenen übernehmen zu müssen.

Das »Faustpfand«

Ein Kleinstkind ist von kontinuierlicher Pflege und Betreuung, von immer gleich bleibenden Bezugspersonen abhängig und braucht einen möglichst regelmäßigen Rhythmus und ungestörten Lebensablauf. Dazu ist nicht nur ein klar definiertes Zuhause notwendig, sondern es müssen – auch nach der Scheidung – alle bisher üblichen Gewohnheiten und Rituale eingehalten werden, damit keinerlei Verunsicherung aufkommt. Vor allem im ersten Lebensjahr, wenn Urvertrauen und Sicherheit entstehen, ist das Baby besonders sensibel, bedürftig und abhängig von der Pflegeperson (meist der Mutter). Es scheint daher besonders leicht und verlockend, es gerade jetzt als *Faustpfand* zu benützen. Sei es, um die eigene Position im Scheidungsverfahren oder in Alimentationsverhandlungen zu stärken, sei es, um dem Vater das ihm zustehende Besuchsrecht zu verwehren, argumentieren Mütter gern mit der Bedürftigkeit des Säuglings: Man könne dem Mann doch das hilflose Baby nicht anvertrauen, er sei außerstande, es richtig zu wickeln oder zu füttern, und auch sonst für den Umgang mit ihm viel zu ungeschickt. Indem sie dem Vater Unfähigkeit unterstellen und ihm so den Zugang zum Kind erschweren, hoffen Mütter ihm Zugeständnisse zum eigenen Vorteil abzuringen.

Doch nicht nur im Babyalter, auch in jeder anderen Altersstufe ist es möglich und realistisch, die Kinder mit ähnlichen Argumenten als Druckmittel einzusetzen. Auch Drohungen wie »Du wirst dein Kind nur sehen, wenn ...« sind im Streit um die Wohnung oder um finanzielle Ressourcen nicht selten. Mit dem Kind als Unterpfand geht der Machtkampf selbst nach der Scheidung weiter, als sei nicht schon genug Unglück geschehen. Hier verwischen sich die Grenzen zum Missbrauch des Kindes als Erpressungsobjekt: Alle Drohsätze, die ein »wenn« beinhalten (»Wenn du nicht dieses oder jenes tust, zahlst oder zugestehst, wirst du dein Kind nicht oder nicht so oft wie gewünscht sehen ...«) haben zugleich erpresserischen Charakter.

Das »Erpressungsobjekt«

Im Unterschied zur Funktion des »Faustpfands«, der realen oder angedrohten Zurückbehaltung des Kindes schlichtweg zum eigenen Vorteil, liegt der Schwerpunkt im Fall der »Erpressung« auf der gezielten Ausnützung der elterlichen Gefühle des anderen, seiner Liebe zum Kind und seines Wunsches, mit ihm zusammen sein zu können. Wissend, wie sehr der andere an seinem Kind hängt, werden etwa Treffen nur »zugelassen«, wenn er dafür bestimmte Forderungen erfüllt: »Du kannst deine Tochter durchaus öfter sehen, wenn du zusätzlich meine Urlaubsreisen finanzierst« oder »Du darfst mit den Söhnen über das vereinbarte Besuchsrecht hinaus die Ferien verbringen, wie du es so gern möchtest, wenn du dafür die nicht vereinbarten Betriebskosten des Autos übernimmst.«

Kinder aller Altersstufen werden als *Erpressungsobjekte* missbraucht. Jüngere und Schüchterne werden still darunter leiden. Ältere dagegen werden erkennen, dass Mutter oder Vater sie als »Ware« im Tauschhandel ihrer eigenen Interessen benutzen; sie durchschauen genau, wer wessen Gefühle mit welchen Mitteln ausnützt. Wer im Scheidungskampf zur Erpressung mittels der gemeinsamen Kinder greift, sollte diese dabei nicht unterschätzen: Kinder und Jugendliche orten präzise den Verlauf der Konflikte und wissen – trotz aller Verschleierungsmanöver der Erwachsenen und dem eigenen Loyalitätskonflikt – durchaus objektiv zu analysieren, wer im Recht ist.

Das »Verführungsobjekt«

In der Absicht, den anderen Elternteil auszustechen und die eigenen Vorteile herauszustreichen, werden Kinder umgarnt und umworben. In dieser Werbung steckt ein hohes Maß an Verführungspotenzial: Jeder der beiden Elternteile will in diesem Konkurrenzkampf als der »Bessere« gelten und als derjenige dastehen, der mehr bietet. Dabei wird spielend die Grenze zur Bestechung überschritten. Geschenke überfluten im Übermaß die Sprösslinge. Welches Kind wäre nicht für all die Dinge, die in seinem Alter »Kult« sind, empfänglich: vom ersehnten Elektro-Spielzeugauto, mit dem der Vierjährige selbst fahren kann, bis hin zum Trend-Handy, Computer oder zu angesagter Markenkleidung.

Ein Kind als Verführungsobjekt zu benutzen bedeutet seine Kritikfähigkeit am Verführer herabzusetzen. Das ist Korrumpierung. Und die ist nicht nur in emotionaler, sondern auch in pädagogischer Hinsicht eine Katastrophe: Indem sich der Erwachsene Zuneigung zu erkaufen sucht, verführt er das Kind zu einer Konsum-Haltung, die Gefühle zur Handelsware macht und das Erlernen von Bedürfnisaufschub und Frustrationstoleranz verunmöglicht. Das permanente Lizitieren der Eltern zeitigt schließlich auch bei ihren Kindern nur Berechnung, etwa nach dem Motto: »Wie lasse ich mir am besten meine Zuwendung abkaufen und erreiche so das Ziel meiner materiellen Wünsche?« Auch zeigt die Vorbildwirkung der Eltern in die falsche Richtung: sie leben vor, dass man sich Gefühle und Vorteile im Leben am besten »erkauft«, statt sich auf mühsamere, aber lohnendere Weise miteinander auseinanderzusetzen.

»Spione« und »Geheimnisträger«

Jede Trennung bzw. Scheidung ist mit einer Bilanz der Vergangenheit verbunden. Das macht traurig. Und es erweckt ebenso oft – vor allem bei jenen, welche die Trennung nicht gewollt haben – Eifersuchtsgefühle, die manchmal schwer zu kontrollieren sind. Fühlt man sich als Opfer, weil der Partner schon lange eine andere Beziehung unterhielt und deshalb die eigene Ehe auseinander ging, mischt sich Neugier auf die Neue/den Neuen mit Wut und bisweilen Verachtung für den/die »Ex«. Oft spielen auch noch finanzielle Motive mit.

In diesem Zusammenhang wird das Kind besonders gern als »Spion« missbraucht. Zu seinen Aufgaben gehören Informationsbeschaffung über die Nachfolgerin/den Nachfolger, den Lebensstil des Expartners, die eventuell erfolgte Berufsumstellung und natürlich die Gefahr, selbst unfair behandelt oder finanziell benachteiligt zu werden. In notdürftig verschleierter oder auch unverhüllter Form wird dem Kind mitgeteilt, was es in Erfahrung bringen soll. Die subtilere Lesart lautet: es soll nur »berichten«, selbstverständlich handelt es sich nicht um eine »Auftragserfüllung«.

Das Kind durchschaut rasch die Absicht und gerät in Loyalitätskonflikte: Soll es den Elternteil, der den »Auftrag« gab, enttäuschen? Oder dem anderen in den Rücken fallen? Soll es die Neuigkeiten, die man von ihm wissen will, preisgeben? Das Kind merkt ja genau, dass alles, was es vom anderen zu erzählen wüsste, einem Verrat gleichkäme. Zu Recht fühlt es sich ausgenützt. Je jünger ein Kind, umso mehr gerät es unter Druck. Ältere Kinder und Jugendliche nützen zuweilen ihren Wissensvorteil, um für sich selbst Kapital herauszuschlagen, doch auch sie bringt die abverlangte »Agentenrolle« in gehörige Konflikte.

Umgekehrt, doch nicht unähnlich liegt der Fall, wenn Kinder zu

Heimlichtuereien angestiftet werden. Wenn sie in Angelegenheiten, die nicht die ihren sind, zu Komplizen, Geheimnisträgern und Mitwissern gemacht werden. Kinder haben ein sehr feines Sensorium für Unehrlichkeit und lehnen sie ab. Sie sind nicht gern Zeugen von Lebensgewohnheiten, die sie als unrichtig ansehen, und sie schämen sich, wenn sie für einen Elternteil die Wahrheit verschweigen, lügen oder als Feigenblatt herhalten müssen.

Das ideale Selbst

Gar nicht so selten wird das Kind zum Prüfstein der eigenen pädagogischen Fähigkeiten. Um dem getrennten Partner zu beweisen, dass man die am besten geeignete Erzieherin (der optimale Erzieher) ist, wird das Kind zu Leistungen gedrängt, die absolut nicht kindgerecht sind und zu schweren Überforderungen führen. Zu diesen Ansprüchen kommen die uneingestandenen Wünsche und Sehnsüchte der Eltern, die sie in die Kinder projizieren. So hat etwa ein Mädchen körperlich topfit oder attraktiv zu sein und darf daher nicht seinem Lebensalter entsprechend leben, weil sie als schlanke Tochter das ideale Selbst der korpulenten Mutter verkörpern muss. Oder ein intellektuell wenig erfolgreicher Vater sieht in seinem Sohn das Abbild seiner unerfüllten Wünsche. Wieder ein anderer Elternteil verwechselt emotionale Toleranz mit angeblich totaler vom Kind gewünschter Freiheit, um sich selbst unbewusste Jugendträume von Freiheit und Unabhängigkeit zu erfüllen. Im umgekehrten Fall werden Kinder in eine Position übergroßer Abhängigkeit gedrängt, die sich die Mutter (der Vater) selbst bei den eigenen Eltern gewünscht hätte und nun als unbewusstes Bedürfnis über die eigenen Kinder zu stillen gedenkt.
Die Zuteilung der Rolle des idealen Selbst belastet ein Kind in hohem Ausmaß, spürt es doch, dass nicht echte Förderung seiner Entwicklung hinter diesem Verhalten der Eltern oder eines Elternteils steht, sondern Berechnung, oder dass es gleichsam als Surrogat für unerfüllt gebliebene Wünsche der Eltern dienen muss. Natürlich kommen diese Projektionen bei *allen* Eltern vor, nur verschärft sich bei einem geschiedenen Elternteil die Tendenz, das Kind als Gesellen- oder Meisterstück in der Verwirklichung eigener Vorstellungen und Ziele zu verwenden. Enttäuschung

über die zerstörten Hoffnungen sind die Folge, wenn diese Bemühungen misslingen. Die Frustration verstärkt sich, wenn der andere Elternteil diese »Niederlage« durchschaut und im Konkurrenzkampf für sich zu nützen sucht: Schon steht er mit Lockangeboten für das Kind bereit, ganz der Verführer, wie er oben beschrieben wurde, um gleichsam als der »bessere« Part einspringen zu können. Das Kind kommt dabei nur vom Regen in die Traufe: die emotionale Ausbeutung bleibt.

Der »Grabstein«

Menschen, die vom Partner überraschend verlassen wurden, reagieren mit besonders großer Trauer. Hält diese Stimmung längere Zeit an oder geht sie in eine Depression über, wird das Kind zum »Tränenkrüglein«. Alle Sorgen, Belastungen und Beschwerden, seien sie körperlicher, finanzieller oder soziale Art, werden mit dem verbliebenen »Partner« geteilt: dem Kind als verfügbarem Objekt der Eltern. Ihm wird eine Last aufgeladen, die umso schwerer drückt, als es ja selbst damit beschäftigt ist, die Veränderungen zu verkraften. Es hat eigene Probleme, die es nicht einfach wegstecken kann, aber auch nicht den Sorgen des Erwachsenen entgegenzusetzen wagt: schließlich möchte es die ihm verbliebene, nun umso wichtigere Bezugsperson nicht kränken und ihre Zuneigung aufs Spiel setzen. Es ist diese Zwangslage, begründet in der Liebe und Abhängigkeit der Kinder, die hier dienstbar wird.
In Verkennung der wahren Verantwortlichkeit kommt es zum Rollentausch zwischen Eltern und Kindern (»Parentifizierung«): Nicht die Eltern sind für das Wohlergehen der Kinder zuständig, sondern die Kinder übernehmen versorgende Funktionen für den bedürftigen Elternteil, zuständig für die Probleme des Erwachsenen. Vor allem in Mutter-Tochter-Beziehungen wird der Tochter oft die Rolle der »besten Freundin« zugemutet. Die Mutter vertraut ihr alles an: persönliche Ängste, Probleme, Depressionen, Geldsorgen, Verabredungen mit Männern, Einsamkeit. Und sie übersieht, dass sie die ebenfalls bedürftige Tochter vollkommen überfordert. Ein schmerzliches Gefühl der Hilflosigkeit ist beim Kind die Folge, wenn die Mutter zu viel und zu lange Zuwendung von ihm erwartet. Spätestens in der Pubertät kann dieser Druck

einem hohen Maß an psychischer Labilität, Depressionen und einem geringen Selbstwertgefühl führen.

Kinder sind als Tröster und Stütze in anstehenden Lebensfragen der Erwachsenen ungeeignet. Selbst Jugendliche sind meist zu sehr mit sich beschäftigt, als dass sie die Nöte der Eltern mittragen wollen oder können. Die Heranwachsenden sind es, die gerade jetzt alle Aufmerksamkeit benötigen statt die Zumutung ertragen zu müssen, sie könnten die Probleme der Erwachsenen lösen. Sie brauchen eher eine kompetente fürsorgliche Mutter (einen liebevollen Vater) als eine anstrengende mütterliche Freundin (väterlichen Freund).

Führt die Kränkung der Mutter (des Vaters) zu Rückzug und Isolation, stellt dies für die Kinder eine weitere Belastung dar, da sie ein Grundbedürfnis nach Kontakt und Kommunikation haben. Es ist daher für sie schwer verkraftbar, wenn ein vormals aktives Sozialleben der Familie nun auf Dauer zur düsteren und einsamen »Friedhofsstimmung« verkommt. Auch hier stellen Eltern ihre eigenen Probleme vor die Bedürfnisse der Kinder.

Ideale LiebhaberInnen

Man muss nicht sexuelle Übergriffe unterstellen um zu dokumentieren, dass sehr viele Kinder nach erfolgter Scheidung in die Rolle des idealen Liebhabers (der Liebhaberin) gedrängt werden. Die Beziehung zwischen Kind und Mutter bzw. Vater war ja in der Vergangenheit meist durch Zärtlichkeit, Wärme und Liebe geprägt. Diese Liebe ist in ganz spezieller Eltern-Kind-Form ausgestaltet und einmalig in ihrer Struktur. Sie wandelt sich, wenn das Kind emotionale LiebhaberInnenfunktionen übernehmen, also ihm fremde Begehrenswünsche beantworten muss. Eine höchst problematische Beziehung entsteht, die störende Auswirkungen auf spätere Liebesbeziehungen haben kann.

Jedes Kind macht zwischen dem vierten und dem sechsten Lebensjahr den bereits dargestellten ödipalen Konflikt durch, indem es den andersgeschlechtlichen Elternteil umwirbt und den gleichgeschlechtlichen als Konkurrenten bekämpft. Diesen Kampf verliert es notgedrungen. Wenn allerdings später der gleichgeschlechtliche Elternteil die Familie verlässt und zum Beispiel der

Junge mit der Mutter allein bleibt, werden durch den intensiven Beziehungswunsch der Mutter Gefühle wach, die eigentlich ruhig gestellt bleiben sollten. Beim Mädchen löst ein solcher Beziehungswunsch der Mutter Gefühle aus, die es als befremdlich und verunsichernd empfindet. Ähnliche Verwirrung stiftet der Vater, der mit seinem Sohn lebt, während sein fehlgeleiteter Beziehungswunsch bei der Tochter inzestuöse Gefühle auslöst, die von ihr mit aller Kraft »abgewehrt« werden müssen. Oftmals sind sich Eltern dieser emotionalen Vorgänge nicht bewusst. Umso notwendiger ist es, auf diese äußerst sensible und schwierige Dynamik hinzuweisen.

Der »Sargnagel«

Viele Kinder und Jugendliche, die die Trennung der Eltern schlecht verkraften, richten ihre Aggressionen gegen den Elternteil, bei dem sie leben, als trage dieser alle Schuld an der veränderten Situation. Sie bohren in den emotionalen Wunden und idealisieren die Vergangenheit: »Wie schön war es, als wir noch alle zusammen waren.« Die Vorwürfe können geradezu in ein Femegericht ausarten, sodass das Kind zu einem fortwährenden Stachel in der Seele des betreuenden Elternteils werden kann. Ohnehin lässt das Kind die Erinnerung an den Expartner nicht ruhen: es trägt dessen Gesichtszüge, gleicht ihm im Charakter oder mahnt schlicht durch seine Existenz ständig die Vergangenheit ein. Oft sprechen Mutter oder Vater deshalb von ihrem »geliebten Sargnagel«. Die ambivalente Wortwahl birgt viel Wahrheit: Schließlich liebt man das Kind, mit dem man lebt, nach wie vor, wünscht es aber zugleich dem anderen an den Hals, damit der erleben möge, wie es ist, täglich den Schmerz, die Aggressionen, die Vorwürfe und die aktuell gehaltene Vergangenheit mit dem Kind durchzumachen und dafür allein zur Verantwortung gezogen zu werden, während der andere idealisiert wird. Es ist diese Ambivalenz, das Kind zu lieben und es doch fort zu wünschen, die in dieser Zeit die Beziehung zu ihm schwierig macht.

Die »Fußangel«

Ist einige Zeit seit der Trennung vergangen und die Phase der Trauerarbeit vorbei, entsteht der Wunsch nach Neuordnung und Aufbruch. So wie Möbelumstellungen und Wohnungsumbauten Vergangenes überwinden helfen sollen, entsteht der Wunsch nach neuen Begegnungen, um das Alte zurückzulassen. Es ist angesichts solcher Anforderungen oft gar nicht so leicht, Resignation oder Depressivität zu vermeiden. Die Probleme des Alltags, die Veränderungen, die Mühsal der Beziehungsversuche: Schon das Finden neuer Partner ist nicht so einfach, wie sich dies Romantiker vorstellen. Hier dienen Kinder oft als Ausrede: Alles würde leichter gehen ohne sie, der/die Richtige würde sich rascher finden, das neue Leben würde besser klappen. Jetzt können Kinder als Behinderung empfunden werden. Wer bereits eine neue Beziehung hat, wünscht, dass Ruhe und Alltag einkehrt. Bestehende Beziehungen können durch das Kind schwieriger werden, insbesondere wenn es dagegen opponiert. Steht die Partnersuche noch aus, braucht man Gelegenheit und Zeit. Auch in diesem Sinn müssen Kinder – wenn auch als projizierte – *Fußangeln* herhalten. Bei der Suche nach einem möglichen Partner sind die Kinder ebenfalls eine Belastung: Abendliche Verabredungen scheitern an den Kosten eines Babysitters oder daran, dass man das Kind nur begrenzte Zeit allein lassen oder beim anderen Elternteil unterbringen kann. Dazu kommt, dass die/der Neue, sobald sie/er den Kindern vorgestellt wird, einer strengen Prüfung unterzogen wird. Fällt sie negativ aus, ist mit heftigem Widerstand der Kinder zu rechnen. Alles leidet darunter: die neue Liebe, aber auch die eigene Beziehung zu den Kindern, die nicht verstehen wollen, dass es ja zunächst nicht um einen Ersatzvater oder eine Ersatzmutter für sie, sondern um einen Partner geht, den Mutter oder Vater nur für sich auswählt. Und doch ist auch in diesem Interessenkonflikt auf die Kinder Rücksicht zu nehmen und zu akzeptieren, dass sie nicht »Verhinderer« und »Fußangeln«, sondern mit ihren Ansichten und Bedürfnissen eben Teil des Lebens sind.

»Aschenputtel«

Der Einstieg in eine Stieffamilie ist schwierig, vor allem wenn die Kinder des/der Neuen mit dem Zuwachs nicht einverstanden sind. Deshalb ist es zum Beispiel für Jugendamt, Pflegschaftsgericht und Sachverständige wichtig, die neue familiäre Situation genau zu erkunden. Kinder verstehen es mit großem Geschick, einen für sie missliebigen Partner der Mutter/des Vaters und dessen Sohn oder Tochter dramatisch auszugliedern. Auch die Bereitschaft der neuen Partnerin/des neuen Partners, sich mit dem Neuzuwachs ihrer Familie einverstanden zu erklären, ist abzuschätzen. Das folgende Beispiel zeigt, wie schwierig die Lage als »Aschenputtel« sein kann.

Herr U., Vater einer zwölfjährigen Tochter, erhält die Tochter Sabine in Obsorge zugemessen, da seine Frau aufgrund ihrer Alkoholerkrankung das Kindeswohl nicht garantieren kann. Nach einiger Zeit heiratet er erneut, und zwar Anna, eine Mutter von zwei Jungen im Volksschulalter, die wegen dieses neuen Partners schuldig geschieden worden ist. Die beiden Jungen vertragen sich mit ihrer Stiefschwester schlecht, sie feinden sie an, wo es geht, und lehnen auch die Beziehung ihrer Mutter zu dem neuen Mann ab. Sabine wird ständig verspottet, ausgelacht und der Misserfolg jeder ihrer Tätigkeiten vorhergesagt.

Bald nach der Heirat erwartet Maria ein Kind. Das Mädchen freut sich auf das Baby, während die Jungen empört über ein weiteres Geschwister dem Stiefvater die Schuld an dem neuerlichen Ungemach geben. Sabines Freude vertieft die Spaltung zwischen ihr und den Stiefbrüdern. Als das Baby geboren ist, wird Sabine gleichsam zur Ersatzmutter des kleinen Karl, sie ist glücklich und gibt ihm viel von der Liebe, die sie bei ihrer Mutter vermissen musste. Maria ist einerseits froh, eine so kompetente und herzliche Hilfe zu erhalten, andererseits aber eifersüchtig auf die enorme emotionale Kompetenz, die Sabine aufbringt. Die Jungen »mobben« Stiefschwester und Stiefvater auf das Allerhärteste, was schließlich dazu führt, dass sich Herr U. mehr und mehr aus der Familie zurückzieht. Er hat einen arbeitsreichen Beruf, den er als Ausrede benützt: Er

müsse aufgrund der vielen Kinder und seiner Obsorgever-
pflichtungen nun noch mehr arbeiten. In Wahrheit flüchtet er
aus dem konfliktträchtigen Milieu und beginnt eine neue Be-
ziehung am Arbeitsplatz. Als ihm die Situation daheim zu
schwierig wird, reicht er die Scheidung ein und verlässt die
Familie. Sabine, das »Aschenputtel«, lässt er bei der Stiefmut-
ter. Da er finanziell gut gestellt ist, alimentiert er beide Ehe-
frauen und seine zwei Kinder; die aggressiven Stiefsöhne lan-
den aus Hilflosigkeit ihrer Mutter im Internat. Alle Beteilig-
ten, die Herr U. zurücklässt, bleiben auf der Strecke, finan-
ziell versorgt, emotional jedoch in einer Wüste.

Schlussfolgerung

Kinder, die offen oder subtil eine Rolle im Ehekonflikt ausüben
müssen, haben es schwerer, Kinder zu bleiben, weil sie Mutter
und Vater nicht als sorgende Eltern erleben; sie versäumen so eine wichtige Phase ihrer Kindheit. Die Folgen sind sogar äußerlich sichtbar: Kinder, denen eine zu große Verantwortung aufgebürdet wird, wirken wie kleine Erwachsene – altklug, überheb-
lich, ohne lebendige Neugierde und kindliche Aufgeschlossenheit
im Blick. Oft entwickeln sie auch Verhaltensstörungen und haben Schwierigkeiten, von anderen Kindern als Freunde und Ka-
meraden angenommen zu werden. Das macht sie einsam. Wenn
die Kinder – jetzt oder später – merken, dass sie für die Interessen der Erwachsenen eingesetzt worden sind, dann werden sie
diesen Erwachsenen nicht mehr trauen. Dies belastet die Beziehung zu den Eltern.
Kinder sind so weit wie möglich aus Angelegenheiten herauszu-
halten, die ausschließlich Sache der Erwachsenen sind. Eltern sollten lernen, selbstverantwortlich zu handeln und die Kinder nicht
zu Bündnispartnern in den eigenen Konflikten und Problemen zu
machen. Voraussetzung dafür ist die Fähigkeit, die Angelegenheiten des Paares von den »elterlichen« Aufgaben zu unterscheiden
und getrennt zu behandeln. Selbst wenn Kinder von sich aus anbieten, den Eltern als Vermittlung oder Unterstützung zu dienen,
was vorkommt, sollten die Eltern dies nicht zulassen, weil es eine
Einmischung der Kinder in die Angelegenheiten der Partnerschaft

darstellen würde. Auch wenn Mutter oder Vater Mühe haben, mit der Scheidungssituation und der Zeit danach zu Rande zu kommen, dürfen sie die Kinder nicht als »Helfer« benützen.

WER HILFT ELTERN UND KINDERN?

Kaum ein Scheidungswilliger kommt ohne Hilfe von außen zurecht. Zum einen braucht man Beistand in juristischen und wirtschaftlichen Fragen, zum anderen ist psychologische Unterstützung bei der Austragung und Lösung der Konflikte nützlich. Man bekommt Tipps, wie die eigenen Rechte zu wahren, Konfrontationen und Krisen durchzustehen und den Kindern Schutz und Unterstützung während der Scheidung zu geben sind. Oft sind die Verletzungen aller Beteiligten so tief greifend, dass intensive Beratung, Mediation oder Krisenintervention, manchmal auch Psychotherapie notwendig sind.

Jugendamt, magistratische Bezirksstellen, konfessionelle Einrichtungen sowie verschiedene Vereine und Organisationen, aber auch Gerichte bzw. Sachverständige und Rechtsanwälte bieten umfassende Ehe-, Familien-, Erziehungs- und Scheidungsberatung an: ob für Sachfragen, die im Vorfeld und im Verlauf der Scheidung geklärt werden müssen, oder für Aufklärung darüber, wie Kinder in welchem Alter auf Trennung und Scheidung der Eltern reagieren und was sie für Bedürfnisse haben. Auch die Erkenntnis, wie vielen anderen Menschen es ähnlich geht oder wie Frauen und Männer unserer Kultur bzw. anderer ethnischer Herkunft mit Trennungen umgehen, kann hilfreich sein.

Sich vor Dritten auszusprechen kann Eltern im Scheidungschaos helfen, Probleme zu ordnen und quälende Fragen sachlich anzugehen: Wie kann ich den schwierigen Übergang in mein neues Leben gestalten? Wie bleibt die Beziehung zu den gemeinsamen Kindern erhalten? Welche materiellen und rechtlichen Fragen sind für mich noch offen? Wie lerne ich, gerade in schwierigen Zeiten mit meinen Gefühlen besser umzugehen? Auch für Kinder gibt es wachsende Möglichkeiten der Unterstützung: Vereine, Organisationen und öffentliche Einrichtungen bieten Beratung, Gruppen, Kontaktcafés, Schutzzentren oder Therapien an, die auf die speziellen Probleme der Kinder und Jugendlichen in der Trennungs- oder Scheidungssituation ihrer Familie eingehen und die seelische Aufarbeitung der Scheidungskrise ermöglichen.

Professionelle Unterstützung während der Scheidung ist Hilfe zur Selbsthilfe für den Einzelnen wie für die ganze Familie. Sie ermöglicht es, die persönliche Lage zu prüfen, eigene Standpunkte zu entwickeln und faire Lösungen für alle zu finden. Daneben nehmen natürlich auch private Personen und selbst ernannte »Ratgeber« Einfluss: Verwandte, FreundInnen, Bekannte, NachbarInnen, KollegInnen oder LehrerInnen – sie alle haben die Möglichkeit, die Betroffenen auf ihrem Weg zu selbstverantwortlichem Handeln zu unterstützen. Sie können den Trennenden helfen, Ressourcen, Möglichkeiten und Fähigkeiten zu entdecken, die es ihnen ermöglichen, ihr Leben autonom in die Hand zu nehmen und die Krise zu nutzen, sodass es für sie zu einem positiven Neubeginn kommt. Sie können diesen Weg aber auch erschweren, indem sie – und dies gilt für *jede* Beratung – durch falsche Einmischung oder Parteinahme schaden.

Psychologische Beratung

Wie bewältigt man die schwierige Scheidungssituation, in der so viele Fragen, Probleme, Unsicherheiten und Veränderungen auf die Beteiligten einstürmen? Wie meistert man das Chaos der Gefühle? Wie kommt man gerade jetzt mit den verstärkten Anforderungen der Kinder zu Rande? Psychologische Beratung hilft den Trennenden, die vielen für sie anstehenden Fragen zu klären. Sie macht auch die Eltern auf die Probleme aufmerksam, mit denen Kinder bei einer Scheidung konfrontiert sind. Meist wird schon im Vorfeld gerichtlicher Schritte empfohlen, ein Beratungsangebot in Anspruch zu nehmen. Insbesondere wenn Affekte die Szene beherrschen, kann es für ein Paar in der Krise sinnvoll sein, die Hilfe einer Beratung in Anspruch zu nehmen, sei es, um die Entscheidung »Trennung – ja oder nein?« zu erleichtern, sei es, um die nächsten Schritte danach zu klären: Für den Fall, dass das Paar auseinander gehen will, kann so ein Weg zur einvernehmlichen Scheidung mit fairen Regelungen für die Kinder gefunden werden. Beratungsgespräche sind immer vertraulich, auf Wunsch anonym und oftmals kostenlos. Man sollte sich jedoch bereits vorher ein Bild machen, was Beratung überhaupt ist, was sie leisten kann und was man sich von ihr erwartet. Auch ist es sinnvoll, sich darauf einzustellen, dass viele Probleme nicht durch eine einmalige Beratung zu beheben sind; schließlich ist eine Scheidung ein komplizierter Prozess mit langfristigen Folgen.

Beratung bedeutet, dass die KlientInnen in befristeten Zeit- und Frequenzeinheiten ein Problem darlegen, das ganz oder teilweise durch Hilfe zur Selbsthilfe zur Lösung gebracht wird. Das heißt: Wenn jemand zwischen Problemlösung A und B schwankt und sich an eine Beratungsperson wendet, so wird diese kaum zu A oder B raten, sondern vielmehr aufgrund der Unbeteiligtheit mit Ratsuchenden das Problem sachlich betrachten und auch vorstellbare Lösungsvarianten C, D und E diskutieren. Läuft die Beratung gut, hilft sie den Ratsuchenden, aufgrund des erweiterten Blickwinkels in Eigenkompetenz ihre Lösung mit vielleicht geringfügigen Veränderungen selbst zu finden. Es ist oberstes Gebot, von der Beratung keine konkrete Lösungsempfehlung zu erwarten. Ein solcher Vorschlag käme von außerhalb und wäre nicht die eigene Idee der Ratsuchenden; es könnte darum gut dazu führen, dass die Klientin (der Klient) nach wenigen Tagen erneut erscheint, dann nochmals, und dies so lange, bis der Ratschlag der/des Beratenden fehlschlägt und die Klientin (der Klient) sich verärgert abwendet.

Für die Beratung, die in der Anfangsphase der Trennung ebenso ratsam ist wie im Verlauf eines Scheidungsverfahrens bzw. der Folgekonflikte, sind gut ausgebildete und erfahrene BeraterInnen erforderlich, die sich im Klaren sind, welche Verantwortung sie übernehmen. Schließlich führt eine misslungene Scheidungsberatung vielfach nicht nur zum Abbruch der Beratungsbeziehung, sondern möglicherweise für alle Zukunft zu einer Ablehnung jedweder Hilfsangebote. Bevor man also Beratung in Anspruch nimmt, sollte man sich informieren, wer der Träger der Beratungsstelle ist und ob durch diesen die erforderliche Kompetenz und Qualität gesichert ist.

Am Beginn der Beratung sind Inhalt und Form des Problems darzulegen und es spricht durchaus für die Qualität einer Beratungsperson, wenn sie sich für bestimmte Probleme nicht zuständig fühlt. Natürlich erhofft man sich ein hohes Maß an Effektivität, doch sollten die Erwartungen der Ratsuchenden nicht zu hoch gespannt sein, da ja die Beratung nicht die Verantwortung für die Problemlösung übernimmt, sondern nur die Eigenkompetenz der

KlientInnen steigert. Vertrauen in die Beratung ist gut, kritische Beobachtung aber ist besser. Auch wird empfohlen, eine Zwischenbilanz über die Fortschritte zu ziehen; gute BeraterInnen schlagen meist nach einem angemessenen Zeitraum von selbst vor, die Spanne zwischen Angestrebtem und Erreichtem zu analysieren. Beratung kann niemals Therapie ersetzen. Und soll es auch nicht. Neigt die Beraterin/der Berater dazu, die Gesprächstermine in eine Dauereinrichtung überzuführen, erhebt sich die Frage, ob sie/er für diese Tätigkeit die nötige fachliche Befähigung besitzt. Beratungsstellen sollten einen Überblick über ihr Angebot geben: Beratung für Kinder in Scheidungssituationen, Beratung für Kinder und einen Elternteil, Beratung nur für einen Elternteil, Beratung für beide Eltern allein, Beratung für Eltern und Kind, Informationsberatung im Sinn einer Verteilerstelle, die einen Überblick verschafft, wohin man sich mit bestimmten Problemen wenden soll, und Beratung, die kompetent den Weg zu entsprechenden Therapeuten weist, können im Programm enthalten sein. Keine Stelle kann aber alle Möglichkeiten bieten. Auch sind Beratungsstellen nicht zu verwechseln mit Kontaktcafés zur Beziehungsanbahnung zwischen Kind und Besuchselternteil oder mit Sozialkompetenzzentren für verunsicherte Elternteile, die einen Wiederanfang suchen.

Rechtsberatung

Scheidung nicht um jeden »Preis«: Es ist überaus nützlich, sich ausreichend über die Rechtssituation zu informieren, ehe man sich auf ein Scheidungsverfahren einlässt. Hier bietet etwa die Rechtsanwaltskammer Kontaktadressen für eine solche Beratung an. Auch viele Beratungsstellen öffentlicher und privater Hand haben RechtsberaterInnen eingestellt, die das Verfahren einer Scheidung fachkundig begleiten und darüber informieren, welche Rechte vor allem der finanziell benachteiligte Scheidungsteil besitzt. In den kommunalen Jugendämtern arbeiten gut ausgebildete SozialarbeiterInnen, die, wie auch die Amtsvormünder, ebenfalls sämtliche Fallstricke kennen und vor Gefahren warnen können. Scheidungen können teuer werden! Vor allem dann, wenn einer der Scheidungspartner um jeden Preis Recht behalten möchte. In diesem Fall sind für juridische Schriftsätze Tür und Tor geöffnet, es werden gerichtliche Beschlüsse gefasst, diese beeinsprucht, immer wieder tauchen scheinbar neue Einwände auf und so fort. Jeder Gang in die Anwaltskanzlei, jeder neue Schriftsatz summiert sich, weshalb es geraten ist, sich vor Prozessbeginn Klarheit über die Kosten des Verfahrens zu verschaffen. Falsche Scham ist bei einem solchen Informationsgespräch in der Anwaltskanzlei nicht angebracht. Nur wer die Kostenwahrheit kennt, braucht nicht im Lauf des Verfahrens die Anwältin/den Anwalt zu wechseln und neuerliche Aufwendungen in Kauf zu nehmen.

Mediation

Seit Anfang der 1990er-Jahre hat sich die Mediation, von den USA ausgehend, in den deutschsprachigen Ländern verbreitet. Es handelt sich dabei um ein freiwilliges, außergerichtliches Verfahren zur Konfliktregelung, das unter anderem in psychologischen, sozialpädagogischen, wirtschaftlichen oder rechtlichen Bereichen eingesetzt wird. In der Trennungs- und Scheidungsmediation als Spezialfach geht es neben Ehegatten-Unterhaltsfragen und Gütertrennung vor allem um Regelungen für die Kinder: Bei Entscheidungen über die elterliche Obsorge, das Besuchsrecht oder Kindesunterhalt können Konfliktparteien mit dieser Methode der Streitschlichtung gemeinsam einen selbst bestimmten Weg finden, auf dem sie eine einvernehmliche, für alle akzeptable individuelle Lösung ihres Problems finden. Auch praktikable Regelungen für die Zukunft können so erarbeitet und festgelegt werden.

In dem Verfahren versucht eine neutrale Mediatorin (ein Mediator) in ausreichender, gleicher Distanz zu allen Streitparteien Sachlichkeit in den meist emotional geführten Konflikt zu bringen. Dabei werden die zu behandelnden Themen isoliert, umschrieben und dann Schritt für Schritt »abgearbeitet«. Auch rechtliche, finanzielle und emotionale Konfliktthemen werden nicht gescheut. Aufgabe der Mediation ist es, Sachfragen ohne Tabus zu klären. Dazu bedarf es einer Eingangsanalyse, um die Probleme zu erkennen, die den Streitigkeiten zugrunde liegen. In möglichst zeitgleicher Zuwendung werden die Standpunkte und Blickwinkel der Betroffenen dargestellt, zum besseren Verständnis wiederholt und Klärung herbeigeführt, ob auch tatsächlich alle Beteiligten das Gleiche meinen. In so genannten »heißen« Fragen wird immer wieder versucht, das Aggressionspotenzial zu mindern und die Sachlichkeit in den Vordergrund zu stellen. Unterschiedliche Standpunkte werden ernst genommen und es wird auf Lösungen hingearbeitet. Dabei wird den Konfliktpartnern die Verantwortung nicht abgenommen und jegliche Beeinflussung von außen vermieden.

Die MediatorInnen bieten weder einen Beratungs- noch einen Therapieersatz, vermitteln aber häufig zu Einrichtungen, die solches anbieten. Ihre Methode eignet sich für alle, die zu Sachgesprächen fähig und bereit sind, die Verantwortung für ihre Probleme zu übernehmen, aber einen Dritten brauchen, der »konfliktkundig« ist und Wege kennt, wie am ehesten ein positives Ergebnis erzielt werden kann. Die StreitschlichterInnen sind zu Verschwiegenheit verpflichtet. Keine ihnen gegebenen Informationen dürfen vor Gericht oder andernorts verwendet werden. Die in den Sitzungen getroffenen Absichtserklärungen können aber dem Gericht als Scheidungsvereinbarung vorgelegt werden, sie beinhalten alle den Klienten wichtigen Punkte der Trennung.

Fairness und Offenheit statt Hass und Rache: In drei bis sieben Sitzungen können kreative Konfliktlösungen erarbeitet werden, die ungemein schonender, sparender (manchmal sogar gefördert!) und aussichtsreicher sind als böswillige, zermürbende und kostspielige Rechtsstreitigkeiten. Die Erfahrung der letzten Jahre hat gezeigt, dass auf diese Weise viele Probleme außergerichtlich zu regeln sind und auch Wege zur Spannungsbeseitigung insbesondere den Kindern gegenüber gefunden werden können. Paare mit Kindern bleiben ein Leben lang als Eltern miteinander verbunden. Im Interesse der Kinder ist eine gute Zusammenarbeit daher wünschenswert. Um möglichst günstige Bedingungen dafür zu schaffen, ist Mediation gut geeignet. Deshalb wird das außergerichtliche Einigungsverfahren auch immer häufiger von PflegschaftsrichterInnen und Sachverständigen empfohlen, besonders dann, wenn vermeintlich unüberwindbare Hürden in Sachfragen auftauchen, die eigentlich neutral und ohne Rachegefühle, Hass und Ärger bewältigt werden könnten. Die Erfahrungen aus der Praxis der Mediation zeigen, dass in der Versachlichung eines Problems durchaus erfolgreiche Lösungsansätze liegen.

Familientherapie

Familientherapeutische Zentren stellen ein wichtiges psychosoziales Versorgungselement dar. Hier geht es nicht, wie oben beschrieben, um kurz- bis mittelfristige Beratung zur Lösung aktuell anstehender Probleme, sondern um ein längerfristiges Bearbeiten und Aufarbeiten der familiären Konflikte. Ziel ist es, pathologische Faktoren, also psychisch kranke Anteile von Betroffenen, ins Zentrum zu stellen und Heilung oder zumindest Linderung der seelischen Leiden in Angriff zu nehmen. FamilientherapeutInnen sind hoch spezialisierte und gut ausgebildete PsychotherapeutInnen, deren Qualifikation durch die Eintragungsliste im Dachverband der PsychotherapeutInnen überprüfbar ist. Familientherapie kann in jeder Phase familiärer Konflikte bis lange nach dem Scheidungsverfahren in Anspruch genommen werden und ist grundsätzlich vom Ansatz her in der Lage, allen am Konflikt Beteiligten zu helfen, insbesondere dann, wenn einzelne Familienmitglieder in ihrer Kommunikationsfähigkeit so stark blockiert sind, dass die familiären Probleme zu körperlichen, psychischen oder psychosomatischen Krankheitssymptomen führen. Wenn also die Verbindung zu einem Elternteil oder seine Verbindung zur Familiengruppe etwa wegen Alkoholismus oder Depression nicht mehr hergestellt bzw. der Alltag nicht bewältigt werden kann, ist eine familientherapeutische Behandlung angezeigt.

Hilfe für Kinder und Jugendliche

Die Scheidung der Eltern löst in der Regel bei allen Familienmitgliedern eine Lebenskrise aus. Sie zu bewältigen kostet die Erwachsenen alle Kraft, sodass die Bedürfnisse ihrer Kinder oft aus dem Blickfeld geraten. Dabei haben diese ebenso, wenn nicht mehr mit den stürmischen Veränderungen zu kämpfen: Sie verlieren ihr vertrautes Familienleben, verstehen oft nicht, wie es dazu gekommen ist, fühlen sich hilflos, allein gelassen und missverstanden. Die neue Lebenssituation löst Verunsicherung und Angst aus. Dazu kommt, dass es vielen Kindern schwer fällt, ihre Gefühle auszudrücken; sie ziehen sich zurück oder entwickeln Verhaltensauffälligkeiten, was für die überforderten Eltern noch mehr Belastung bedeutet.

In dieser schwierigen Situation ist Unterstützung von außen nützlich, die den Kindern und Jugendlichen hilft, ihr Gefühlschaos zu verarbeiten und ihre Krise zu bewältigen, die sie in diesen stürmischen Zeiten stärkt und einen Weg zeigt, mit neuem Selbstbewusstsein daraus hervorzugehen. Organisationen, Vereine und kommunale Einrichtungen haben sich deshalb auf Maßnahmen zur Scheidungs- und Trennungsbegleitung für Kinder (und ihre Eltern) spezialisiert: Sie helfen den betroffenen Kindern, die Trennung ihrer Eltern zu akzeptieren, die Veränderungen, die sie mit sich bringt, zu verkraften und mit den neuen Familienbeziehungen besser umgehen zu können. In sicherem und geschütztem Rahmen, einzeln oder in Kleingruppen, werden die Kinder und Jugendlichen bei ihrer Neuorientierung aktiv begleitet. Sie erhalten die Möglichkeit, unter pädagogischer Betreuung ihre Erfahrungen, Gedanken und Gefühle kindgerecht auszudrücken und auszutauschen. Sie werden bei der Bewältigung ihrer Trauer unterstützt und lernen, dass sie keine Schuldgefühle haben müssen, weil nicht sie für ihre Familiensituation verantwortlich sind. Zugleich wird das kindliche Wissen über die familiären Konflikte gefördert und Interpretationen des Scheidungsgeschehens, die oft einzig der Weltsicht des Kindes entspringen, geklärt. Diese Arbeit ist präventiv, das heißt, sie will verhindern, dass Kinder und Jugendliche aufgrund ihrer psychischen Belastung schwer wiegende Symptome entwickeln und in ihrer weiteren Entfaltung behindert werden. In einzelnen Fällen – wenn Kinder und Jugendliche besonders sensibel auf das traumatisierende Trennungserlebnis reagieren oder starke psychische und soziale Auffälligkeiten zeigen – ist therapeutische Hilfe zu empfehlen.

Die Anlaufstellen verstehen sich meist auch als Sprachrohr des Kindes: Sie vertreten, erklären und vermitteln die psychische Situation des Kindes nach außen, gegenüber den Eltern oder der Schule, organisieren Unterstützung und versuchen in ihrer Elternarbeit dazu beizutragen, dass Kinder nicht als Projektionsflächen und Spielball im Paarkonflikt dienen, sondern mit Respekt und Würde behandelt werden.

Für Extremsituationen – Krisenzentren

Für Kinder in dramatischen Extremsituationen stehen Krisenzentren zur Verfügung, die sich auf posttraumatische Erlebnis- und Belastungsreaktionen eingestellt haben. Amokläufer, psychisch kranke Mütter und Väter, die Leib und Leben ihrer Kinder und ihrer EhepartnerInnen bedrohen, körperliche Schwerstangriffe mit Verletzungen der Kinder und Ehefrauen, die fallweise Todesfolgen nach sich ziehen: Für alle, die von solchen Personen bedroht sind, gibt es Anlaufstellen und Schutzzentren, wo Spezialisten für Schwersttraumen infolge Lebensbedrohung arbeiten. Erlebnis- und Belastungsreaktionen solcher Art hinterlassen nicht nur akute seelische Spuren, die unmittelbar behandelt werden müssen, sondern auch Langzeitschäden, die über Jahre und Jahrzehnte in behutsamer und immer wieder kehrender (»fraktionierter«) Therapie aufgearbeitet werden müssen.

Eine solche Behandlung in mehreren Schritten führt in jeder neuen Lebensphase eines posttraumatisierten Menschen ein Stück therapeutischer Bewältigungsarbeit durch, denn viele seelische Belastungen können durchaus eine Zeit lang ruhen und flackern erst wieder auf, wenn ein bestimmtes, nach außen vielleicht ganz banales Erlebnis eintritt, das für den Betroffenen aber von lebensgeschichtlicher Bedeutung ist. In diese Kategorie gehören auch alle tiefen Leiden, die durch *Quälen* entstanden sind. Quälen ist der wiederholte, lang andauernd gesetzte seelische Schmerz durch eine Autoritätsperson, von der ein Kind abhängig oder dem eine Partnerin/ein Partner hörig ist. Aufgrund ihrer objektiven oder psychischen Abhängigkeit sind die Opfer außerstande, sich zur Wehr zu setzen. Direkte Gewalteinwirkung, Misshandlung, sexueller Missbrauch, aber auch Verbreiten von Angst, Schrecken und Panik sind solche körperliche und seelische Torturen, die tiefe psychische Kerben hinterlassen. Vor allem die Kinderpsychiatrie hat sich in den letzten Jahren verstärkt mit posttraumatischen Erlebnis- und Belastungsreaktionen beschäftigt. Seither rücken diese Leidenszustände mehr und mehr in den Blickpunkt der Aufmerksamkeit und erfahren auch in der gerichtlichen Begutachtungsarbeit eine entsprechende Würdigung. Im zivilgerichtlichen Bereich können je nach Schwere des Leides Schadenersatzansprüche geltend gemacht werden.

Hilfe für Kinder aus binationalen oder Migrationsfamilien

In der globalisierten Welt von heute bedarf es interkultureller Einrichtungen, die Eltern und Kindern aus binationalen Familien helfen. »Mixed couples«, in denen die Partner unterschiedlicher konfessioneller Herkunft sind oder aus verschiedenen Ländern und Kulturen stammen, bildeten früher eher die Ausnahme. Heute ist durch die internationale Mobilität und die großen Wirtschaftsräume eine multikulturelle Gesellschaft entstanden, in der binationale und interkulturelle Ehen selbstverständlich werden.

Sie zeigen uns die Vielfalt, aber auch die Probleme der menschlichen Beziehungen. Jenseits kultureller und religiöser Klischees ergibt sich eine Fülle von realen Konflikten im Zusammenleben und in der Akzeptanz der Gesellschaft. »Rat mal, wer zum Essen kommt«, jener behutsam kritische US-Film mit Katherine Hepburn und Sidney Poitier, in dem ein junger Schwarzer und die Tochter einer weißen Familie der gehobenen Mittelschicht heiraten wollen, sorgte in den 1960er-Jahren für großen Aufruhr. Doch leider sind wir bis heute nicht frei von rassistischen und chauvinistischen Vorurteilen, die sich offensichtlich nur äußerst schwer überwinden lassen. Hautfarbe, Religion, Kultur und Lebensgewohnheiten von Menschen führen ständig zu Verdächtigungen, Diskriminierungen, Pauschalverurteilungen und verordneten Assimilationszwängen. »Hast du nicht Angst um deine Kinder?«, heißt es sofort, wenn der Ehemann aus einem islamischen Land stammt.

Fremdenfeindliche Gesetze machen Migranten das Leben schwer, wofür man wirtschaftliche oder andere Gründe angibt, in Wahrheit aber das Grundrecht vorenthält, dass Menschen – egal welcher Herkunft – miteinander arbeiten, leben, eine Partnerschaft eingehen und Kinder haben können. Solche Einschränkungen in den Grundrechten belasten auch die ehelichen Beziehungen. Und sie ermöglichen Machtgefälle: etwa wenn in Ehen zwischen europäischen Männern und nichteuropäischen Frauen Letzteren nicht das Recht zugestanden wird, Kontakt zur fernen Heimat zu unterhalten und die Kinder auch im Geiste der eigenen Kultur zu erziehen. Oder wenn der inländische Partner dem anderen im Verlauf von Ehekonflikten droht, eine Ausweisung ins Herkunftsland zu veranlassen. Aufgrund dieser Drohung halten vor allem Migrantinnen oftmals länger als gewollt in einer Ehe aus, vor allem wenn sie Kinder haben. Dazu kommt, dass sie im Falle eines Scheidungsverfahrens meist weniger Mittel und Möglichkeiten als die europäischen Ehemänner besitzen, ihre Rechte und die ihrer Kinder zu wahren. Es ist in all diesen Fällen geraten, sich nicht allein auf die Auskünfte des Ehemanns zu verlassen, sondern Informationen bei Beratungsstellen einzuholen.

Anders liegt der Fall im folgenden Beispiel, in dem eine Frau aus dem Baltikum versucht, ihr Kind in ihre Heimat zu entführen und so dem Vater vorzuenthalten:

Frau X., die aus Estland stammt, verlässt ihren österreichischen Ehemann, ohne sich scheiden zu lassen, da dieser dazu keine Einwilligung gibt. In aufrechter Ehe lebt sie mit dem gemeinsamen Kind in Tallinn, wo sie jeden Besuch des Vaters verhindert. Obwohl Herr X. eine Verfügung und einen Beschluss des Gerichts in Händen hält, sein Kind jederzeit sehen zu können, hat er legal kaum Möglichkeiten, diese Rechte durchzusetzen, da es zwischen Estland und Österreich kein Rechtsabkommen im Hinblick auf Pflegschaftsverfahren gibt.

Konfliktsituationen und Trennungen fachen oft den Kampf zwischen binationalen Partnern an, welche Kultur für die gemeinsamen Kinder wohl am besten sei. Darauf gibt es kaum eine befriedigende Antwort: Soll es jene des Landes sein, in dem das Kind geboren und aufgewachsen ist? Oder jene, in deren Sprache es vorwiegend kommuniziert, denkt und träumt? Ist das Kind dort zu Hause, woher die Mutter oder vielleicht eher der Vater kommt? Stammt der Vater aus einer Kultur, in der Söhne mehr als Töchter gelten, ist es für ihn oft undenkbar, dass er bei seiner Rückkehr in die Heimat die Söhne nicht mitnimmt oder sie nicht allein dorthin senden kann, um sie im Geiste seiner Herkunftsfamilie erziehen zu lassen.

Aufgrund der vielfältigen Probleme sind Immigrantenzentren entstanden, deren MitarbeiterInnen besondere Schulung erhalten. Die Ausbildung bezieht sich auf das interkulturelle Verständnis und die Fähigkeit, zwischen den Konfliktpartnern zu vermitteln, ihre unterschiedlichen Standorte zu verstehen, keinen in seinem

Kulturverständnis zu kränken und als MediatorInnen tätig zu sein, zum Wohle der Beziehungspartner, besonders aber der Kinder.

In diesem Zusammenhang sei beispielhaft auf die Erfahrungen der einzigen deutschsprachigen Immigrantenambulanz an der kinder- und jugendpsychiatrischen Universitätsklinik in Wien verwiesen. Diese Einrichtung wurde 1998 gegründet, als es nach dem Krieg in Exjugoslawien an ausreichender medizinischer Versorgung für Flüchtlingskinder mangelte, die schwere pathologische posttraumatische Erlebnis- und Belastungsreaktionen aufwiesen. Die Erfahrungen dieser Ambulanz zeigen, wie sehr gerade im medizinischen und psychodynamischen Bereich Rücksicht auf die Ethnien genommen werden muss. Häufig erwies sich etwa der Einsatz von DolmetscherInnen anderer Ethnien als kontraproduktiv, da die PatientInnen Misstrauen gegen ihre Tätigkeit hegten. Mit dem Einsatz von *Native Speakers* und der engen Zusammenarbeit zwischen ÄrztInnen, PsychologInnen und SozialarbeiterInnen der Ambulanz und gut ausgebildeten KollegInnen aus jenen Zuwanderungsländern entstand ein Lernprozess darüber, welche Hilfe am besten von wem anzubieten sei.

Abschließend soll ein Beispiel die schwierige Lage von Kindern aus geschiedenen binationalen Familien dokumentieren:

Mary, ein Mädchen aus Indonesien, wird von Herrn und Frau Z. in Österreich adoptiert. Als sie sechs Jahre alt ist, trennt sich das Ehepaar einvernehmlich. Später wird Herr Z. kriminell und bricht die Beziehungen zu seiner Familie aufgrund einer mehrjährigen Gefängnisstrafe ab. Frau Z. erkrankt schwer, als ihre Adoptivtochter zehn Jahre alt ist, und kann den Haushalt kaum noch führen; mehr und mehr stellt sich die Frage, mit wem Mary künftig leben soll. Bald darauf stirbt Frau Z. Es stehen keine leiblichen Verwandten des Mädchens noch Verwandte der Adoptiveltern zur Verfügung, Mary aufzunehmen. Sie wird in einer Wohngemeinschaft untergebracht, aber dort von den anderen Kindern aufgrund ihrer asiatischen Herkunft abgelehnt. Die vormals gute Schülerin sackt in ihren Schulleistungen ab. Sie beginnt aggressive Verhaltensauffälligkeiten an den Tag zu legen, die sehr rasch von Lehrern und Betreuern »pathologisiert« werden: Es sei kein Wunder,

dass sie sich neurotisch verhalte, sie sei ja von ihrer Mutter verzärtelt worden, man werde sie nur unter massiver kinderpsychiatrischer Hilfe »zurechtbiegen« können.
Die MitarbeiterInnen der Immigrantenambulanz können das Problem schließlich sachlich angehen. Sie arbeiten mit Mary die Trauer über ihre vielfachen Verluste und die vielen seelischen Verletzungen auf und nach etwa einem halben Jahr gelingt es Mary, neuen Lebensmut, Freude und ein gestärktes Selbstbewusstsein zu entwickeln. Die Beziehungen zu Gleichaltrigen und Erwachsenen verbessern sich unter Begleitung einer Therapeutin und nach zwei Jahren ist das Mädchen wieder gesund und psychisch stabil.

Ergibt sich im Scheidungsverfahren eines binationalen oder Migrationspaars, dass weder die Mutter noch der Vater das Sorgerecht erhält, entstehen für die Kinder besonders große Probleme. Zum Trauma des Zerfalls der Familie kommen oft schwere emotionale und soziale Belastungen, die – wie bei unbegleiteten Kinderflüchtlingen – einen speziellen Schutz erforderlich machen, um das Kindeswohl zu garantieren. Eine geeignete »Drittunterbringung« ist aber oft schwer zu finden, da bei heilpädagogischen Pflegefamilien, ja Pflegefamilien überhaupt in diesen Fällen nicht gerade alle Türen offen stehen.

KIND UND RECHT

IM ZENTRUM DES KINDSCHAFTSRECHTS: DAS »KINDESWOHL«

Wenn sich Eltern auf Dauer trennen oder ihre Ehe geschieden wird, muss die Obsorge nach geltendem Recht beiden gemeinsam zugeteilt werden. Kommt es zu einer einvernehmlichen Scheidung, bildet die Regelung, bei wem das Kind sich überwiegend aufhalten wird, einen unverzichtbaren Bestandteil des Scheidungsvergleichs. Entstehen danach Konflikte, kann das Pflegschaftsgericht über Antrag einer Seite die alleinige Obsorge übertragen. Können sich die Eltern über den überwiegenden Aufenthalt nicht einigen, hat das Gericht eine Entscheidung je nach den konkreten Umständen des Falles zu treffen.

Wesentlichstes Kriterium für die Übertragung der elterlichen Rechte durch das Gericht ist das »Kindeswohl« – ein viel zitierter, doch wenig konkret bestimmter Begriff, der das Wohlergehen des Kindes in allen seinen Aspekten umfasst. Seine Feststellung macht eine genaue Beurteilung der Lebensumstände des Kindes und seiner Eltern unter Bedachtnahme auf sein gesamtes Umfeld notwendig.

Doch nicht nur als richterliches Entscheidungskriterium, vor allem aus der Sicht des Kindes und zur Wahrung seiner Interessen im Scheidungsverfahren, ist es notwendig, sein Wohlergehen präzise und aus ganzheitlicher Sicht darzustellen; nur dann können wir jene Bedürfnisse verstehen, deren Verletzung die Kinder so massiv unter der Trennung der Eltern leiden lässt. Und nur dann können wir erreichen, dass verbreitete Sätze wie »Das Wohl des Kindes muss im Mittelpunkt stehen« keine leeren Floskeln bleiben.

Das Kindeswohl aus ganzheitlicher Sicht

»Bei allen Maßnahmen, die Kinder betreffen, gleichviel ob sie von öffentlichen oder privaten Einrichtungen der sozialen Fürsorge, Gerichten, Verwaltungsbehörden oder Gesetzgebungsorganen getroffen werden, ist das Wohl des Kindes ein Gesichtspunkt, der vorrangig zu berücksichtigen ist.« So heißt es über das Kindeswohl in Artikel 3 der UN-*Konvention über die Rechte der Kinder*, die seit 1989 gilt. Dies bedeutet: Das Kind hat ein Recht auf Befriedigung seiner körperlichen, intellektuellen, emotionalen und sozialen Bedürfnisse; die Einhaltung dieses Rechts ist vom Elternhaus wie von der Gesellschaft zu garantieren. In der Praxis ist das Kindeswohl jedoch ein Schlagwort geblieben, das bisher noch keine gesetzlich gültige Bestimmung gefunden hat, womit der Unverbindlichkeit und Beliebigkeit seiner Auslegung Tür und Tor geöffnet sind. Streitparteien, AnwältInnen, Gerichte, Sachverständige, Jugendämter: auf das »Kindeswohl« beruft sich jeder nach Bedarf – je »heißer« der Scheidungskrieg, desto mehr.

Damit jedoch dieser Begriff, der ein so wichtiges Gut bezeichnet, mehr als belangloses Stilmittel ist, soll im Folgenden der Versuch einer genaueren Bestimmung des Kindeswohls in Hinblick auf seine Rolle bei Gericht und im Gutachten unternommen werden. Denn mag in juristischen Fachkreisen unklar sein, was präzise unter »Wohl« des Kindes zu verstehen ist, wenn sich dessen Eltern trennen – aus psychosozialer Sicht ist die Frage durchaus zu beantworten, wie gezeigt werden soll. Die Folgende Bestimmung mag den Legisten Stoff für kritische Argumentation liefern, den Formalisten wird sie nicht exakt genug sein, die Pragmatiker mögen ihre Umsetzbarkeit bezweifeln und die »Rosenkrieger« werden sie wohl so interpretieren, wie es ihrem jeweiligen Selbstzweck und ihren Eigeninteressen entspricht. Doch besteht Hoffnung, dass auf diese Weise ein Diskurs in Gang gesetzt wird, der dem Los der Scheidungskinder zugute kommt. Denn gleichgültig, wie in einem Scheidungsverfahren die finanziell-pragmatischen Probleme eines Paares behandelt werden, für das Wohl des Kindes haben andere, ganz klare Leitlinien zu gelten, die zu beachten sind. Wie wenig ausreichend diese Unterscheidung in der Praxis getroffen wird, zeigt, in welch hohem Ausmaß Scheidungsverfahren als »Schlachtfeld« dienen, auf dem die Belange der Kinder rücksichtslos geopfert werden – die Deftigkeit des Ausdrucks spiegelt leider die Realität wider, die Notwendigkeit einer weniger martialischen Begrifflichkeit wäre uns allemal lieber.

Was also ist unter »Kindeswohl aus ganzheitlicher Sicht« zu verstehen? Es bedeutet, dass die Begriffsbestimmung den körperlichen, intellektuellen, emotionalen und sozialen Bedürfnissen des Kindes in seinen altersabhängigen Entwicklungsphasen folgt. Diese Bedürfnisse gelten für *alle* Kinder, gleich ob die Familie intakt, zerrüttet oder geschieden ist. Wird das Kind von Anfang an in allen diesen Bereichen seiner Persönlichkeitsentwicklung gefördert, so kann es Gesundheit, Autonomie, psychische und soziale Selbstsicherheit sowie eigenverantwortliche Urteilsfähigkeit erlangen. Eltern, die diese grundlegenden Bedürfnisse ihrer Kinder missachten oder permanente Uneinigkeit vorleben, können hingegen nur wenig Orientierungshilfe bieten und machen es ihren Kindern insbesondere im emotionalen und sozialen Bereich schwer, sich ohne Störungen zu entwickeln.

Das körperliche Kindeswohl

Das Kriterium für das körperliche Wohl des Kindes umfasst die behutsame Begleitung und Ermöglichung seiner körperlichen Entwicklung vom Baby- bis ins Jugendlichenalter. Am Anfang geht es um die grundlegende physische Bedürfnisbefriedigung, die Ob- und Fürsorge zur Erhaltung der Gesundheit, alle vorbeugenden Maßnahmen sowie den Einsatz sämtlicher zur Verfügung stehenden Möglichkeiten, die körperliche Integrität des Kindes zu wahren: Ernährung und Hygiene, ärztliche Hilfe bei akuter oder chronischer Erkrankung sowie alle Rehabilitationsaßnahmen für das ein- oder mehrfach behinderte Kind, aber auch jegliche Ermöglichung der körperlichen Ertüchtigung, also gesunder kindlicher Lebensraum und die Erfüllung des natürlichen Wunsches von Kindern und Jugendlichen nach Sport und der Freude an Bewegung gehören hierher. Weiters der Schutz des Babys vor Misshandlung, Missbrauch und sexueller Ausbeutung. Körperliches Leid und daraus ableitbare Qualen stellen wiederholte Angriffe auf die physische Integrität des Menschen dar und müssen daher in die Bestimmung des körperlichen Kindeswohls mit einbezogen werden.

Dieser umfassende Anspruch des Kindes auf körperliches Wohl wird hier deshalb so betont, da *körperliche Vernachlässigung* als Streitthema in Scheidungs- und Pflegschaftsverfahren eine große Rolle spielt: Die diesbezüglichen gegenseitigen Beschuldigungen der Eltern im Kampf um das Sorgerecht sind oftmals schwer zu entkräften. Auch wird »körperliche Vernachlässigung« häufig als Argument für die Beantragung eines Obsorgewechsels oder Besuchsrechtsentzugs ins Treffen geführt.

Zum körperlichen Wohl des *Kleinkinds* gehören vor allen Dingen Ernährung und Körperpflege. Auf körperliche Vernachlässigung in diesen Bereichen weisen Gedeihstörungen-, Wachstums- und Entwicklungsstörungen, Unterernährung, Hautkrankheiten infolge nicht genügendem Wechseln der Windeln, Schmutzausschläge, Ungezieferbefall oder Vernachlässigung bei bereits festgestellten chronischen Krankheitszuständen hin. Spuren körperlicher Misshandlung wie blaue Flecken, Blutunterlaufungen, Würgemale oder Knochenbrüche akuter oder älterer Form sind ebenfalls wichtige Entscheidungskriterien für die Beurteilung, ob Erziehende das Wohl des Kindes garantieren können. Genitale Misshandlungen im Kleinstkindalter – durchaus nicht so selten, wie man annehmen möchte – sind in der Begutachtung des Kindeswohls als dramatische Form des Obsorgemangels zu bewerten.

Bei Kindern zwischen dem *zweiten und fünften Lebensjahr*, also bis zum *Vorschulalter*, zählen zum körperlichen Kindeswohl die Einhaltung der vorgeschriebenen Schutzimpfungen, die Durchführung einer eventuell notwendigen Brillenanpassung und deren Adaption, die Betreuung orthopädischer Fußleiden, Zahnkontrollen und die Observanz chronischer Hautkrankheiten samt deren zum Teil aufwändiger Pflege. Häufig wird in Scheidungsverfahren von einem Elternteil die Beobachtung angeführt, dass das Kind öfters gerade um das Besuchswochenende des anderen Elternteils erkrankt. Dabei gilt es zu überprüfen, ob tatsächlich körperliche Beschwerden vorliegen oder bloß ein Vorwand zur Verhinderung des Besuchsrechts, ob die Erkrankungen durch mangelnde Fürsorge des sorgeberechtigten Elternteils entstehen oder vielleicht psychosomatischen Ursprungs sind, also körperlicher Ausdruck seelischen Unwohlbefindens. Sport und Bewegung als Teil des körperlichen Kindeswohls gewinnen in diesem Alter an Bedeutung. Hier spielt die Einstellung des sorgeberechtigten Elterteils eine wichtige Rolle: Ist er sportbegeistert, wird er darauf achten, dass auch das Kind seine Freizeit sportlich verbringt, während Sportabgeneigte die Bemühungen des anderen Elterteils, das Kind in dieser Hinsicht zu fördern, oft unterwandern oder offen sabotieren, gleich welche Freude die körperliche Betätigung dem Kind bereitet.

In der *Pubertät* wendet sich das Kind mit erhöhter Aufmerksamkeit dem eigenen Körper zu, zuweilen gepaart mit einer vorübergehenden Neigung zur Hypochondrie. Hier gilt es im Hinblick auf das körperliche Kindeswohl streng zu unterscheiden zwischen einer lebensalterstypischen Attitüde und dem tatsächlichen Vorliegen von körperlichem Unwohlbefinden, das dieser Altersstufe entspricht. Die Einstellung zum Körper wird natürlich durch den jeweiligen Erziehungsstil geprägt; beide Eltern können darin in ihren Anschauungen so sehr voneinander abweichen, dass es zu regelrechten »somatischen Glaubenskriegen« kommt: Da kämpfen Veganer gegen Fleischesser, Fitnessbewusste gegen »Couchpotatoes«, Gesundheitsfanatiker gegen jene, die selbst minimalste Grundanforderungen missachten. Häufig haben die konträren Ansichten bereits das Eheleben belastet und nicht zum ersten Mal gerät das Kind dabei zwischen die Fronten unterschiedlicher Geisteshaltungen.

Das intellektuelle Kindeswohl

Auch rund um das geistige Kindeswohl scheiden sich die Geister, sowohl was die Erziehungsstrategien als auch deren vom anderen Elternteil beobachteten Ergebnisse betrifft. Fast alle Eltern erhoffen bei der Geburt ihres Kindes die Entwicklung umfassender Fähigkeiten. Erwünscht sind Maximalleistungen, die vom Kind so früh wie möglich erbracht werden sollen. Man stellt Vergleiche auf dem Gebiet intellektueller Fertigkeiten der Kinder an, die jedoch rasch zur Minusbilanz werden, wenn sich das Nachbarkind, die Cousine oder der Sohn bester Freunde als früher perfekt erweist. Die Zeit wird in diesem Wettbewerb der Eltern zur exakten Maßeinheit. Längst vergleichen sie nicht mehr nur den möglichst frühen Zeitpunkt erfolgreichen Sauberkeitstrainings, sondern ebenso, wann der Sprachbeginn, die Ausdifferenzierung der Sprache oder die Bildung von Konsekutiv- und Konditionalsätzen einsetzt. Danach beginnt der Wettlauf um die Schulbefähigung; es zählt, ob ein Kind die Kriterien des Schuleintritts womöglich schon mit fünf Jahren erreicht hat. Von da an geht es so weiter:

Scheinbar objektive Parameter wie Leistungsbeurteilungen, Lernfortschritte oder Schulnoten werden ab nun zum Maßstab der Bemühungen der Eltern um die Intelligenz ihres Kindes. Die messbaren Wettbewerbskriterien – Schulerfolge, Zensuren, Bildungskarriere, gewählte Schulform und -typ – bergen ab dem Schuleintritt zahllose elterliche Konfliktstoffe in Bezug auf das vermeintliche intellektuelle Kindeswohl. Nicht selten geraten nach der Scheidung die erzieherischen Fähigkeiten des sorgeberechtigten Elternteils nach diesen Kriterien auf den Prüfstand des Expartners. Es sind gerade die schulischen Leistungen, über die viele elterliche Fehden im Gerichtssaal und außerhalb ausgetragen werden. Und sie sind besonders geeignet, im Kind das Gefühl zu verstärken, am Streit der Eltern *schuld* zu sein:»Hätte ich nur bessere Zensuren, würden die Eltern nicht aufeinander böse sein.«

Auch die jahrzehntelange Diskussion um die Vorteile des *gemeinsamen* Sorgerechts (gegenüber der Sorgerechtszuteilung an nur *einen* Elternteil) eskalierte immer wieder an Schulthemen: etwa der mangelnden Einflussmöglichkeit des Besuchselternteils auf die Bildungslaufbahn des Kindes, wie man sie an der alten Regelung kritisierte. Vor allem Schulkarriere-Entscheidungen, insbesondere im Pubertätsalter, sorgen immer für Zündstoff. Unterschiedliche Auffassungen, soziale Ambitionen, Projektionen und Ehrgeizhaltungen in Bezug auf Bildung und Schule prallen da aneinander (»Mein Kind soll es eines Tages besser haben«; »Meinem Kind soll ermöglicht werden, was mir versagt geblieben ist«). Die Kinder müssen Konkurrenzstreben und Leistungsdruck der Erwachsenen ausleben, vorgeblich, damit diese sich nicht dem Vorwurf aussetzen müssten, sie hätten eine Chance »versäumt«. Schulische Leistungen und damit das vermeintliche Kindeswohl in diesem Bereich werden für elterliche Zwecke missbraucht: Erfolge des Kindes werden auf die eigenen Fahnen geheftet, Misserfolge dem anderen Elternteil in die Schuhe geschoben – das reicht von »Dass es nicht rechnen kann, muss das Kind von dir haben!« bis hin zur diskriminierenden Feststellung: »Wenn das Kind in *meiner* Obhut wäre, würde es bessere Leistungen erbringen.«

Auch an der Frage, welchen Weg das Kind in Zukunft am besten beschreiten sollte, entzünden sich Konflikte: Da geht es um finanzielle Erwägungen ebenso wie um unterschiedliche Bildungsvorstellungen oder soziale Ambitionen. Das Kind wird zum Faustpfand in der Hand jenes Elternteils, der als Hauptsorgeberechtigter die Letztverantwortung trägt: Vordergründig geht es um die Wahrung der kindlichen Interessen, in Wirklichkeit um wirksame Munition im eigenen Machtkampf. Was das Kind – und *nur* das Kind – nötig hat, ist längst vergessen. Nämlich: die Ermöglichung erfolgreicher schulischer Leistungen, die Förderung des kreativen Potenzials, ob es sich nun um musikalische, bildnerisch-gestalterische, kunsthandwerkliche oder andere Begabungen handelt, die Befriedigung kindgerechter Kulturbedürfnisse, Anregung zur Neugier und Freude am Lernen – auch jenseits des elterlichen und schulischen Leistungsdrucks. *Dafür* sollte ein Kind die notwendige Unterstützung erhalten. Dies setzt freilich voraus, dass seine individuellen Neigungen erkannt und anerkannt, die Produkte seiner Kreativität geachtet, seine Fähigkeiten angeregt und ermutigt werden. Aber eben nicht nach der Devise »So früh wie möglich, so viel wie möglich«, denn diese entspricht meist eher dem intellektuellen Ehrgeiz der Eltern als den Bedürfnissen der Kinder.

Förderung darf nicht Überforderung bedeuten. Richtig verstandenes intellektuelles Kindeswohl versteht sich als Entwicklung zu einer möglichst *vielseitigen* Persönlichkeit – und die umfasst eben nicht nur messbare Leistungen. Auch wenn es der Gesellschaft wie auch vielen Eltern an der notwendigen Einsicht mangelt: Die vielseitige Entwicklung ist ein Bildungsauftrag an die Schule wie gleichermaßen eine Aufgabe der Familie, die damit beide eine maßgebliche Funktion in der modernen Gesellschaft erfüllen.

Das emotionale Kindeswohl

Wie kein anderer Aspekt des Kindeswohls gehört die Beurteilung des emotionalen Bereichs zu den schwierigsten und differenziertesten Aufgaben der Sachverständigentätigkeit wie der richterlichen Entscheidungsfindung. Liebe, Wärme, Fürsorge, Obsorge und emotionale Stabilität sind anerkannte Grundwerte unserer Gesellschaft, die es dem Kind ermöglichen sollen, seine Fähigkeiten und Fertigkeiten bestmöglich zu entwickeln. Vom frühkindlichen Urvertrauen über die Bindung an Mutter und Vater, Geschwister und andere nahe Bezugspersonen bis hin zur beglückenden Fähigkeit, in eigenen wie in fremden Gefühlen »lesen« zu können, reichen die Merkmale bei der Bestimmung und dem Schutz des emotionalen Kindeswohls. Voraussetzung für eine positive emotionale Entwicklung ist, dass das Kind von klein auf in seiner Wesensart akzeptiert wird, dass es Zärtlichkeit erfährt und *alle* seine Sinne geweckt werden. Emotionalität wird in Optik, Gestik, Akustik und Berührung vermittelt und in unmittelbaren Reaktionen vom Kind der zärtlichen Bezugsperson zurückgegeben. Durch Wiederholung des Empfundenen entwickelt es persönliches Vertrauen und zeigt – altersgemäß – seine Zuwendung den Menschen, die in ihm angenehme Erfahrungen auslösen. Ziel ist es, im Kind durch beispielhaftes Vorleben jenen Lernprozess der Gefühle in Gang zu setzen, der es ihm ermöglicht, eine Beziehung zum »Du« zu finden.

Scheidungskinder haben es bei Beziehungsvorbildern meistens schwer: Schließlich erlebten sie in ihrer Familie Streit und oft Hass, ehe sie auseinander brach, ihr Imitationslernen ist also an wenig erfolgreichen oder liebevollen Konfliktmodellen orientiert. Dazu kommt, dass sie durch die Scheidung häufig einen Elternteil und damit eine wichtige Beziehung verlieren – sei es durch Kontaktabbruch des fortgezogenen Elternteils, sei es, weil der Wohnelternteil den anderen bei der Ausübung des Besuchsrechts behindert. Oder anhaltende elterliche Streitigkeiten und fortbestehende Ungewissheiten auch nach der Scheidung lassen im Kind keine innere Ruhe entstehen. Angst, Unsicherheit und Verlust aber erschweren die Entwicklung von emotionaler Stabilität und Beziehungsfähigkeit.

Jede Enttäuschung, jede Angst, jede psychische Misshandlung hinterlässt Spuren, die sich störend auf die emotionale Entwicklung auswirken. Kinder, die ständig in einem Streitmilieu leben, sich aus der familiären Gemeinschaft ausgeschlossen fühlen, schweren Loyalitätskonflikten ausgesetzt werden oder unter Manipulation und Geheimhaltungsdruck stehen, reagieren mit Gefühlen wie Angst, Trauer, Aggression, Selbstzweifel, Isolation und Rückzug oder auch betont geringer emotionaler Beteiligung. Diese Ausdrucksformen gilt es für den Sachverständigen in Pflegschaftsverfahren mit besonderer Aufmerksamkeit zu verfolgen: nämlich ob die Gefühle, die das Kind zeigt, möglicherweise eine Antwort auf erlittenes Unbill sind.

Kindliche *Ängste* teilen sich grundsätzlich in lebensalterstypische Ängste und in solche, die Panik und Hilflosigkeit als Reaktion auf elterliches Verhalten signalisieren. Zu Ersteren zählt die *Acht-Monats-Angst* vor neuen Gesichtern, die *Trennungsangst* im 18. Lebensmonat, die Angst vor der Dunkelheit im zweiten Lebensjahr, die Angst vor Tieren und Gespenstern im dritten Lebensjahr, die soziale *Einpassungsangst* beim Eintritt in die »Kindergartenwelt« um das vierte bis fünfte Lebensjahr, der Beginn der *Leistungsangst* um den Schuleintritt und die (körperliche) *Reifungsangst* in der Pubertät. Zu den *reaktiven* Ängsten gehören die Verlassenheitsangst als Antwort auf die ständigen Streitigkeiten der Eltern (»Am Ende stehe ich ganz allein in der Welt«), die Angst, vor unbewältigbaren Aufgaben zu stehen (»Allein geht das nie«), die Angst vor Überforderung (»Wie soll ich das als Kind schaffen, das schafft ja nicht einmal ein Erwachsener?«) und die Angst davor, eine nicht kindgerechte Rolle übernehmen zu müssen (»Mama will, dass ich ihr helfe, nicht so traurig zu sein – aber was, wenn ich versage?«).

Reaktive Angst zieht Angriffs- oder Fluchtverhalten nach sich. Ein Kind, das Angst hat, wehrt sich auf aggressive Art und bedarf gleichsam eines psychischen »Dolmetschers«, der die gezeigte Aggression als Angst zu deuten vermag. Dasselbe gilt für Fluchtreaktionen wie Isolation, Rückzug und Abschottung von der Außenwelt. Angst führt auch zur Angewohnheit des Schwindelns und Lügens, also zum Wunsch, Unangenehmes ungeschehen zu machen bzw. die Wirklichkeit im eigenen Sinn verändern zu wollen. Ein isoliertes Kind »reist« bisweilen auch in erdachte Traumländer und -welten, was bei manchen den Eindruck erweckt, es sei »verrückt« oder ein notorischer Schwindler.

Trauer als Reaktion auf ein zerstrittenes und/oder geschiedenes Elternhaus entsteht oft aus einem Vergleich mit anderen Kindern, die in keiner so negativen Situation leben; die so genannte »Bilanzdepression« kann aber auch aus der Scheu kommen, sich Mutter oder Vater anzuvertrauen, aus Furcht, einen der beiden dabei zu verraten, also in einen Loyalitätskonflikt zu geraten, etwa weil es weiß, dass seine Mitteilung von dem ins Vertrauen gezogenen Elternteil sofort zum Anlass genommen wird, den anderen zu kritisieren oder schlecht zu machen. Sind die Eltern bereits geschieden, befürchtet das Kind zu Recht, dass daraus ein Vorwurf an den erziehenden Elternteil entstehen könnte. »Bilanzdepression« bedeutet aber auch, das eigene Los zu beweinen, traurig zu sein nach der Vorstellung: »Warum wurde gerade ich in diese Familie geboren?« oder: »Ich will nie heiraten und Kinder bekommen, damit sie nicht das gleiche Unglück erleben müssen!« *Aggression* ist der Versuch, innere Spannungen durch Ableitung nach außen zu lösen – ob in verbaler oder in tätlicher Form Objekten bzw. Personen gegenüber. Zu unterscheiden ist dabei, ob es sich um Imitationslernen handelt, also um Nachahmung des aggressiven Verhaltens von Eltern und Geschwistern, die ihre Konflikte auf diese Weise austragen, oder aber um einen Kontrollverlust der eigenen Impulse, eine Einbuße der Hemm-, Brems-, Kontroll- und Steuermechanismen, während die innere Spannung mehr und mehr einem Höhepunkt zustrebt.

Das emotionale Kindeswohl ist sowohl nach den Gesichtspunkten normaler wie auch bisweilen übertriebener Gefühlsentäußerungen und wiederkehrender Notrufe des Kindes zu beurteilen. Extremer und anhaltender *Rückzug* signalisiert: »Wenn ich mich verstecke und ruhig bleibe, wird das Gewitter an mir vorüberziehen.« Häufen sich solche Reaktionen, können sie ein Kind stark verändern, ja es mag schließlich den Eindruck eines »Sonderlings« erwecken. Oft genug ist dies erneut ein Grund für die Eltern, einander Versagen in der Erziehung vorzuwerfen. Veränderung des Charakters, Nägelbeißen, Einnässen und Einkoten, Lügen oder Stehlen sind Verhaltensauffälligkeiten, die signalisieren, dass sich das Kind nicht wohl fühlt und dies nicht mit den lebensalterstypischen Mitteln ausdrücken kann, sondern auf eine »Aktionssprache« ausweicht: Sie ist ein emotionaler Hilfeschrei und muss in die Beurteilung des emotionalen Kindeswohls einbezogen werden.

Wie folgenreich die mangelnde Unterscheidung in alterstypische und reaktive Ängste sein kann, zeigt das folgende Beispiel, in dem sich ein Mädchen ganz eindeutig in der Phase der sozialen *Einpassungsangst* befindet:

Die vierjährige Margot weint ganz bitterlich nach einem Besuchswochenende beim Vater am Sonntagabend vor der Übergabe an die sorgeberechtigte Mutter. Sie möchte sich um keinen Preis vom Vater trennen. Dieser meint, Margot habe es nicht gut bei der Mutter, und argumentiert bei Gericht, dass seine Tochter einen Obsorgeplatzwechsel ersehne. Zwei Wochen später findet eine ganz ähnliche Szene bei der noch sorgeberechtigten Mutter statt: Margot bittet vor dem Besuchswochenende beim Vater eindringlich, die Mutter nicht verlassen zu müssen, keineswegs mit der Argumentation, den Vater nicht zu mögen, sondern weil sie von der Mutter nicht fort will. 48 Stunden später zeigt sich erneut das umgekehrte Bild.

Viele Kinder zwischen dem dritten und fünften Lebensjahr zeigen beim Wechsel von Bezugspersonen massive Trennungsängste. Beide Verhaltensweisen von Margot sind also lebensalterstypisch »normal« und nicht unter dem Aspekt mangelhafter Erziehungsbedingungen zu sehen. Das Fallbeispiel zeigt demnach, wie sorgfältig mit kindlichen Verhaltensweisen bzw. Äußerungen umgegangen werden muss und wie leicht sie zur Durchsetzung von elterlichen Interessen missbraucht werden können – ob bewusst oder unbewusst.

Mit dem Eintritt in die Volksschule kommt es zu neuen emotionalen Bindungen: Das Kind liebt seine Lehrerin, vergleicht sie mit der Mutter, lernt ihr »zuliebe«. Eine neue Welt tut sich auf: Ein Kreis von Freundinnen und Freunden findet sich, »Liebeleien« entstehen, man ist mit einem Jungen oder Mädchen »zusammen«, achtet eifersüchtig darauf, wer mit wem »gut« ist. Das Kind macht so einen weiteren Schritt im Ablösungsprozess vom Elternhaus, in dessen Schutz es aber, wenn notwendig, zurückkehren kann. Diese neuen emotionalen Bindungskapazitäten werden sehr häufig von in Scheidung lebenden Eltern ausgenützt, indem sie ihr Kind drängen kundzutun, wen es »lieber« hat: Mutter oder Vater. Sie stürzen ihr Kind damit in einen Loyalitätskonflikt. Es bedeutet emotionalen Missbrauch, wenn man ein Kind dazu bewegt, in den heiklen Befragungen durch Pflegschaftsgerichte, Jugendämter oder Sachverständige eine Priorität seiner Zuneigung zu äußern. Dem Kind eine solche emotionale Festlegung zugunsten des einen oder anderen Elternteils abzuverlangen ist nicht nur bedenklich, es ist untersagt! Zumal ihm ja über den Gewissenskonflikt hinaus, in den es durch solch ein Verhalten gebracht wird, auch die Befähigung fehlt, die Tragweite einer derartigen Entscheidung abschätzen zu können.

Noch schwieriger wird die Beurteilung des emotionalen Kindeswohls mit dem Eintritt in die Pubertät. Ein labiler Gemütszustand mit wechselnden Stimmungen nahezu im Stundentakt lockert die Bindung an die Eltern. Ähnlich wie die Zuneigung zu Freunden und Freundinnen von Tag zu Tag schwankt, ist auch jene zu den Eltern wechselhaft und »hormonabhängig«. Heute ganz überschwängliche Liebe, morgen voller Hass – und das scheinbar ohne ersichtlichen Grund: Eine solche Gemütslage hat zur Folge, dass Befragungen in dieser Woche schon in der nächsten keine Gültigkeit mehr besitzen, weshalb seriöse Begutachtungen in diesem Alter den Querschnitt aus Mehrfachbefragungen als Grundlage für Entscheidungen bieten sollten. Mit dem Wiederaufleben der bereits früher dargestellten ödipalen Empfindungen gewinnt in der Pubertät der gegengeschlechtliche Elternteil bisweilen erneut an Dominanz, woraus sich ebenfalls verfälschte Beurteilungen ergeben können. Es ist fragwürdig, während einer Entwicklungsperiode, die unter Umständen bloß wenige Monate dauert, eine so endgültige Entscheidung wie jene zu treffen, ob der Heranwachsende in Hinkunft mit dem einen oder anderen Elternteil leben soll. Schon mit dem Eintritt in die Adoleszenz – so bekennen Befragte Jahre später – wäre die Entscheidung unterschiedlich ausgefallen und hätte »alles ganz anders kommen können«.

Das soziale Kindeswohl

Der emotionale Aspekt des Kindeswohls ist vom sozialen oft nur schwer zu trennen. Deshalb ist für die Beurteilung des Letzteren grundsätzlich eine umfassende Familienanamnese notwendig. Diese muss die Paarbeziehung der Eltern mit berücksichtigen ebenso wie oft auch deren Ursprungsfamilien, da sich viele Kriterien des jeweiligen Erziehungsstils aus der sozialen Herkunft ableiten. Für die Beurteilung des sozialen Kindeswohls ist es auch wichtig, zu erheben, ob das Kind ursprünglich geplant, ersehnt, abgelehnt oder geduldet war, ob die Familie aufgrund ihrer sozioökonomischen Lage den Zuwachs verkraftet hat und welche Geschwisterposition das Kind einnimmt. Von Bedeutung ist auch die Geschlechtszugehörigkeit, ob die Eltern enttäuscht waren, dass »nur« ein Mädchen bzw. schon wieder ein Junge kam, sowie all die sozialen Erwartungen, die von den Eltern und der Gesamtfamilie an das Kind gerichtet werden.

Wichtig für die Sozialisation des Kindes ist die Pflegesituation am Beginn seines Lebens: Konnte die Mutter den Zeitraum des Mutterschutzes ausschöpfen? Erlaubten es ihre ökonomischen Bedingungen, die Karenzzeit zur Gänze – eventuell in Aufteilung mit dem Kindesvater – zu konsumieren? Fanden sich Familienangehörige bereit, in den ersten Lebensjahren Kindesaufsichtsfunktionen zu übernehmen? Konnten Außenstehende mit eingebunden werden? War das Kind bei einer Tagesmutter, in einer Kinderkrippe? All diese sozialen Faktoren können in Gerichtsverfahren ins Treffen geführt werden, sobald es zu elterlichen Konflikten kommt, und je nach Streitbereitschaft der Parteien werden sie zu Argumenten für oder gegen die Befähigung des anderen, das Kindeswohl ausreichend zu sichern. Den finanziellen Fragen kommt in Bezug auf das soziale Kindeswohl besonderes Gewicht zu. Sie spielen bei allen wichtigen Entscheidungen mit: ob überhaupt bzw. welcher Kindergarten gewählt werden soll, ob bzw. welcher Zeitaufwand für die Erziehung zur Verfügung steht oder welcher Schultyp vom dominanteren Elternteil bevorzugt wird.

Das soziale Kindeswohl gerät in Scheidungskonflikten ständig zum Zankapfel. »*Mein* Kind soll es einmal besser haben« ist ein Argument, mit dem die Ehepartner einander abwerten – oft mit Verweis auf die eigene Geschichte: Da wird die Erinnerung an die eigene »Mutter am Herd« verklärt, während die/der andere das Recht auf beruflichen Erfolg verteidigt und dafür ebenfalls die eigene Mutter ins Treffen führt, die berufstätig gewesen sei, ohne die familiären Pflichten zu vernachlässigen. Da führt ein Vater seine schwere Jugend als positive Motivation für seine erfolgreiche Karriere an, während ein anderer gerade die optimalen finanziellen Bedingungen hervorhebt, unter denen er aufgewachsen ist und derentwegen er auch für sein Kind ein Leben in Wohlstand wünscht.

Eltern hinterfragen in Verfahren ungern ihre Erziehungsstile, vertreten aber dafür ihre Vorstellungen in Bezug darauf, was sie unter sozialem Kindeswohl verstehen, mit umso größerem Engagement. Mit ebensolcher Vehemenz unterstellen sie einander, dass der jeweils andere das gemeinsame Kind durch seinen Erziehungsstil schädige. Dem ist grundsätzlich entgegenzuhalten, dass die wenigsten Mütter und Väter beabsichtigen, ihren Kindern vorsätzlich zu schaden, wenn man von offenkundigen Misshandlungs- und Missbrauchsfällen absieht. Sie bringen ihm vielmehr in der Regel Zuneigung entgegen. Erst durch die gehässigen, unversöhnlichen Rechtsstreitigkeiten wird wirklich Schaden angerichtet: Im »Rosenkrieg« geht es gerade *nicht* um das Wohl des Kindes und die echte Sorge um förderliche Erziehung, auch wenn so getan wird, vielmehr ist das »Kindeswohl« in Wahrheit die Währung und zugleich der Preis, womit Eltern ihre persönlichen Siege zu begleichen bereit sind.

Die »optimale« Erziehung gibt es ohnehin nicht, auch kein Rezeptbuch der perfekten Pädagogik. Erziehung ist ein Prozess, der sich den idealen Zielen nur annähern kann. Wer versucht, seinem Kind die jeweils bestmöglichen Ausbildungs-, Lebens- und Gestaltungschancen zu bieten, stellt wohl die besten Weichen für eine positive Entwicklung. Richtig verstandenes Kindeswohl misst sich nicht an Kriterien wie Schultypus oder Zensuren, Anzahl der Party-Einladungen oder Vereinszugehörigkeiten, an Modemarken und High-Tech-Ausstattung, sondern einzig an der Achse von emotionalem und sozialem Wohl, welche die zwei wesentlichen Faktoren in der Erziehung berücksichtigt: den *aktiven Förderungsanteil*, der einen reifen, selbständigen Menschen zum Ziel hat, der sich selbst und anderen gegenüber Verantwortung empfindet, Glücks- und Liebesfähigkeit zeigt und Toleranz entwickeln kann, sowie den *passiven Förderungsanteil*, der bewirkt, dass ein Kind bereit ist, eben jene Erziehungsangebote anzunehmen, zu verinnerlichen, zu nützen und individuell zu gestalten.

Erfolgreiche Sozialisation ist durch das Erlernen von moralischer Urteilsfähigkeit und der Befähigung zu sozialer Antizipationsleistung gekennzeichnet. Voraussetzung dafür ist, dass das Kind ein stabiles soziales Gefüge vorfindet, das vom Prinzip des vertrauensvollen Dialogs und der Bereitschaft, eigenes Fehlverhalten einzubekennen, geprägt ist. *Moralische Urteilsfähigkeit* gewinnt das Kind in einem durchgängigen Erziehungsprozess, der Imitationslernen, Versuch-Irrtum-Lernen und das Aussetzen des Kindes in kalkulierbare Gefahren umfasst. Das *Imitationslernen* erfordert eine besondere Behutsamkeit der Eltern, da vorbildhaftes Verhalten ein hohes Maß an Selbstkontrolle von den Eltern verlangt. *Versuch-Irrtum-Lernen* wiederum setzt Erziehungstoleranz voraus, die es dem Kind ermöglicht, Grenzen auszuloten, ja sie zu überschreiten, gefolgt von der Erfahrung, dass die Grenzüberschreitung geahndet wird und Fehlverhalten nicht lohnt. Ein Kind ist *kalkulierbaren Gefahren* auszusetzen, damit es lernt, soziale Risiken abzuwägen und auszuloten. Für Eltern ist es notwendig, auch immer wieder die *Peergroup*, also den gleichaltrigen Umgang, kennen zu lernen, um Gefahren für das soziale Kindeswohl frühzeitig auszumachen.

Soziale Antizipationsleistung bedeutet, sinn- und planvoll voraus denken zu können, um Tragweiten und Folgen von Gesprächen und Handlungen abschätzen zu können. Nur wer diese Fähigkeit in seinem Elternhaus erlernt hat, wird das nötige Maß an Verantwortungs- und Toleranzfähigkeit als wichtiges Kriterium der Reifebildung erreichen können.

Aufgabe im Pflegschaftsverfahren wird also unter anderem zu überprüfen sein, ob die Entwicklung dieser wichtigen sozialen Fertigkeiten in der jeweiligen Erziehungssituation gewährleistet ist bzw. ob es gerechtfertigt ist, zuzustimmen, dass das Kind in einem Milieu aufwächst, in dem diese hohen Vorgaben möglicherweise nicht erreicht werden können. Für Beurteilende sind im Hinblick auf das soziale Kindeswohl *keine* anderen Kriterien von Bedeutung. Nur die Frage danach zählt, welcher Lebensstil, welche Lebensplanung, welche Chancen für das Kind am besten sind. Jegliche persönliche Präferenzen der Beurteilenden, deren Einflussfaktoren im folgenden Exkurs dargelegt werden, sind bei der Prüfung des sozialen Kindeswohls unbedingt zurückzustellen.

Exkurs: Der subjektive Einfluss in der Beurteilung des Kindeswohls

In welcher Weise das Kindeswohl in seinen einzelnen Aspekten eingeschätzt wird, hängt in letzter Instanz stark vom Beurteiler selbst ab. Wer aber beurteilt die Beurtelenden? RichterInnen, SozialarbeiterInnen und GutachterInnen bringen in jeden Fall, mit dem sie befasst sind, ihre eigene bewusste und unbewusste Geschichte ein. Dieser individuelle Faktor beeinflusst ihre Arbeit und wirkt sich folgenreich auf die Entscheidungen aus, die in diesen Bereichen täglich getroffen werden müssen. Im Zusammenhang mit der Bedeutung unbewusster und unkontrollierter persönlicher Faktoren und ihrer möglichen Folgen sei auf ein vom Autor entwickeltes Strukturmodell für psychosoziale Berufe* hingewiesen. Es zeigt, wie dringend notwendig kritische Selbstreflexion im Hinblick auf die Subjektivität von Beurteilungskriterien ist.

Jeder Mensch wächst in einer Beziehungsstruktur »erster Ordnung« auf, sei es die Herkunftsfamilie, ein allein erziehender Elternteil, Adoptiv- oder Pflegeeltern, eine Stieffamilie oder Heimgruppe. In dieser ersten Beziehungsstruktur werden psychische Muster geprägt, die unverwechselbar und einmalig einen Menschen auszeichnen: Muttersprache, familiäre Gewohnheiten, Nähe- und Distanzgewohnheiten, Feste, Feiern und soziale Rituale. Ab dem Kindergartenalter tritt nun eine Beziehungsstruktur »zweiter Ordnung« hinzu, die den jungen Menschen über seinen gesamten Bildungsweg begleitet. Schule, Berufsausbildung, Studium, kommunale und private Bindungen an Gruppen, Vereine und andere Gemeinschaften sozialisieren uns in kollektiv-individueller Art und gestalten im Lauf der Zeit die Beziehungsstrukturen erster und zweiter Ordnung zu einem unverwechselbaren Persönlichkeitsprofil.

Mit dem Eintritt in das juridische oder psychosoziale Berufsleben kommt es nun zur Konfrontation: Jede zu treffende Entscheidung über einen anderen Menschen, der ja ebenfalls ein unverwechselbares Muster aufweist, wird von der eigenen Persönlichkeitsstruktur überlagert. Man wird mit Fällen konfrontiert, die jegliches Vorstellungsvermögen aufgrund der eigenen Sozialisation übersteigen, die persönliche Verunsicherung oder Gefühle von Zorn, Neid, Bewunderung hervorrufen und damit eine objektive Beurteilung des Falles erschweren. Wie subjektiv verschieden ein und dieselbe Situation aufgrund biografischer Einflüsse der beurteilenden Person betrachtet werden kann und welch weit reichende Folgen dies für andere haben kann, illustriert das folgende Beispiel:

---

* Vgl. Max H. Friedrich: *Kinder ins Leben begleiten. Vorbeugen statt Therapie.* Wien 2003, S. 77 ff.

Ein wohlhabendes Ehepaar hat alles versucht, ein Kind zu bekommen. Als sämtliche Bemühungen scheitern, sucht es um Adoption an. Die rechtlichen Bedingungen stimmen und eine junge Sozialarbeiterin wird beauftragt, den Lebensraum und das Ambiente des adoptionswerbenden Ehepaars zu prüfen. Sie entstammt einfachen, ja ärmlichen Verhältnissen und hat sich in Ausbildung und bisheriger Tätigkeit sehr verdient gemacht. Nun kommt sie in einen Wohnverband, der den Wohlstand des künftigen Adoptivelternpaars zeigt; dieses verbirgt auch nicht die Absicht, dem künftigen Adoptivkind den luxuriösen Lebensstil zu bieten, der seiner sozialen Schicht entspricht – dies alles ohne zu protzen, vielmehr in bester Absicht, dem Kind ein besonderes, liebevoll behütetes Heim zu gewähren. Die Sozialarbeiterin ist beeindruckt und schreibt einen sehr wohlmeinenden Bericht, zweifellos mit dem Hinweis auf den sozialen Rahmen, den die künftige Familie zu bieten imstande ist. Dieser Bericht gelangt an eine Vorgesetzte, deren Herkunft mit jener der jungen Sozialarbeiterin vergleichbar ist. Ihre politische wie soziale Einstellung lässt sie jedoch aufgrund der eigenen Geschichte die Lage ganz anders interpretieren: sie sieht nichts Positives an der Beschreibung und lehnt das sich bewerbende Ehepaar mit der Begründung ab, ein Kind hätte hier nur »Luxusverwahrlosung« zu erwarten.

Auch PflegschaftsrichterInnen sind oft stark von ihrer eigenen Geschichte beeinflusst und daher nicht immer zu jener Objektivität imstande, die man von ihnen in so hohem Maß erhofft. Dazu werden sie im Gerichtssaal permanent mit Familienproblemen in immer neuen Konstellationen und Schwierigkeiten konfrontiert. So muss die Kompetenz eines Besuchselternteils, der mit den Kindern exklusive Shopping-Touren in London oder Paris als Gestaltung der Besuchszeit unternimmt, ebenso eingeschätzt und beurteilt werden wie ein Besuchswochenende beim alkoholkranken Vater, der weder eine Krankheitseinsicht zeigt noch der Auflage, seine Suchtkrankheit behandeln zu lassen, zustimmt, sich aber bei seinen Besuchsrechtsausübungen offensichtlich nie etwas zu Schulden hat kommen lassen. Um in all diesen Fällen sachliche statt subjektiv bestimmte Entscheidungen treffen und diese gegebenenfalls auch verteidigen zu können, müssen die PflegschaftsrichterInnen in all den differenzierten Entscheidungsbereichen über hinreichende Qualifikationen verfügen. Die dafür notwendigen umfangreichen und tief greifenden Ausbildungen müssen jedoch erst noch angeboten oder, wo Ansätze dazu bestehen, in ausreichendem Maß angenommen werden. Eindeutig bereitet sie ihre Ausbildung nicht genügend auf alle Problemfelder des Berufs vor. Bereiche wie Entwicklungspsychologie, Familiendynamik, Partnerschaftskonflikttraining, Mediation, Tiefenpsychologie, Krisenintervention und Familientherapie fehlen im Lehrplan. Auch wenn die richterliche Letztentscheidung eine juridische ist, wie es dem Studium des Richters entspricht, und die Begutachtung des Sachverständigen in allgemein verständlichen Worten erfolgt, so sollte angesichts der komplexen Anforderungen eine hochspezifische Aus- und Fortbildung – darunter Gesprächsführung, Selbsterfahrung und Entschlussfähigkeit – Teil der Grundausbildung dieses Berufs sein; zudem sollten die RichterInnen dazu befähigt werden, selbstbewusste, mutige und standfeste Entscheidungen zu fällen, etwa klar festzulegen, bei wem das Kind – auch bei gemeinsamer Obsorge der Eltern – künftig seinen Hauptwohnplatz haben soll. Eindeutige Beschlüsse statt unsicherer, zögerlicher Haltung sind im Interesse des Kindes gefragt, auch in Bezug auf die sozioökonomischen Bedingungen (z. B. die Eltern möchten die Unterbringung in einem Internat: wer genau wird in welcher Höhe dafür bezahlen?), und in der Einschätzung des Beziehungsumfelds über Mutter und Vater hinaus (erweiterte Familie, Schule, Vereine und – in toleranter Beurteilung – konfessionelle Zugehörigkeiten). Richtlinie für Entscheidungen des Gerichts möge sein, dass die lebensalterstypischen, kulturspezifischen und alltäglichen Aspekte des kindlichen Lebens hinreichend abgesichert werden müssen.

Wer das Recht hat, über das Leben anderer zu entscheiden, trägt besondere Verantwortung. Störende Einflüsse aufgrund unbearbeiteter Konflikte, subjektiver Voreingenommenheit oder Vorurteile der EntscheidungsträgerInnen – die ebenso zu Fehlinterpretation wie zum Übersehen berechtigter Einwände führen können – müssen daher so weit wie möglich verringert werden. Eine der Voraussetzungen dafür ist eine gewissenhafte und gute Ausbildung; eine andere besteht in regelmäßiger Supervision der EntscheidungsträgerInnen in Ämtern wie in Vereinen. Erst dann wird die Chance steigen, dass alle bei Gericht und in der Sozialarbeit Tätigen selbst in komplizierten Fällen in der Lage sind, sich in Menschen anderer sozialer Schichten, deren Gewohnheiten und Biografien einzudenken und einfühlen zu können. Ihr Verständnis soll diesen anderen auf ihre Art gerecht werden und auf dieser Basis zugleich eine sachliche Beurteilung und objektive Entscheidung ermöglichen.

KINDER HABEN RECHTE

Das Kind hat ein Recht auf Befriedigung seiner Bedürfnisse

Die Sicherung des »Kindeswohls« garantiert auch im Fall einer Scheidung das Recht des Kindes auf Befriedigung seiner existentiellen Bedürfnisse. Dieser Grundsatz ist allgemein anerkannt, hat aber – wie dargelegt – bis heute noch kaum Eingang in Gesetzesinterpretationen gefunden, weshalb den juridisch möglichen Auslegungen keine Grenzen gesetzt sind. Je allgemeiner das Kindeswohl im Gesetz bestimmt bleibt, umso mehr Varianten können gesucht werden – nicht immer zum Besten des Kindes. Da gibt es Interpretationen der Scheidungsanwälte, Sichtweisen der Sachverständigen, Auffassungen des Jugendamts und schließlich die Beurteilung des Richters, die aus der Bewertung der einzelnen Vorbringen resultiert. Dazu kommen trickreiche Eingaben der Anwälte und mögliche Verfahrensfehler, die ebenfalls dazu führen, dass unter Ausnützung formal-juridischer Kriterien weniger dem Kindeswohl als vielmehr dem Rechtsakt Rechnung getragen wird. Allen Versuchen aber, die Entscheidung über das Kindeswohl hinauszuschieben, ist entgegenzuwirken – seien sie nach den Buchstaben des Gesetzes noch so korrekt. Das Kind ist keine »Sache«. Darum auch wurde im vorangegangenen Kapitel dem Begriff des Kindeswohls und seiner Bestimmung ein so breiter Raum gewidmet. Notwendig ist die Setzung einer *Leitlinie*, an der sich insbesondere die Pflegschaftsgerichte zu orientieren hätten. Und ein eigener Anwalt der Kinder, der die nötige Kompetenz besitzt, die Wünsche, Bedürfnisse und Interessen der Kinder aus *deren* Sicht zu vertreten. Das Feld sollte nicht wie bisher allein den AnwältInnen der Eltern und ihren Interpretationen überlassen werden. Letztere argumentieren zwar im Namen des »Kindeswohls«, doch wahren sie naturgemäß in erster Linie die Interessen ihrer erwachsenen MandantInnen, ob nun in ökonomischer, emotionaler oder sozialer Hinsicht, und fördern damit – willentlich oder nicht –, dass die Kinder im Scheidungskrieg auf der Strecke bleiben. Denn in den elterlichen Schlachten um die Beute *Kind* geht oft unter, dass es gerade beim Sorgerechtsstreit nicht um Elterninteressen, sondern um die elementarsten Bedürfnisse der Kinder geht: Sicherheit, Geborgenheit, Zuständigkeit. Wo werde ich wohnen? Wer wird mich lieben? Wer wird in Hinkunft die Verantwortung für mein Leben, für die Schule, die Freizeit übernehmen? Wird der bisherige bedrohliche Zustand ein Ende finden? *Das* sind die zentralen Fragen, die im Gerichtssaal Antwort finden müssten. Kinder haben ein Recht auf bedürfnisorientierte Lösungen. Es ist an der Zeit, sie bei der Durchsetzung ihrer Interessen zu unterstützen. Geeignete Maßnahmen müssen gesetzt werden, um aus Opfern endlich Akteure zu machen.

Das Recht des Kindes auf Meinungsäußerung

Das Anhörungsrecht

Das Kind ist vor gerichtlichen Verfügungen über seine Pflege und Erziehung sowie vor allen Entscheidungen über die gesamte Obsorge *tunlichst zu hören*, um so seine Perspektive besser berücksichtigen zu können. Ziel der Befragung ist es, den Informationsstand der Richterin/des Richters zu verbessern und seine Entscheidungsgrundlage zu verbreitern. Dabei gilt es, mögliche Präferenzen für einen Elternteil behutsam und unter Berücksichtigung der Altersstufe herauszufiltern. Die Befragung wird darum sinnvollerweise *nicht* im Beisein der Eltern stattfinden.
Die Anhörung wird von Streitparteien, die um die günstige Meinung der Richterin/des Richters kämpfen, häufig ausgenützt: »Du musst dem Richter nur sagen, dass du lieber bei mir bleiben willst« – mit Sätzen wie diesen versuchen Eltern, ihre prozessuale Situation durch Beeinflussung des Kindes vor seiner Befragung zu verbessern, unbeschadet dessen, dass sie damit das Kind in quälende Loyalitätskonflikte stürzen. Da es auf Mutter oder Vater angewiesen ist, wagt das Kind nicht, sich gegen diese Beeinflussungsversuche zu wehren, bei Gericht frei seine Meinung zu äußern oder gar eigene Wünsche zu äußern. Oft verschafft erst die Beiziehung einer/eines Sachverständigen dem Kind durch seine individuelle Befragung in der Regel Gehör. Wichtig dabei ist, dass

sich das Kind darauf verlassen kann, ob die Personen, die mit ihm Gespräche führen, auch im weiteren Verfahren, wenn nötig, »Geleitschutz« geben. Um ihre Rechte in Anspruch zu nehmen, brauchen Kinder in Gerichtsverfahren – gleichgültig, ob es sich um Pflegschaftsprozesse oder um Strafrechtsprozesse handelt – eine zertifizierte *Prozessbegleitung* und, zumindest in schwierigen Fällen, eine Rechtsvertretung: juristische und psychosoziale Fachkräfte, die dem Kind bei Gericht zur Seite stehen, seine Interessen vertreten und den Eltern vermitteln. Gerade vor dem Pflegschaftsgericht, wo sich alles, wie es heißt, um das gesetzlich geforderte »Kindeswohl« dreht, bleibt das Kind sonst – trotz verbriefter Rechte – bloß Verhandlungs*objekt*, ein »Gegenstand«, der benützt und über den verhandelt wird.

Dürfen Kinder entscheiden?

Das *Anhörungsrecht* ist grundsätzlich ab dem 14. Lebensjahr rechtlich bindend. Kinder über zehn Jahre sind, soweit dies angesichts ihrer Befindlichkeit möglich ist, durch ein persönliches Gespräch mit der Richterin/dem Richter in das Verfahren einzubinden; ihren Wünschen wird Gehör geschenkt, wobei ihre geistige, emotionale und soziale Reife und die gesamte familiäre Lebenssituation zu berücksichtigen sind. Eine Anhörung von Kindern unter zehn Jahren ist in der Regel von der Entscheidung der Richterin/des Richters abhängig; sie erfolgt meist beim Amt für Jugend und Familie.

Den Wünschen des Kindes kommt mit zunehmendem Alter wachsende Bedeutung zu. Das bedeutet aber nicht, dass ihnen ohne weiteres nachgegeben wird, da entwicklungspsychologische Faktoren bei der Meinungsäußerung in Betracht gezogen werden müssen. So ist bei Kindern in der Vorpubertät und mehr noch in der Pubertät zu beachten, dass es im Alltag immer wieder zu Reibereien und Auseinandersetzungen durch Grenzziehungen der Eltern kommt, was sich auf die Meinungsäußerungen eines Kindes in diesem Alter auswirken kann; seine Wünsche sind also in dieser Hinsicht einer sorgfältigen Wertung zu unterziehen.

Die Kinder sollten auf die Anhörung gut vorbereitet, aber nicht »präpariert« werden. Sie sollten wissen, dass sie bei dem Anlass offen ihre Gedanken und Wünsche mitteilen dürfen, dies jedoch auf keinen Fall eine Wahl für den einen oder anderen Elternteil bedeutet. Kinder unter 14 dürfen über die Sorge- und Besuchsrechtsregelungen *nicht* entscheiden, schon gar nicht ersatzweise für Eltern, die sich im Streit über ihre Zuständigkeiten nicht einigen können und gern mit dem Ruf »Dann sollen eben die Kinder entscheiden!« aus der Affäre ziehen würden. Diese Verantwortung darf Kindern nicht aufgebürdet werden. Es ist nicht ihre Aufgabe, Probleme zu lösen, von denen offenbar selbst die Eltern überfordert sind. Für Kinder und Jugendliche ist es eine Entlastung, wenn die Erwachsenen zwar ihre Entscheidung mit ihnen besprechen, aber nicht die Verantwortung an sie delegieren. Der günstigste Fall für sie tritt ein, wenn sich die Eltern gemeinsam auf eine Lösung einigen können: Die Kinder geraten dann nicht in einen Loyalitätskonflikt, müssen nicht zwischen den Eltern stehen – gefühlsmäßig hin- und her gerissen. Sie können Kinder bleiben, weil sie Mutter und Vater als verantwortliche Eltern erleben.

Sorgerecht und Kindeswohl

Sorgerechtszuteilung an einen Elternteil

Unter »Sorgerecht« (auch: Obsorge, Sorge) versteht man die Gesamtheit der familienrechtlichen Rechte und Aufgaben der Eltern eines minderjährigen Kindes, die neben der Verpflichtung zur Leistung seines Unterhalts ausgeübt werden müssen. Es umfasst Pflege und Erziehung, Verwaltung des Vermögens und gesetzliche Vertretung.

Die Zuteilung des Sorgerechts obliegt – sofern es sich nicht um eine einvernehmliche Scheidung oder um Antrag auf gemeinsames Sorgerecht handelt – dem Pflegschaftsgericht: Es hat die Umstände jedes der beiden Elternteile sorgfältig abzuwägen und danach zu entscheiden, ob das Wohl des Kindes besser bei der Mutter oder beim Vater gewahrt ist. Das Gericht wird also prüfen, wie die Lebensverhältnisse (etwa in räumlicher Hinsicht) beim obsorgefordernden Elternteil aussehen, in welchem Ausmaß er bisher an der Betreuung des Kindes mitgewirkt hat, ob ihm eine Versorgung des Kindes etwa aus beruflichen Gründen uneingeschränkt möglich ist, inwiefern er über die Bereitschaft und Fähigkeit verfügt, Verantwortung für das Kind zu übernehmen, und wie stark seine emotionale Bindung zum Kind wirklich ist; Kriterien sind auch die Lebensführung und die Qualitätssicherung, dass das Kind nach gesellschaftsspezifischen, kulturellen und lebensalterstypischen Kriterien optimal aufwachsen kann.

Neben dem materiellen Interesse des Kindes an einer möglichst guten Unterbringung und Betreuung kommt also seinem Bedürfnis nach einer günstigen ganzheitlichen Entwicklung in einem verlässlichen Umfeld große Bedeutung zu. Eine der wichtigsten Bedingungen für eine positive kindliche Entfaltung vor allem in der Nachscheidungssituation ist, ob und inwieweit Eltern imstande und gewillt sind, ihre eigenen Konflikte im Interesse des Kindes zurückzustellen und dem Kind weiterhin eine enge Beziehung zu beiden Eltern zu ermöglichen. Dies sind wichtige Indikatoren des Kindeswohls, nach denen die Eignung des betreffenden Elternteils für die Ausübung der Obsorge, seine Erziehungstauglichkeit und seine emotionalen Bindungen zum Kind beurteilt werden.

Das gemeinsame Sorgerecht

Konnte früher nach der Scheidung nur *einem* Elternteil das Sorgerecht für die Kinder zukommen, so können heute *beide* Eltern die gemeinsame Obsorge auch nach der Scheidung aufrechterhalten, müssen sich aber darüber einigen, bei welchem Elternteil das Kind seinen Lebensmittelpunkt finden soll. Können sie darüber keine Einigung erzielen oder gibt es sonstige Probleme, entscheidet das Gericht.

Die Debatte um getrenntes oder gemeinsames Sorgerecht bewegte jahrelang die Öffentlichkeit und vor allem die Betroffenen. Mehrere Varianten standen zur Diskussion, deren jede auf Achtung und Anerkennung des zweiten Elternteils sowie auf den Bemühungen um das Wohl des Kindes beruhte – Voraussetzungen, die ein im Streit lebendes Elternpaar freilich vermissen lässt. Umgekehrt werden alle, die um die Interessen der Kinder bemüht sind, diese mit oder ohne gesetzliche Regelung gemeinsam wahrnehmen.

Rein rechtlich basiert das gemeinsame Sorgerecht auf der Vision, den »externen« Elternteil an die wichtige Elternrolle zu binden:

Beide Elternteile sollen uneingeschränkt Zugang zum Kind, zu seiner Erziehung und zur Erhaltung seines Wohls haben. Um das in diesem Konzept enthaltene Konfliktpotenzial zu mindern, bestimmte man klar die Verantwortung des einen Elternteils durch die Wohnsituation (dem »Heim erster Ordnung«), während der andere Elternteil Informationspflicht und Informationsrecht über alle das Kind betreffenden Bereiche zugesichert erhielt. Dies wäre freilich auch durch eine Verordnung zu erreichen gewesen, da ein solches Vorhaben ohnehin nur durchführbar ist, wenn Mutter und Vater bereit sind, miteinander zum Wohl des Kindes zu kommunizieren.

In Deutschland, Österreich und der Schweiz ist die gemeinsame Obsorge inzwischen zu einem Recht erwachsen; das damit verbundene »Heim erster Ordnung« soll dabei dem Kind Wohn- und Lebensidentität garantieren. Bei wem das Kind seinen Lebensmittelpunkt haben soll, muss durch Einigung festgelegt werden. Der andere Elternteil erhält ein Besuchsrecht mit erhöhtem Mitspracherecht bei der Erziehung, dessen optimale Lösungen auch weiterhin nur dann gelingen, wenn beide Eltern zur Verständigung bereit sind oder im Streitfall eine Mediation annehmen.

Wenn geschiedene Eltern gleichermaßen für ihre Kinder verantwortlich sind, hat das positive Auswirkungen, es kann aber nicht alle Konflikte verhindern. Im Gegenteil, die steigende Zahl der Sachverständigengutachten bei Gericht deutet darauf hin, dass die Kämpfe um die elterlichen Rechte sogar zunehmen: Wo beide Elternteile für die Erziehung und für Entscheidungen, die das Kind betreffen, zuständig sind, besteht neben allen Vorteilen auch die Gefahr, dass die Anzahl der Streitthemen steigt und sich daher die bestehenden Partnerkonflikte auf Kosten der Kinder verschärfen. Das Ansteigen der Pflegschaftsgutachten könnte als Hinweis darauf gewertet werden, dass die Lösung der stetig zahlreicher werdenden strittigen Fragen die Pflegschaftsgerichte vor große Probleme stellt.

Was ist ein »Heim erster Ordnung«?

Die Zuteilung des Sorgerechts – gleichgültig ob an einen oder beide Elternteile – ist für jedes Kind mit der Festlegung seines hauptsächlichen Aufenthaltsorts, einem »Heim erster Ordnung«, verbunden. Jeder Mensch sollte ein Zuhause haben, das für ihn selbstverständlich ist, das eine Identität des »Hierhergehörens« vermittelt und den geordneten Ablauf des Alltags ermöglicht. Das »Heim erster Ordnung« ist also keineswegs als bloße »Schlafstatt« definiert, sondern als Ort, der die Einhaltung der grundsätzlichen Regeln, wie sie im Sorgerecht für das Kindeswohl in allen seinen Aspekten festgelegt sind, durch eine verantwortliche Person garantiert: Hier sollte auf die körperliche Gesundheit geachtet, Schulaufgaben gemacht, Spiel und Kreativität gefördert und die seelische wie soziale Entwicklung sichergestellt werden.

Am besten ist es, wenn das Kind nicht die Wohnstatt wechseln muss; auf diese Weise bleibt ihm das vertraute Umfeld – Kindergarten, Schule, Park, die Nachbarskinder – erhalten. Kontinuität ist wichtig, gerade in Zeiten einschneidender Veränderungen. Deshalb zählt der Erhalt wichtiger Beziehungen besonders viel. Geschwister sollten – besonders wenn sie noch im Kindesalter sind – demnach nicht ohne zwingenden Grund getrennt werden, sondern zusammen im »Heim erster Ordnung« leben, zumal sie einander in der Regel großen Halt geben. Ebenso muss der Elternteil, der für das Zuhause der Kinder zuständig ist, Raum schaffen, dass der außerhalb lebende Elternteil ebenfalls weiterhin verantwortlich am Leben seiner Kinder teilnehmen kann.

Die Bedeutung des Besuchsrechts für das Kind

Ein regelmäßiges Besuchs- oder Umgangsrecht stellt die Aufrechterhaltung einer engen Bindung zwischen dem Kind und dem außerhalb lebenden Elternteil sicher und verhindert bei einer verantwortungsvollen Gestaltung eine Entfremdung zwischen beiden. Zugleich birgt es aber eine Menge Konfliktpotenzial: Gerade rund um den Besuchstermin toben die Machtkämpfe der Eltern, die ihre Trennungskonflikte nicht bewältigen können und unfähig sind, im Interesse des Kindes einen Konsens herzustellen.

Das Besuchsrecht wird durch die Entscheidung des Pflegschaftsgerichts geregelt, im extremen Streitfall unter Beiziehung von Sachverständigen. Damit soll dem Kind die Kontaktmöglichkeit zu jenem Elternteil garantiert werden, mit dem es nicht im gemeinsamen Heim wohnt: Es ist sein unverbrüchliches Recht, die

Beziehung zum außerhalb wohnenden Vater (oder zur Mutter) aufrechterhalten zu dürfen, sofern nicht Gründe wie Nerven-, Geistes- oder Gemütskrankheit, Alkohol- oder Drogenabhängigkeit, Kriminalität oder grob liederlicher Lebenswandel der/des Besuchsberechtigten dagegen sprechen. Umgekehrt ist der nicht betreuende Elternteil zur Kontaktpflege und zu den vereinbarten Besuchen verpflichtet, sofern es das Wohl des Kindes erfordert. Es gilt allerdings als unrealistisch, die Durchsetzung des Besuchsrechts gegen den erklärten Willen des »externen« Elternteils zu erzwingen. Umgekehrt kann aber ein Kind mit Gerichtsbeschluss sehr wohl dazu angehalten werden, einen möglichst regelmäßigen Kontakt zu diesem zu pflegen. Zahlreiche Gerichtsentscheidungen stellen fest, dass die Irritation eines Kindes durch Besuchskontakte in Kauf zu nehmen ist, soweit das übliche Ausmaß dadurch nicht überschritten wird. Erst Kinder über 14 Jahren dürfen nicht zur Duldung eines Besuchsrechts gegen ihren klar und deutlich zum Ausdruck gebrachten Willen gezwungen werden.

Jeglicher Versuch des betreuenden Elternteils, den anderen bei der Ausübung dieses Rechts und dieser Verpflichtung zu behindern, ist zu ahnden. Verstehen sich Eltern nicht und versucht der Elternteil, dem das »Heim erster Ordnung« übertragen wurde, das Besuchsrecht des anderen zu unterwandern, so ist – unter Zuhilfenahme von Rechtsmitteln – alles daranzusetzen, dass das Kind dennoch in den Genuss gemeinsamer Treffen mit dem besuchsberechtigten Elternteil kommt. Bei fortgesetzten Versuchen, dies zu unterbinden, ist es Aufgabe des Pflegschaftsgerichts sowie – falls beigezogen – der/des Sachverständigen, die angegebenen Begründungen dafür zu überprüfen. Häufig angeführte Argumente für einen gezielten Beziehungsboykott sind Alkoholabhängigkeit des anderen, finanzielle Unregelmäßigkeiten, frühere Misshandlungen oder sexueller Missbrauch. Solche Vorwürfe sind streng auf ihre Richtigkeit zu prüfen; nicht selten handelt es sich um Unterstellungen, die den anderen Elternteil aus Gründen, die mit dem Kind überhaupt nichts zu tun haben, fernhalten sollen.

Reagiert ein Kind trotz aller Bemühungen panisch auf die Vorstellung, mit dem anderen Elternteil zusammenzutreffen, hat sich das Pflegschaftsgericht ebenfalls sorgfältig mit der Ursache dieses Verhaltens auseinander zu setzen und im Zweifelsfall die Besuchsausübung ausnahmsweise für einige Zeit aussetzen. Generell kann das Besuchsrecht aber nur aus besonders schwerwiegenden Gründen im Interesse des Kindes eingeschränkt oder überhaupt versagt werden. Vage Befürchtungen, Behauptungen oder unbewältigte elterliche Probleme mit fortdauernden Spannungen sind keine ausreichenden Gründe für weniger Besuchsrecht.

Das Kindeswohl als Grundlage der Kontaktregelung

Oberster Grundsatz jeder Kontaktregelung ist das *Kindeswohl*. Das bedeutet, dass die Eltern ihre gegenseitigen Emotionen und Abneigungen zurückzustellen und ihre Elterninteressen den Bedürfnissen des Kindes unterzuordnen haben. Derjenige, bei dem das Kind wohnt, darf das Kind nicht negativ gegen den »externen« Elternteil und dessen Besuchswünsche beeinflussen. Er muss vielmehr die Ausübung des vereinbarten Besuchsrechts zulassen, ja es fördern und in dieser Hinsicht auch positiv auf das Kind einwirken.

Eine sinnvolle Gestaltung des Umgangsrechts muss eine echte Nahbeziehung zwischen dem Kind und dem Besuchselternteil ermöglichen und darf nicht bloß Vergnügungseinrichtung sein; es hat auf den üblichen Tagesablauf des Kindes, seine Alltags- und schulischen Verpflichtungen und seine sonstigen Bedürfnisse Rücksicht zu nehmen. Nach diesem Verständnis bindet das *gemeinsame Sorgerecht* den Besuchselternteil mit weit mehr Verantwortung ein als bisher. So gibt es für Fälle, wo das gemeinsame Sorgerecht optimal funktioniert, den empfohlenen Weg eines »ausgedehnten Besuchsrechts« – ein vom Autor entwickeltes Modell, das bereits in zahlreichen Gutachten Anwendung fand: Dieser praktikable Vorschlag umfasst 14-tägig ein langes Wochenende, entweder von Freitag Abend bis Sonntag Abend oder von Samstag Vormittag bis Montag Früh, wodurch die Möglichkeit planbarer und sinnvoller Wochenendgestaltung garantiert ist. Ein Halbtag in der Woche zwischen den beiden Wochenenden soll Möglichkeiten zu sozialen und anderen Verpflichtungen einräumen, etwa schulische Verantwortung für das Kind, gemeinsame Einkäufe, Behördenwege und dergleichen; dazu kommen im Winter eine Woche und im Sommer drei Wochen gemeinsamer Zeit. Mit diesem Zeitrahmen wird die Forderung erfüllt, dass Mutter oder Vater auch nach der Scheidung sich als Besuchselternteil am

alltäglichen Leben des eigenen Kindes und an allen Erziehungsfragen beteiligen können, statt etwa »Wochenend-Papa« zu sein,
der bloß für Unterhaltung und gute Laune sorgt.

Auch wenn kein gemeinsames Sorgerecht vereinbart wurde, sollte
der Besuchselternteil ein gutes Verhältnis zum Kind beibehalten.
Ebenso wie bei der gemeinsamen Obsorge bedeutet dies freilich
nicht, dass er dem Kind in der vereinbarten Besuchszeit bloß Spaß
bieten soll, statt einer emotional tragfähigen Beziehung. Kinder
haben nicht nur Freude an Vergnügungen am laufenden Band,
sondern auch an tief empfundener Zuneigung, an Verständnis und
Interesse an ihrem Leben. Auch ein »Besuchspapa« ohne Sorgerecht sollte sich daher nicht damit begnügen, sein Kind nur zu
verwöhnen, sondern sich weiterhin für die Erziehung zuständig
fühlen: unbequeme Forderungen stellen, bestätigen, ermahnen,
Auseinandersetzungen führen, vermitteln, dass es wichtig ist, Verantwortung zu übernehmen und Regeln einzuhalten.

Die Beziehung zwischen Besuchselternteil und Kind ist *nach* der
Scheidung ebenso wichtig wie davor. Denn nicht die Liebe zum
Kind, nur der Rahmen ändert sich. Zugegeben, das Zusammensein zu gestalten ist jetzt komplizierter, läuft nicht mehr so selbstverständlich ab wie im Rahmen des Familienalltags. Das macht
vieles schwieriger, vor allem für Väter. Und doch ist es wichtig,
auch als »Geschiedene/r« für das Kind da zu sein, für sein Wohl
zu sorgen, ihm einen Halt im Leben zu geben und gemeinsam mit
ihm eine befriedigende Beziehung zu gestalten.

Besuchsrechtsvarianten

»Hauptsache geschieden!« – Viele Eltern wollen das Scheidungs-
drama nur rasch hinter sich bringen, andere sind so mit sich beschäftigt, dass sie den künftigen Folgen für die Kinder nur wenig
Beachtung schenken, und »Rosenkriegern« geht es ohnehin um
anderes als das Wohlergehen ihrer Kinder. So kommt es, dass die
Bedeutung genauer Festlegungen von sich trennenden Eltern oft
unterschätzt wird oder ganz untergeht: Die wenigsten streben etwa rechtzeitig eine terminlich fixierte Kontaktregelung an – sei es
nun, weil sie von ihren partnerschaftlichen Fähigkeiten und der
künftigen Konsensbereitschaft ein falsches Bild haben, sei es, weil
sie hoffen, die Dinge würden sich »irgendwie« von selbst regeln.

Eine flexible Regelung ohne genaue zeitliche Vorgaben bietet zwar in der Tat mehr Spielraum im Ablauf und in der Gestaltung, setzt aber ständige Kommunikation und Kooperation zwischen den beteiligten Erwachsenen voraus – auch nach schwierigen Scheidungskämpfen. Sind diese Voraussetzungen nicht gegeben, erweisen sich fixe Vereinbarungen mit klar definierten Zeitangaben als vorteilhafter, da bei konfliktgeneigter Atmosphäre unnötige Streitigkeiten um jeden Besuchstermin vorprogrammiert sind. »Glaubst du, dass mich der Papa (oder die Mama) noch lieb hat?« – Banges Warten und Unsicherheit des Kindes kann durch präzise Vereinbarungen vermindert werden; Verlässlichkeit und Pünktlichkeit ersparen den Kindern Stress und Enttäuschungen.

Umstritten bleibt die Besuchsregelung mit einem wöchentlichen Wechsel der Betreuungsaufgaben (das Kind lebt eine Woche mit der Mutter, eine Woche mit dem Vater). Diese Variante ist nicht nur kostspielig, denn vieles muss doppelt angeschafft werden, sondern es kann auch verwirrend sein, wenn ein klar strukturierter Mittelpunkt der Lebensinteressen – ein »Heim erster Ordnung« also – fehlt. Die meisten Erwachsenen hätten Probleme mit einem solchen Lebensstil, und dass sie ihn einem Kind ohne weiteres zumuten, zeigt, wie bedenkenlos wesentliche kindliche Bedürfnisse außer Acht gelassen werden.

Auch Vereinbarungen, die es dem Besuchsberechtigten erlauben, das Kind »jederzeit« zu kontaktieren, erweisen sich nicht immer als vorteilhaft: Sie können die Planungen des betreuenden Elternteils erschweren und verwirren das Kind, dem damit die so wichtige Bestimmtheit und Vorhersehbarkeit genommen werden. Manche Eltern entscheiden sich dafür, es dem Kind zu überlassen, wann und ob es den besuchenden Elternteil sehen will. Diese Variante birgt die Gefahr, dass zu viel Verantwortung an das Kind delegiert und zu wenig Unterstützung im Spannungsfeld der nicht bewältigten elterlichen Beziehungen geboten wird. Es fehlt an Sicherheit spendenden Strukturen: Kinder wollen rechtzeitig wissen, wann die Besuchstage stattfinden, und sich darauf einstellen können. Regelungen wie diese sind oft weniger Ausdruck eines liberalen Erziehungsstils als das Ergebnis fehlender vorausschauender Entscheidungen, von Naivität, falscher Selbsteinschätzung oder mangelnder Bereitschaft, sich mit den Bedürfnissen und Interessen des Kindes auseinander zu setzen.

Eine ganz neue Variante stellt das »Online«-Besuchsrecht dar: Ob Websites und Videokonferenzen mit dem Papa aber tatsächlich eine »kreative und innovative« Besuchsmöglichkeit darstellen, wie es ein US-Gericht 2001 festgestellt hat, sei hier dahingestellt.

Das Kind hat ein Recht auf beide Eltern

Eines der wichtigsten Ergebnisse der Scheidungsforschung lautet: Ein Kind benötigt für seine positive Entfaltung einen intensiven Kontakt und eine enge Beziehung zu *beiden* Elternteilen. Die Bedeutung eines funktionierenden Besuchsrechts oder gemeinsamer Obsorge für das Kind liegt also auf der Hand. Dennoch betrachten noch immer viele Eltern ihr Kind als verfügbares Eigentum und Machtmittel für die eigenen Zwecke. Das Argument »Dann siehst du eben dein Kind nicht mehr« macht es zur lebenden Waffe im Kampf gegen den Expartner. Die Aussichten, dass sich diese Verhältnisse bald ändern, stehen eher schlecht: Nur ein Viertel der Eltern schafft es, nach der Trennung zum Wohl der Kinder zu kooperieren. Viele streiten noch Jahre nach der Trennung, machen sich gegenseitig schlecht, unterminieren die Beziehung des anderen zu den Kindern, auch wenn sie damit deren seelische Gesundheit aufs Spiel setzen. Keine rechtliche Übereinkunft und kein Richter können Kinder restlos vor solchen Übergriffen auf ihre Rechte schützen, solange es nicht gelingt, die Eltern zur Beilegung oder Hintanstellung ihrer Konflikte zu bewegen. Arbeiten sie nicht zusammen, kann auch das gemeinsame Sorgerecht nicht garantieren, dass der außerhalb lebende Elternteil jenen wesentlichen Erziehungsanteil wirklich ausübt oder ausüben *kann*, der ihm von Gesetzes wegen zusteht. Der Rechtsanspruch allein kann die Bereitschaft der Eltern nicht ersetzen, sich zum Wohl ihrer Kinder zu verständigen.

Doch er kann nachhelfen. Das Recht des Kindes auf Besuch durch den nichtbetreuenden Elternteil – unabhängig von gemeinsamer Obsorge – ist jedenfalls im Scheidungsrecht gesetzlich garantiert und geregelt. Das heißt, dass die Kinder ein *Recht* auf Kontakt mit beiden Elternteilen haben, nicht umgekehrt bloß die Erwachsenen eines, ihre Kinder zu sehen – vorausgesetzt, die Kontaktpflege ist dem Kindeswohl zuträglich. Einzig das Wohlergehen des Kindes ist für Zugang und Umgang des Besuchselternteils bestimmend.

»Werde ich meinen Papa (meine Mama) weiterhin sehen können?« – Wer die Rechte des Kindes schützen will, hat als oberstes Gebot sicherzustellen, dass der Besuchselternteil bestmöglichen Zugang zum Kind erhält: also den Kontakt zu *fördern* und nicht nur zu dulden; nur so kann das Kindeswohl in allen seinen Dimensionen gewahrt bleiben. Seit Jahren kämpfen deshalb Organisationen und Vereine, die sich auf den Schutz der Kinder spezialisiert haben, um das Recht des Kindes auf beide Eltern. Auch RichterInnen, SozialarbeiterInnen und PsychologInnen wissen heute, dass das Kind in einer Entwicklung auch nach der Scheidung auf *beide* Eltern angewiesen ist; deshalb sollten sie die Eltern darin unterstützen, Kontaktabbruch oder Ausgrenzung zu vermeiden und in ihrer Verantwortung zu bleiben. Diese Forderung hat absoluten Vorrang, wenn es tatsächlich um die *Rechte des Kindes* gehen soll und nicht um die Interessen der Eltern.

WER IST AM GERICHTSVERFAHREN BETEILIGT?

Scheidung vollzieht sich unter institutionellen Rahmenbedingungen: Gerichte, Sachverständige, Jugendbehörden agieren auf dem Boden herrschender Gesetze. Mit ihren Empfehlungen, Entscheidungen und Interventionen bestimmen sie Verlauf und Ausgang des Scheidungs- bzw. Pflegschaftsverfahrens und damit die künftigen Kontaktregelungen der Familienmitglieder zueinander. Im Folgenden soll daher die Rolle der *institutionellen* Handlungs- und Entscheidungsträger im Hinblick auf die Kinder eingehender beleuchtet werden.

Richterinnen und Richter

Für das Schicksal der Scheidungskinder sind die Pflegschaftsgerichte bestimmend.

Die Anhörung der Kinder, die Möglichkeit der Verfahrensbegleitung oder die Anhörung von Zeugen, die das soziale Umfeld des Kindes beleuchten können, tragen dazu bei, dass dem Kind seit einigen Jahren größere Bedeutung in den Verfahren zukommt. Anders ausgedrückt: Das Kind spielt in Gerichtsverfahren allmählich als Person eine Rolle und nicht bloß als Objekt, über das verfügt wird. Wunschziel im Interesse der Kinder wäre, dass eine Scheidung der Eheleute erst erfolgen kann, wenn die Frage der Sorgerechtsregelung für die Kinder geklärt ist, doch davon ist man noch weit entfernt. Immerhin gibt es aber inzwischen mehr und mehr RichterInnen, die dem sozialen Faktor einen zumindest gleichberechtigten Platz neben dem ökonomischen, nämlich der Aufteilung von Hausrat und Eigentum, einräumen. Zumal ja beide Aspekte unmittelbar zusammenhängen. Die finanzielle Absicherung des Ehepartners, der das Sorgerecht zugeteilt erhält, ist ja ein Garant für das Kindeswohl, weshalb die Gewaltentrennung von Scheidungs- und Pflegschaftsgericht schon von daher nicht sinnvoll erscheint. Auch sonst ist ja die »Wirtschaftlichkeit« nie ganz von anderen Gesichtspunkten zu trennen: So scheint es vielen logisch, dass ein Sachwalter für ein Kind, das durch plötzlichen Unfall der Eltern zur Vollwaise geworden ist, alle vorhandenen Vermögenswerte zu Geld macht, um diese einfacher und mündelsicher anzulegen und zu verwalten. Dabei wird aber vergessen, dass dieses Vermögen eben nicht nur einen rechnerischen, sondern auch einen ideellen Wert darstellt: Immobilien, Kunstschätze, Familienstücke sind Erinnerungen, die das Kind mit seiner Vergangenheit, mit den verlorenen Eltern und seiner Zeit mit ihnen verknüpfen und so in seinem Leben eine Kontinuität darstellen, die ihm der plötzliche Verlust genommen hat. Die Reduktion eines Problems auf rein wirtschaftliche Belange sieht also von anderen, für die Betroffenen ebenso wichtigen und eng damit verknüpften Aspekten ab.

PflegschaftsrichterInnen treten dann in Aktion, wenn im Rahmen einer einvernehmlichen Scheidung keine Einigkeit in den Fragen, die das Kind betreffen, erzielt wird. Es gibt aber auch den umgekehrten Fall: Einigung über Obsorge und Kindesaufenthalt im Pflegschaftsverfahren trotz erbitterten Streites im strittigen Scheidungsprozess über das Verschulden und danach über die Vermögensaufteilung! Der Pflegschaftsrichter (zugleich Familienrichter bzw. Scheidungsrichter) genehmigt auch die Kinder betreffenden Passagen des Scheidungsvergleichs bei einer einvernehmlichen Scheidung. Häufig gibt es bereits Vorverfahren, die über das Jugendamt oder die Jugendgerichtshilfe gelaufen sind, beides Einrichtungen, auf die weiter unten noch eingegangen wird. Das Pflegschaftsgericht ist letzte Entscheidungsinstanz, weshalb ihm besonders hohe Erwartungen in Bezug auf Objektivität und Gerechtigkeit entgegengebracht werden.

Mutter und Vater erscheinen getrennt vor dem Pflegschaftsgericht und bringen ihre Wünsche bzw. Beschwerden vor, die sie entweder selbst oder über eine Anwältin/einen Anwalt formulieren. Die Anträge reichen von Zuteilung des Sorgerechts sowie grundsätzlicher Gewährung bzw. Ausdehnung des Besuchsrechts, Obsorgeplatzwechsel oder Entziehung des Sorgerechts über Wechsel der Schulart, Untersagung des Zusammentreffens mit dem neuen Partner von Mutter oder Vater, Verbot des Zusammentreffens mit den Großeltern mütterlicher- oder väterlicherseits und Gewährung von Auslandsaufenthalten bis hin zu dem besonders verbreiteten Antrag auf Hinauf- oder Herabsetzung des Alimentationsbeitrags. Beantragt wird auch der Wechsel des Familiennamens bei neuer Eheschließung eines Elternteils, also wenn Kinder den ledigen Namen der Mutter erhalten sollen, oder das Kind möchte den Namen des Stiefvaters tragen, dies besonders dann, wenn schon andere Kinder des Stiefvaters vorhanden sind; dafür ist allerdings die Einwilligung des leiblichen Vaters nötig. Die Liste könnte endlos fortgesetzt werden. Und wenngleich die PflegschaftsrichterInnen in ihrer Arbeit bestmöglich bemüht sind, landen die Fälle doch häufig auf dem Schreibtisch von psychologischen oder kinderpsychiatrischen Sachverständigen, deren Gutachten die Entscheidungsfindung erleichtern sollen.

Wieso trifft das Gericht nicht musterhafte Entscheidungen? Weshalb werden immer öfter Sachverständige beigezogen? Sind PflegschaftsrichterInnen allein »entscheidungsunfähig«? Die Ursachen liegen zum einen im Fehlen fachkompetenter *Supervision*, wie sie berufsbegleitend in den meisten psychosozialen Sparten üblich ist: hier könnten die schon genannten subjektiven Einflüsse reflektiert werden, die sich oft hemmend auf die Entscheidungsfindung auswirken; zum anderen ist – wie bereits diskutiert – mehr Aus- und Weiterbildung nötig. Ihr Mangel trägt dazu bei, dass sich Pflegschaftsverfahren so oft über Jahre hinziehen, ohne dass RichterInnen zu einer klaren Entscheidung finden.

PflegschaftsrichterInnen kämpfen auf einsamen und oft »verlorenen« Posten. Sie haben über familiäre Situationen und soziale Strukturen zu entscheiden, die ihnen vom Bildungsweg und ihrer bisherigen Lebenserfahrung her fremd sind: Armut, Not, Delogierung, Gewalt und Misshandlung ebenso wie die Probleme des Konzernchefs eines multinationalen Unternehmens, dessen Monatseinkommen das Jahresgehalt von RichterInnen weit übersteigt. Dazu kommt, dass junge RichterInnen gewieften ScheidungsanwältInnen mit jahrzehntelanger Erfahrung gegenüberstehen, die das Verfahren gern fintenreich verzögern. Die Rechtssprache verschleiert häufig eher, als dass sie Sachverhalte klar macht; sie eröffnet Nebenfronten und neue Verhandlungsebenen und führt so in ein juridisches Labyrinth, in dem der Laie hilflos umherirrt und der Richter bisweilen froh ist, wenn er Zeit gewinnt, während der Anwalt diese Frist nützt, um die Causa am »Köcheln« zu halten. Erfolgt endlich eine richterliche Entscheidung, erheben die AnwältInnen in der nächsten Instanz Einspruch; die Schlacht der RechtsvertreterInnen wird auf ein weiteres Feld verlegt und prolongiert, häufig so lange, bis das Kind sein 14. Lebensjahr vollendet hat, also jenen Zeitpunkt, an dem es selbst entscheiden darf, ob es bei Mutter oder Vater leben möchte. Die Kinder bleiben während dieses Zeitraums in Ungewissheit über ihr weiteres Schicksal und ohne die notwendige Sicherheit, die sie für ihre emotional-soziale Entwicklung brauchen. Welches psychische Leid durch diese Situation bei ihnen entsteht, mögen selbst routinierteste PflegschaftsrichterInnen oft nicht erkennen – und falls doch, lassen sie es sich nicht anmerken.

Die meisten PflegschaftsrichterInnen besitzen jedoch ein hohes Maß an Fingerspitzengefühl, Autorität und Engagement und sind bemüht, positiven Einfluss auf die streitenden Eltern zu nehmen und unter den gegebenen Umständen das Bestmögliche zu leisten. Sie wissen in der Regel um ihre Verantwortung und bekennen gern ein, dass sie mehr Trainings sowie bessere Arbeitsbedingungen benötigen, um ihre Kenntnisse zu erhöhen und mehr Sicherheit und Kompetenz für rasche Entscheidungsfindungen zu gewinnen. Gut ausgebildete, in Mediation erfahrene und durch Supervision begleitete RichterInnen sollten dazu beitragen können, dass sich mehr Eltern wieder an einen Tisch setzen und gemeinsam entscheiden, statt sich in endlosen Verfahren zu bekämpfen. Auch wenn PflegschaftsrichterInnen immer wieder ins Kreuzfeuer öffentlicher Kritik geraten, soll hier festgestellt werden: Sie tun ihre Arbeit nach den Buchstaben des Gesetzes, und an diesem liegt es, wenn in sehr strittigen Verfahren oft nur wenig individueller Spielraum bleibt und Formal-Juridisches über menschliche Lösungen gestellt wird.

Pflegschaftsbehörden (»Jugendamt«)

Das Amt für Jugend und Familie – kurz *Jugendamt* genannt – ist eine kommunale Behörde, zu deren wichtigsten Aufgaben die Ob- und Fürsorge von Kindern aus wirtschaftlich, emotional oder sozial schwierigen Familien zählt. Dazu gehört, dem Verdacht auf Erziehungsnotstand, auf Misshandlungen und Missbrauch von Kindern nachzugehen. Ausgebildete SozialarbeiterInnen arbeiten in einem psychosozialen Netzwerk, das auch Kindergärten, Schulen, Amtsvormünder, privatanzeigende Personen, Jugendgerichte, Kliniken, Frauenhäuser, Kriminalpolizei sowie alle Ämter und Privatpersonen umfasst, denen Abweichungen vom Kindeswohl auffallen. Das Jugendamt umfasst operative wie administrative Tätigkeitsbereiche, das heißt, dass Außendienste und Hausbesuche ebenso möglich sind wie Vorladungen ins Amt. Zusätzliche Einrichtungen wie JugendamtspsychologInnen oder Beratungsstellen für rechtliche Hilfe, psychotherapeutische Vermittlung, Mediation oder Verfahrens- und Prozessbegleitung unterstützen die behördliche Arbeit.

Häufig wird fehlendes Kindeswohl bzw. Missbrauch und Misshandlung durch den Hausbesuch einer Sozialarbeiterin oder eines Sozialarbeiters entdeckt und der Fall zunächst im Bereich des Jugendamts abgeklärt oder zu lösen versucht. Psychosoziale Notstände, wie sie vor allem durch Armut oder plötzlichen Tod eines Elternteils verursacht werden, Hilflosigkeit von Alleinerziehenden, kriminelle Horrorszenarien, in deren Folge ein vernachlässigtes Kind allein bleibt, gewalttätige Auseinandersetzungen, verbunden mit Gattenmisshandlung und Kindesmissbrauch, gehören zum sozialarbeiterischen Alltag. Diese Erfahrungen sind bei Gericht wichtig: Für Scheidungsverfahren und die nachfolgende Beurteilung des Kindeswohls von Seiten des Sachverständigen, vor allem für die Betroffenen selbst ist die lückenlose Dokumentation durch eigens geschulte SozialarbeiterInnen unverzichtbar. Ihrer Menschenkenntnis, ihrer Recherche vor Ort, ihrer Zivilcourage ist es zu verdanken, dass vielen Kindern aus unterschiedlichsten Milieus schließlich Schutz geboten werden kann, nachdem die Sozialarbeiterin oder der Sozialarbeiter das soziale Feld hinreichend beschrieben hat. Natürlich stellen die meisten Eltern bei einer Vorladung im Amt ihre Verhältnisse in rosigsten Farben dar, sei es in Verkennung der realen Lebenslage, sei es, weil sie durch den Streitpartner unter Druck stehen; erst die Recherchen des Jugendamts vor Ort fördern objektive Details der Realität zutage und helfen das Kindeswohl zu sichern – manchmal durch notwendige Entfernung des Kindes aus desolatem Milieu. Diese Arbeit mag – besonders in dramatischen Situationen – bisweilen als unvollkommen, zu spät, zu wenig konsequent oder gar nutzlos kritisiert werden. Im Gesamten aber kann die Bedeutung dieser Bemühungen, gerade im Hinblick auf das Kindeswohl, auch in Zeiten der Einsparungen öffentlicher Mittel, nicht genug betont werden. Kaum ein Berufsstand im psychosozialen Netzwerk weist eine so einschlägige Erfahrung auf wie die SozialarbeiterInnen. Sie ist mit jener der früher optimal ausgebildeten KriminalbeamtInnen vergleichbar, deren sozialarbeiterische wie kriminalpolizeiliche Doppelausbildung eine ähnlich gesicherte Abrundung des Arbeitsfelds garantierte, ehe Einsparungsmaßnahmen in diesem Bereich zu bedauerlichen Veränderungen geführt haben.

Was haben »Scheidungsopfer« von der Sozialarbeit zu erwarten? Neben der Milieu- und sozialen Lebensanalyse des Kindes zeigen SozialarbeiterInnen Erziehungsmissstände frühzeitig auf, sie geben den Kindern während der Erhebungen Sicherheit und Halt und vor allem garantieren sie, dass die Kinder in schwierigen Situationen nicht allein gelassen werden: Wenn notwendig wird ein Krisenzentrum oder die Kinderneuropsychiatrie kontaktiert, die Jugendgerichtshilfe eingebunden oder das zuständige Pflegschaftsgericht informiert. Bei Missbrauch und Misshandlung wird eng mit der Kriminalpolizei zusammengearbeitet, die das Wegweiserecht des Gewalttäters exekutiert; zudem steht – mit oder Vermittlung der SozialarbeiterInnen – eine Reihe von Hilfsmaßnahmen für bedrängte Mütter und Kinder zur Verfügung. SozialarbeiterInnen leisten ferner bei Verhandlungen zeugenschaftliche Aussagen über vorgefundene Notstände, da sie in solchen Fällen mehr Wissen zur richterlichen Entscheidung beisteuern können als sonst jemand.

Jugendgerichtshilfe

Es gibt kaum eine Einrichtung, die im psychosozialen Bereich derart an Bedeutung gewonnen hat wie die Jugendgerichtshilfe. Zwar wurde der vorbildhafte Jugendgerichtshof in Wien in seiner traditionellen Form im Jahr 2003 aufgelöst und das Jugendgefängnis in das Landesgericht als Jugendstrafanstalt eingegliedert. Diese Maßnahme jedoch hat – entgegen heftigen Protesten – guten Erfolg gezeitigt und gestaltet sich beispielhaft. Als weitaus kritischer ist die Lage der Jugendgerichtshilfe zu werten, da diese Einrichtung in der alten Form nicht mehr besteht. Nunmehr aufgeteilt auf einzelne Bezirksgerichte, erfüllt sie aber ihre Aufgaben weiterhin zufrieden stellend. Sie liefert nach wie vor so perfekte Recherchen, dass sich die RichterInnen in hohem Maß darauf stützen können. In ihren Berichten für ein Scheidungsverfahren sind die Vor-Ort-Erhebungen der SozialarbeiterInnen, die Begutachtungen der JugendamtspsychologInnen, verschiedene Protokolle, Berichte und Einvernahmen der KriminalbeamtInnen sowie die eigenen Gespräche mit den Betroffenen so zusammengefasst, dass die Pflegschaftsrichterin oder der Pflegschaftsrichter aufgrund dessen unter Befragung der Betroffenen bzw. deren AnwältInnen zu einem Beschluss finden kann. Nur fallweise wird eine Empfehlung zur Einholung eines zusätzlichen psychologischen oder kinderpsychiatrischen Gutachtens abgegeben; diesem Hinweis kann das Pflegschaftsgericht folgen, wenn es das für notwendig hält.

Zu den Hauptaufgaben der Jugendgerichtshilfe zählen Recherchen und zusammenfassende Berichte. Vor allem in Notfällen kann sie sofort gerichtliche Maßnahmen empfehlen. Während die SozialarbeiterInnen des Jugendamts aufdeckende und – daraus folgend – auch exekutierende Funktionen haben, bereitet die Jugendgerichtshilfe die Zusammenschau aus Vorerhebungen und Befunden für das Pflegschaftsverfahren auf. Es sei aber betont, dass nach der gültigen Rechtsform die Richterin oder der Richter eine freie und unabhängige Rechtsperson darstellt, die sich selbst und ihrem Gewissen gegenüber verantwortlich und in der richterlichen Entscheidung unabhängig ist.

Sachverständige

Bei ihrer Entscheidungsfindung bedienen sich Gerichte der Sachverständigen, meist aus dem psychosozialen Bereich, die entweder ständig beeidet oder jeweils für einen Einzelfall gerichtlich ausgewählt und beeidet werden, und zwar in Pflegschaftsverfahren ebenso wie in eventuell parallel dazu geführten Strafverfahren. Sachverständige haben dem Gericht aufgrund ihres Berufsstands und ihrer Kenntnis nach bestem Wissen und Gewissen und gebunden an ihren Eid, schlüssig die Erhebungsgrundlagen, einen Befund sowie eine daraus resultierende Schlussfolgerung (das *Kalkül*) vorzulegen. Das Gutachten soll in allgemein verständlicher und für den Laien nachvollziehbarer Form entsprechend der Frage des Gerichts Einblick in die Lebenssituation der angeführten Person(en) geben. Sachverständige sind weder RichterInnen noch sollen sie Urteile vorwegnehmen oder sich in die Beweisführung einmengen, sondern haben ausschließlich die an sie gestellten Fragen zu beantworten. Für die Erstellung von Gutachten kommen unter anderem KinderpsychiaterInnen, PsychologInnen und MediatorInnen in Frage, aber auch sachkundige Laien, die das Gericht für befähigt hält, Hintergrund und Konsequenzen eines bestimmten Falles zu erhellen.

Pflegschaftssachverständige werden vom Gericht dann bestellt, wenn aufgrund von Anträgen, Wünschen, Forderungen und allfälligen Unterstellungen der Elternteile bei der Richterin/beim Richter im Hinblick auf das Kindeswohl Zweifel entstehen, die sie/er durch Fachmeinung im individuellen Fall erläutert wissen will. Aus kinder- und jugendneuropsychiatrischer Sicht wird diese Expertise die körperlich-medizinischen wie auch psychosozialen Umstände beinhalten. Psychologische Sachverständige werden die von ihrem Fachgebiet der klinischen und/oder Gesundheitspsychologie ermöglichten Aussagen treffen, die von der Leistungseinschätzung des Kindes über sein psychisches Befinden und die Art seiner kommunikativen Struktur gegenüber Mutter bzw. Vater und Geschwister bis hin zur Prognose der weiteren Entwicklung des Kindes reichen. PsychotherapeutInnen für das Kindes- und Jugendalter wiederum werden beauftragt, aufgrund schon erstellter Diagnose die Aussichten, Fortschritte oder prognostischen Ergebnisse einer Psychotherapie dem Gericht für seine Entscheidungsfindung darzulegen.

Das Gutachten ist für den Ausgang des Pflegschaftsverfahrens in der an die/den Sachverständigen gestellten Frage von wesentlicher Bedeutung. Darüber hinaus haben Sachverständige auch helfende Funktion. Kinder und Jugendliche, die lang andauernden Scheidungskriegen ausgesetzt sind, laufen Gefahr, in ihrer Persönlichkeitsentwicklung Schaden zu nehmen. In diesen Fällen haben Kinder- und JugendpsychiaterInnen die Symptome zu diagnostizieren und in ihrer Gefährlichkeit einzuschätzen. Vor allem die Feststellung einer Selbstmordgefährdung als Folge traumatischer Erlebnisse und enormer Belastungen bzw. die Anordnung klinischer und/oder medikamentöser Behandlung ist ihre Aufgabe als

ÄrztInnen. In sozialen Belangen der Kinder und Jugendlichen stehen Kinder- und JugendpsychiaterInnen, PsychologInnen, SozialarbeiterInnen und SozialpädagogInnen sowohl gutachterlich als auch in Bezug auf Verfahrenshilfe und Konfliktbewältigung helfend dem Gericht bei.

Exkurs: Wie sollen Kinder auf Gerichtsverfahren vorbereitet werden?

Oberste Aufgabe ist es, dem Kind die Angst zu nehmen. Das Gericht ist für sein Wohlergehen da, auch wenn es über die Eltern urteilen muss.

Das Kind soll wissen, dass das Gericht dafür zu sorgen hat, bestmögliche Lebensbedingungen für es durchzusetzen, wobei die altersgemäßen Bedürfnisse des Kindes zu berücksichtigen sind.

Das Gericht hat *allen* Seiten Gehör zu schenken und dazu gehört auch das Kind. Diese Anhörung ist nicht zum Fürchten, da es im Zweifel zu kindgerechten Befragungen durch Sachverständige kommt.

Keinesfalls darf ein Kind im Vorfeld beeinflusst oder unter Druck gesetzt werden, bei Gericht für einen bestimmten Elternteil zu stimmen. Ein solches Vorgehen bringt dem beeinflussenden Elternteil im Verfahren einen Minuspunkt ein.

Eltern dürfen dem Kind nicht vormachen, es könne in Hinkunft den geliebten Vater oder die geliebte Mutter nicht mehr sehen. Auch wenn dies tatsächlich in Ausnahmefällen vorkommen mag, haben solche Drohungen nichts in der Vorbereitung von Gerichtserhebungen verloren.

Das Kind darf auch von keinem Elternteil im Vorfeld eines Gerichtstermins bestochen werden, indem ihm (realistische oder unrealistische) Versprechungen gemacht werden, wenn es sich zum Vorteil dieses Elternteils bei Gericht verhält.

Es muss dem Kind vielmehr wahrheitsgemäß und kindgerecht nach bestem Wissen der Eltern vermittelt werden, was im Lauf eines Gerichtsverfahrens auf es zukommt.

KINDER ACHTEN – BEACHTEN – BEGUTACHTEN

Das Pflegschaftsgutachten

Das *Pflegschaftsgutachten* ist ein nicht wegzudenkender Faktor in der Diskussion um Pflegschaft und Sorgerecht. Ein solches Gutachten wird dann beauftragt und erstellt, wenn sich die streitenden Elternparteien über Wohnort, Pflege und Erziehung, Besuchsrecht, aber auch Einzelrechte zum Wohl des Kindes nicht einigen können und das Pflegschaftsgericht selbst sich außerstande sieht, Entscheidungen zu treffen, die dem Kind das Optimum seines Wohles garantieren. Mit immer neuen und spitzfindigeren Anträgen der elterlichen RechtsvertreterInnen konfrontiert, entschließt sich die Pflegschaftsrichterin/der Pflegschaftsrichter, eine Stellungnahme des zuständigen Jugendamts einzuholen und/oder Sachverständige beizuziehen und ein Gutachten zu beauftragen: Es wird eine klare Frage an die Sachverständige/den Sachverständigen gestellt, die/der angehalten ist, diese und nur diese Frage zu beantworten: zum Beispiel über die Erziehungskompetenz der Eltern und wie sich eine vorgesehene Obsorgeübertragung auf das Kind auswirken könnte.

Pflegschaftsgutachten sind also sachkundige Mitteilungen von ExpertInnen an das im Zweifel befindliche Gericht, das in einer Frage nach bestmöglichen psychologischen, psychiatrischen, soziodynamischen und sozialen Aspekten im Interesse des Kindes sucht. Sie sind für den Verfahrensausgang von ganz wesentlicher Relevanz.

Exkurs: Das Privatgutachten

Ein Pflegschaftsgutachten wird von gerichtlich beeideten und zertifizierten Sachverständigen lediglich dann erstellt, wenn ein Gutachtensauftrag vom zuständigen Pflegschaftsgericht erteilt wird. Diese Feststellung ist wichtig, da nach wie vor die Meinung verbreitet ist, auch Privatpersonen könnten von gerichtlich beeideten Sachverständigen Gutachten einholen. Dies ist rechtlich bedenklich und wird von Gerichten nicht anerkannt. Indes können und werden immer wieder Gutachten von einer Prozessseite privat bei Personen oder Instituten in Auftrag gegeben. Diese *Privatgutachten* sind von Gerichtsgutachten grundsätzlich zu unterscheiden, schon weil ihnen die notwendige Objektivität fehlt. Gibt ein Vater oder eine Mutter ein solches Privatgutachten in Auftrag, so wird dafür nur eine Seite, nämlich die des auftraggebenden Elternteils, angehört, bestenfalls noch das Kind, das aber möglicherweise von ebendiesem Elternteil beeinflusst wird. Es besteht bei einem privaten Gutachten keine Möglichkeit, den zweiten Elternteil einzuladen, um sich ein objektives Bild zu machen. Wohingegen gerichtlich beeidete und beauftragte Sachverständige zur Erstellung ihres Gutachtens alle ihnen notwendig erscheinenden Beteiligten zu sich bitten; weigert sich eine Seite zu erscheinen, ist dies dem Gericht mitzuteilen, das daraufhin entscheidet, ob und in welcher Form die nötigen Informationen zu erlangen sind.

Selbst wenn sie von kompetenten, neutralen und unabhängigen GutachterInnen erstellt werden, dienen Privatgutachten also notwendigerweise nur einer Seite und *können* daher nicht objektiv sein, weshalb sie seitens der Richter bisher in einem Rechtsstreit meist keine oder nur geringe Beachtung finden. Das ist die offizielle Lesart. Wahr ist vielmehr, dass Privatgutachten zwar in Strafverfahren tatsächlich nicht einmal in einen Akt aufgenommen werden oder in Diskussion stehen, in Pflegschaftsverfahren jedoch ebenso wie in Zivilverfahren zumindest prozessbegleitend beachtet und zur allfälligen Stellungnahme durch den gerichtsbestellten Sachverständigen mitkalkuliert werden müssen. Es wird also durchaus an dem bisher um der Objektivität willen hochgehaltenen Prinzip der Nichtzulassung von Privatgutachten gerüttelt und dieses in Frage gestellt. Für Deutschland entschied im Jahr 2000 der Bundesgerichtshof, dass Privatgutachten in gebotener Weise berücksichtigt werden müssen.

Wie problematisch Privatgutachten und die diesbezügliche Praxis von Pflegschaftsberichten sein können, zeigt das folgende Beispiel. Zugleich illustriert es die Tatsache, dass Frauen in streitigen Scheidungen vor Gericht sehr oft schlechter vertreten sind als Männer, da sie in der Regel über weniger Kontakte verfügen und weniger Mittel haben, um gute AnwältInnen oder PrivatgutachterInnen zu bezahlen.

Ein Akademikerpaar gerät in Streit. Der Mann, Herr I., gehört zur Zunft der »Psychoberufe«, er kennt in seiner Stadt eine Menge Psychiater, Psychologen, Psychotherapeuten und Sachverständige aus seinem Fachgebiet, mit denen er auf Seminaren, Fortbildungsveranstaltungen und Kongressen verkehrt. Als es später zur Scheidung kommt, ist er aufgrund dieser Kontakte in der Lage, seine Sicht der Dinge, insbesondere in Bezug auf seinen achtjährigen Sohn, blendend darzustellen. Seine sehr introvertierte, in ihrem Beruf aber erfolgreiche Frau, die sich um eine universitäre Karriere in dem weniger spektakulären Wissenschaftsbereich Germanistik bemüht, ist unterdessen in eine entscheidende Karrierephase eingetreten und sie versucht den weiblichen Spagat zwischen Kinder, Küche, Ehe und Karriere.
Herr I., der sich unterdessen eine Geliebte zugelegt hat, reicht die Scheidung ein. Selbst beruflich auf Erfolgskurs, lässt er sich von seiner Umgebung ob der »Karrieresucht« seiner Frau bedauern und stellt sich aufgrund seiner beruflichen Erfahrung als besserer Pädagoge dar. Er schafft es sogar, vor der Verhandlung des Pflegschaftsgerichts zu einem Privatgutachten zu kommen. Der Gutachter, der bei ihm zwei Ausbildungsseminare besucht hat, ist »gefällig«: Er bestätigt Herrn I. als den fähigeren Erzieher. Obwohl vom Gericht offiziell nicht anerkannt, gewinnt das Privatgutachten in diesem Fall an Bedeutung, da es sich sowohl bei Herrn I. wie auch bei seinem Gutachter um renommierte »Zuarbeiter« für Gerichte handelt. Die gerichtliche Entscheidung fällt gegen die »karrierebewusste« Mutter aus: Frau I. erhält ein Besuchsrecht, der Kindesvater das Sorgerecht. Die mangelnde Objektivität des Pflegschaftsverfahren führt bei Frau I. zu Depression und Entmutigung. Eine Wiederaufnahme des Verfahrens gelingt ihr nur unter größten Mühen.

Auch wenn jeder Richter weiß, dass viel gegen solche Gutachten spricht: einmal bei Gericht eingelangt, verfehlen sie kaum ihre beabsichtigte Wirkung. Man kennt dieses Phänomen auch aus amerikanischen Gerichtsfilmen: Der Anwalt stellt während der Verhandlung eine im Prozess nicht gestattete Frage, wird vom Richter zurechtgewiesen und nimmt die Frage selbstverständlich zurück, sie wird offiziell aus dem Protokoll gestrichen. Aber sie ist gestellt. Ihr Inhalt steht im Raum und sie wird den weiteren Prozessverlauf bewusst oder unbewusst begleiten. Aus diesem Grund haben Privatgutachten den gefährlichen Ruf, dass darin alles behauptet werden kann, noch dazu von einem vermeintlich Sachkundigen. Ob richtig oder falsch, anerkannt oder nicht – jedes einmal geschriebene oder gesprochene Wort beeinflusst auf die eine oder andere Weise die Entscheidung des Gerichts mit.

Aus Sicht eines gerichtlich beeideten und zertifizierten Sachverständigen ist jedoch nochmals klar festzustellen, dass es Privatgutachten grundsätzlich an Seriosität mangeln *muss*, selbst wenn jedes Wort darin den strengen Kriterien eines gerichtlich beauftragten Gutachtens entspricht, da das Gerichtsprinzip »audiatur et altera pars«, also: *alle* Seiten anzuhören, nicht eingehalten wird, wenn nur eine Partei ihre Meinung darstellt. Es liegt darum auf Privatgutachten auch immer ein Hauch von Käuflichkeit, weshalb seriöse Gerichtssachverständige ungern das Risiko eingehen, sich damit den Ruf der Bestechlichkeit einzuhandeln.

Privatgutachten werden entweder vor Beginn des Verfahrens bestellt, um die eigenen Chancen darin auszuloten, oder aber nach Abgabe eines bereits erfolgten Gerichtsgutachtens. Ist Letzteres der Fall, handelt es sich in der Regel um ein privates »Obergutachten«, dem so genannten *Metagutachten*, mit dem ein bereits vorhandenes Gerichtsgutachten in Frage gestellt werden soll.

Metagutachten sind der letzte Schrei in der Privatbegutachtung und seit einigen Jahren vor allem in Deutschland sowohl in Straf- als auch in Pflegschaftsverfahren in Mode. Erstellt von Einzelpersonen oder (oft selbst ernannten) Instituten, geben sie sich den Anschein besonderer wissenschaftlicher Seriosität, haben aber einzig das Ziel, die vom Gericht beauftragten Gutachten zu denunzieren: Diese werden nach allen Seiten hin – sachlich, fachlich, sprachlich, logisch – in ihre Einzelbestandteile zerlegt und zerpflückt, um so den Eindruck zu erwecken, die/der noch so seriös arbeitende Sachverständige hätte weder von ihrem/seinem Fach noch von der Befunderhebung bzw. gutachterlichen Aussage her auch nur die geringste Ahnung.

Ein solch destruktives Vorgehen ist selbst von AnfängerInnen der entsprechenden Fachdisziplin recht einfach zu bewerkstelligen. Ein Beispiel: Ein Kind hat das Wetter an einem bestimmten Tag um die Mittagszeit beschrieben. Es ist nun durchaus möglich, die Aussage dahingehend zu sezieren, ob es unter Mittag die übliche Zeit des Essens um 12 Uhr versteht oder vielleicht auch jenen Zeitpunkt, zu dem es gewöhnlich zum Mittagsschlaf niedergelegt wird, nämlich 13 Uhr. Schon von der zeitlichen Orientierung her lässt sich also diskutieren, ob der Gerichtssachverständige alle dafür notwendigen Kriterien hinterfragt hat, und falls nicht, warum er dies nicht getan hat. Zur örtlichen Orientierung stellt sich die Frage, von wo aus das Kind das Wetter zu Mittag festgestellt hat: War es zu Hause, unterwegs, war es im Freien, hat es beim Fenster hinausgesehen, konnte es von seinem »Blickwinkel« die Sonne, die Helligkeit, die Farbe des Himmels tatsächlich feststellen? Hat es am Ende den durch das Fenster herein scheinenden Sonnenschein verkannt? Als Farbe des Himmels gibt das Kind Graublau an, es wäre aber möglich, dass die Farbe mehr Blau oder mehr Grau, mehr Schmutzigweiß oder überhaupt an diesem Tag anders gewesen ist. Jeder dieser Faktoren lässt sich noch weiter hinterfragen, womit ein Gutachten Satz für Satz so weit zerlegbar ist, dass die oder der Sachverständige vom Gericht mangelnder Fähigkeit oder Sorgfalt geziehen werden kann.

Auffallend ist, dass es grundsätzlich die sich »benachteiligt« fühlende Partei ist, die sich solcher pseudowissenschaftlicher Gutachten bedient, in der Absicht, das Gerichtsverfahren zu verlängern oder zu eigenen Gunsten zu verändern – immer natürlich unter dem Vorwand, es ginge bloß um Herstellung größter Objektivität. In Zeiten scheinbar immer exakter werdender Versachlichung dient aber diese Art Gutachten in Wahrheit kaum der Objektivierung eines Sachverhalts, sondern vielmehr einer Verfahrensverzögerung. Jede/r seriöse Sachverständige bemüht sich natürlich um größtmögliche Objektivität, auch in privatem Auftrag. Wird allerdings gutachterliches Kalkül nur in Frage gestellt, um eine Entscheidung des Gerichts – etwa hinsichtlich des Kindeswohls – hinauszuzögern, muss ein solches Vorgehen energisch zurückgewiesen werden. Nicht zuletzt ist es ja auch ein Anliegen dieses Buches, zu zeigen, wie oft und auf welche Weise in Pflegschaftsverfahren das Kindeswohl den streitenden Eltern und ihren AnwältInnen bloß als »Joker« dient, auch wenn das den Kindern in Wirklichkeit Not und Leid bringt: etwa wenn für sie wichtige Entscheidungen hinausgezögert oder stets aufs Neue beeinsprucht werden, um die Position einer elterlichen Seite doch noch durchzusetzen oder anwaltlicher Vorteile willen. Sieg um jeden Preis, lautet in diesen Fällen das Motto. Auch um den Preis der juridischen Objektivität, dem Grundsatz also, dass vor dem Recht alle gleich sind. Privatgutachten, insbesondere Metagutachten, stehen schließlich nicht – wie Gerichtsgutachten – jedem zur Verfügung, sondern kommen nur privilegierten Klienten zugute: Wer ein solches Privatgutachten in Auftrag gibt, muss es sich naturgemäß auch leisten können.

Solche pseudowissenschaftlichen Privatgutachten sind nicht zu verwechseln mit dem »Obergutachten« oder »Fakultätsgutachten« von ehedem. Dabei handelte es sich um Rechtsgutachten, die bei Unüberbrückbarkeit der Meinungen zweier gerichtlich beeideter Sachverständigen und bei Unlösbarkeit eines Problems vor Gericht als Letztinstanz dienten. Für die Erstellung wurde eine universitäre Fakultät beauftragt, deren Aufgabe es war, durch Fachleute eine wissenschaftliche »Letztmeinung« zu formulieren und so dem Gericht die Grundlage für eine endgültige Entscheidung zu geben. Da diese Gutachtenerstellung sowohl finanziell wie personell sich letztlich als zu aufwändig erwies, wurde es vom »wissenschaftlich begründeten Gutachten« abgelöst, erstellt von habilitierten Universitätsangehörigen, die im Unterschied von PrivatgutachterInnen an ihren Sachverständigeneid gebunden sind und alle möglichen Unterlagen und wissenschaftlichen Meinungen – pro und kontra – zu berücksichtigen haben.

Es ist auch klar zwischen einem Privatgutachten und einem *Befundbericht* – ob in privatem oder gerichtlichem Auftrag – zu unterscheiden. In einem Befundbericht listet eine Expertin oder ein Experte alle Details möglichst genau und neutral auf, vor allem solche, die im Verfahren erst später auftauchen – ob aus Zufall, bisher unbekannten Beweismitteln, Behördenwillkür oder mangelnden Verfolgungsinteressen. Dann ersuchen die Auftraggeber die Behörde, diese neuen Fakten in die bisher geführten Verhandlungen aufzunehmen. Das Schriftstück schließt mit der Feststellung, dass es sich um einen Befundbericht handelt, der nicht den Anspruch eines Sachverständigengutachtens erhebt. Gelangt das Gericht danach zur Überzeugung, dass eine solche Begutachtung notwendig ist, so wird der Befund erhebende Experte alle vorhandenen Unterlagen und Kenntnisse dem vom Gericht beauftragten Sachverständigen zur Verfügung stellen. Den Auftrag einer gerichtlich beeideten Sachverständigentätigkeit sollte die Befunderstellerin oder der Befundersteller wegen Befangenheit zurücklegen.

Welche Fragen stellt das Pflegschaftsgericht an Sachverständige?

Am Anfang eines Auftrags an die oder den Sachverständigen steht eine klare Frage. Zum Beispiel: Im Sinne des Kindeswohls ist festzustellen, bei wem das Kind in Hinkunft sein Zuhause haben wird und in welcher Form die Besuchsrechtsregelung zu gestalten ist.

Da früher nur *ein* Elternteil das Sorgerecht übernehmen konnte, stellte das Gericht an die oder den Sachverständigen die Frage, welcher Elternteil dafür besser geeignet sei, dem Kind ein geeignetes Zuhause zu bieten. Seit Einführung des *gemeinsamen* Sorgerechts ist es notwendig, für das Kind einen künftigen Hauptwohnsitz – das »Heim erster Ordnung« – festzulegen; darüber sowie über eine Fülle von weiteren Belangen sollen Mutter *und* Vater bestimmen. Kommt keine Einigkeit zustande, wird das Gericht angerufen, das wie früher das Sorgerecht *einem* Elternteil zuerkennt; auch bei den weiter unten genannten Ausschlusskriterien der Erziehungsfähigkeit eines Elternteils ist dies weiterhin der Fall.

Der Wohnsitz des Kindes hat bestimmten Kriterien zu entsprechen, die über seine Zuteilung (bei Mutter oder Vater) entscheiden: darunter bestmögliche körperliche Obsorge im Wohnbereich, intellektuelle Förderung, die Gewährleistung emotionaler Behütetheit und sozialer Entwicklung. Die Frage, über die das Gericht zu befinden und für die/der Sachverständige Entscheidungsgrundlagen zu erstellen hat, lautet also in diesem Fall ganz klar: »Wo soll das Kind sein primäres Zuhause haben?«

Die zweite Frage an die oder den Sachverständigen ist in der Regel jene nach der empfohlenen Besuchsrechtsregelung. Dabei ist zu berücksichtigen, dass das Kind ein Anrecht darauf hat, *beide* Eltern regelmäßig zu sehen; es soll also auch mit jenem Elternteil, der nicht mit ihm im gemeinsamen Haushalt lebt, in Beziehung bleiben können. Wie schon erwähnt, kann hier für die Zuteilung des Sorge- oder Wohnrechts entscheidend sein, welcher Elternteil diesen für das Kind so wichtigen Kontakt zum anderen am besten ermöglicht.

Eine weitere Frage ist jene nach den Beziehungen innerhalb des größeren Familienkreises, etwa die Kontakte zu Großeltern und anderen wichtigen Bezugspersonen der Kinder. Stellt sich beispielsweise bei näherer Prüfung heraus, dass sie dem Kindeswohl nicht förderlich sind, werden Einschränkungen der Kontaktnahme überlegt werden. Ein Pflegschaftsgutachten behandelt also auch negative Seiten wie *Einschränkungen* der Sorge- und Besuchsrechtsregelungen. In diesen Fällen wird es die Empfehlung beinhalten, dass die Richterin/der Richter alle dafür in Frage kommenden Argumente in der Beschlussbegründung darlegen soll. Das Gutachten hat dafür festzustellen, ob und in welcher Form Besuchsrechtsverhinderungen aus der Sicht des Sorgeberechtigten begründet sind.

Weiters wird das Gericht die/den Sachverständigen danach fragen, unter welchen *Bedingungen* das Besuchsrecht stattfinden soll. Denn werden diese nicht genauestens festgelegt, kann es zu ständigen Überschreitungen der gewährten Rechte und damit zu neuerlichen Konflikten kommen, die wiederum Nachbegutachtungen notwendig machen.

Zusammenfassend kann festgestellt werden: Je präziser die Fragen, die das Gericht an die/den Sachverständigen stellt, desto geringer die nachfolgenden Einwendungen gegen Gutachten und Gerichtsentscheid.

Wie gehen Pflegschaftssachverständige vor?

Ein Gutachten besteht aus dem Befund und nachfolgenden Zusammenfassungen mit Empfehlungswert an das Gericht. Das bedeutet, dass jeder, der ein Gutachten liest, zunächst die Vorbedingungen, die aufgrund des gerichtlichen Auftrags allgemein verständlich dargelegt werden, nachvollziehen kann. Danach folgt die Sicht der Streitparteien (z. B. der Eltern) und der Betroffenen (z. B. der Kinder). Zuletzt wird aufgrund des Gutachtens erkennbar, welche Überlegungen die Expertin/der Experte anstellt, um dem Gerichtsauftrag – also der Fragestellung – bestmöglich zu entsprechen und welcher Schluss (das so genannte *Kalkül*) aus dem Dargelegten zu ziehen ist.

Die Frage an den Sachverständigen lautet zum Beispiel: »Wo ist das Kindeswohl bestmöglich gesichert: bei der Mutter oder beim Vater?« Daraufhin formuliert die Mutter ihre Wünsche, Anforderungen und Bedenken im Hinblick auf die Erziehung des Kindes; auch der Vater kommt zu Wort und seine Position wird ebenfalls im Gutachten dargestellt. Ebenso beschreibt das Kind – je nach Alter – seine Wünsche, Hoffnungen und Vorstellungen, und zwar in möglichst großer Unabhängigkeit von beiden Elternteilen. Schließlich zieht die/der Sachverständige aus Kenntnis dieser Angaben und mit dem Fachwissen als PsychologIn, PsychiaterIn, PsychotherapeutIn und Sachverständige/r daraus ein bestmögliches *Kalkül*, gibt also seine Empfehlung an das Gericht.

Bleiben wir zur Beschreibung der genaueren Vorgangsweise bei der Ausgangsfrage: »Wo ist das Kindeswohl bestmöglich gesichert: bei der Mutter oder beim Vater?« Das Gericht beauftragt einen Sachverständigen mit der Beantwortung, und dieser beginnt nun die Erfüllung oder Nichterfüllung aller – in diesem Buch schon vorgestellten – Kriterien des Kindeswohls zu recherchieren: körperliche, intellektuelle, emotionale und soziale. Er wird dafür die Mutter wie den Vater zu Befragungen einladen, wobei er aufgrund der Aktenlage sowie allfälliger Vorgutachten selbst bestimmt, ob er die Eltern einzeln oder gemeinsam, das Kind sowohl mit jenem Elternteil, bei dem es wohnt, als auch mit beiden gemeinsam befragt. Selbstverständlich wird er dabei ihr Hauptaugenmerk auf das betroffene Kind richten. Er wird beobachten, wie das Kind zum Vater (meist Besuchselternteil) Kontakt aufnimmt. Darüber hinaus ist er auch berechtigt, weitere Bezugspersonen mit einzubinden, also Großeltern, Onkeln, Tanten, neue Partner von Mutter oder Vater, Stiefgeschwister, aber auch KindergärtnerInnen, LehrerInnen, SozialarbeiterInnen – Personen also, die dem Sachverständigen in ihrer Gesamtheit ein möglichst umfassendes und objektives Bild von der Situation des Kindes zum gegenwärtigen Zeitpunkt vermitteln können. Zusätzlich steht der meist umfangreiche Pflegschaftsakt für die Gutachtenerstellung zur Verfügung, der in manchen Fällen von den Scheidungsverhandlungen bis zu den Alimentationsbeschlüssen, von Einkommensnachweisen bis zu Pfändungsbeschlüssen oder möglichen Verurteilungen alle rechtsrelevanten Daten umfassen kann, die in die Begutachtung einfließen müssen. Häufig gibt es auch schon Vorbefunde von Fachleuten aus dem psychosozialen Bereich, manchmal liegen auch Privatgutachten vor, deren Stellenwert bereits oben diskutiert wurde.

Was und wie wird bei Kindern erhoben?

Im Zentrum der Erhebung steht, sobald der Gerichtsauftrag klar und möglichst eindeutig formuliert ist, wie gesagt, das betroffene Kind bzw. die Geschwister. Folgt man den genannten Kriterien des Kindeswohls, so ist es oberste Aufgabe der Sachverständigen, sich mit dem Lebensalter und dem Geschlecht des Kindes sowie seinen altergemäßen Bedürfnissen zu befassen, vor allem jenen nach Sicherheit und Harmonie. Je nach Alter soll und darf das Kind selbst seine Wünsche und Bedürfnisse äußern; bei sehr kleinen Kindern, die sie noch nicht artikulieren können, müssen diese Bedürfnisse eingeschätzt, bei älteren vor allem auf mögliche elterliche Beeinflussungen überprüft werden. Kinder sind nicht neutral und können daher auch nicht unabhängig von den Einflüssen des Elternteils, mit dem sie leben, das individuelle Optimum ihres Wohlbefindens angeben. Es ist nicht zu erwarten, dass ein Kind – selbst wenn es etwas anderes möchte – gegen die Interessen der Mutter, bei der es wohnt und die es gerade jetzt dringend braucht, aussagt. Oder anders ausgedrückt: Man spuckt nicht in den Brunnen, aus dem man trinkt. Sofern nicht schwere Misshandlungen vorgelegen haben, wünscht jedes Kind, *beide* Eltern lieb zu haben und sich nicht gegen einen davon aussprechen zu müssen. Routinierte Sachverständige erkennen das Dilemma dieser vielfachen Loyalitätskonflikte.

Die Gespräche erfolgen in altersgemäßer Form und drehen sich um die Lebensumstände von Geschwistern, Freunden, Kindergarten, Schule, Freizeit – kurz, all jene Bedingungen, die die Lebensgestaltung eines Kindes bestimmen und diese auch als erstrebenswert erscheinen lassen. Anna Freud, die Kinderpsychoanalytikerin und Tochter Sigmund Freuds, hat von KinderpsychotherapeutInnen ein Vorgehen gefordert, das sie *kontrollierte Regression* nannte, also das Eingehen auf das Altersniveau des Kindes, um so seinen Wünschen auf die Spur zu kommen – eine wichtige Richtschnur bei allen Befunderhebungen mit Kindern. Zugleich gelten für diese Annäherung auch soziologische Parameter, um alterstypische wie kulturspezifische Bedürfnisse von Kindern und Jugendlichen verstehen und erfüllen zu können. So kann im Alter der Pubertät und der Adoleszenz, wenn die Heranwachsenden sich schon recht sicher im Realisieren ihrer materiellen Träume sind, manchmal Berechnung eine Rolle spielen und – in der Hoffnung auf Erfüllung dieser Begehrlichkeiten – ihre Aussagen beeinflussen.

Die gutachterliche Befragung des Kindes umfasst je nach Alter des Kindes Gespräche, Puppen-, Rollen- und andere Spiele, bisweilen auch ausschließlich Beobachtung. Die Wahl der Mittel liegt einzig in der Verantwortung des Sachverständigen; schließlich muss er zu Schlussfolgerungen gelangen, die in ihren Auswirkungen massiv in das Leben des Kindes eingreifen und seinen weiteren Verlauf entscheidend beeinflussen werden. In der Regel werden sehr kleine Kinder während der Befragung nicht von der Mutter getrennt, sondern bleiben auf ihrem Schoß sitzen. Der Sachverständige wird, falls er Arzt ist, tunlichst keinen weißen Mantel tragen, sondern vielmehr ein Ambiente schaffen, in dem sich ein Kind wohl fühlen und Vertrauen fassen kann. Zuweilen wird er die Mutter auffordern, mit dem Kind zu sprechen, um sich aus Art und Verlauf der Kommunikation zwischen den beiden ein Bild zu machen. Bei Kindergartenkindern hat es sich bewährt, nach dem Namen der Kindergartentante, der besten Freundinnen und Freunde, der Lieblingsbeschäftigung im Kindergarten, nach der Bau- oder Puppenecke zu fragen, ebenso nach den häuslichen Lebensbedingungen sowie den Freizeit- und Wochenendaktivitäten, um so möglichst viele Informationen, die das Kind gern und freiwillig gibt, zu sammeln.

Erkundigt sich das Kind gleich zu Anfang der Befragung nach Sinn und Zweck des Gesprächs, sollten sich Sachverständige möglichst lange der Antwort enthalten, da viele Kinder vom begleitenden Elternteil »präpariert« wurden und die Erkundigung möglicherweise nicht echter kindlicher Neugierde entspringt. Auf die zweifellos berechtigte Frage sollte der Sachverständige erst dann eingehen, wenn das Gespräch bereits im Gang ist und er sich ein Bild vom spontanen und emotionalen Verhalten des Kindes machen kann. Wurde ein solcher Eindruck gewonnen, kann das geschulte Sachverständigen-Ohr – vor allem bei Kleinkindern – rasch erkennen, was eine lebensalterstypische Formulierung ist oder welche Sätze eingelernt wirken bzw. nachgesprochen werden. Man weiß bei einiger Übung, dass ein Kind auf Dauer ihm eingeredete Sätze oder Geschichten nicht aufrechterhalten kann – ein Phänomen, das in der Gutachtenspraxis mit Kindern (auch als Zeugen in Strafverfahren) immer wieder ein wichtiges Kriterium für die Frage nach der Suggestibilität ist.

Bei Kindern im Schulalter wählt man für die Befragung üblicherweise die Form eines Vier-Augen-Gesprächs, um die Loyalitätskonflikte in Bezug auf den begleitenden Elternteil zu vermeiden. Als Gesprächseinstieg eignen sich Themen wie Sport und Freizeit besonders gut, wobei Sachverständige gut beraten sind, Modetrends, populäre TV-Serien und Filme sowie den gängigen Jargon der Kinder und Jugendlichen zu kennen. Lebensgewohnheiten, ob angenehm oder unangenehm, sollten ebenso erfragt werden wie der Lebensstil der Familie, Urlaubsregelungen oder beliebte Ferienziele, aber auch Alltagsgewohnheiten wie die morgendliche »Hetzjagd«, Ordnungszwänge, autoritärer Erziehungsstil oder Mitbestimmungsmöglichkeiten, ferner autonome Interessen und Hobbys, also Neigungen wie Klavierspiel oder Sammelleidenschaften, denen das Kind selbständig und selbst bestimmt nachgeht und die es fortzuführen wünscht. Etwa ab dem zehnten Lebensjahr ist ein durchschnittlich reifes Kind so weit entwickelt, dass es durchaus imstande ist, seine eigenen Wohn- und Lebenswünsche zu artikulieren. Im Klartext heißt das, dass ein Kind in diesem Alter seine Vorlieben und Wünsche, zum Beispiel bei der

Freizeitgestaltung am Wochenende, mit einbringen und auch entsprechende Forderungen artikulieren kann. Vor allem wenn beide Elternteile neue Familien gegründet haben, ist es wichtig, dass das Kind seine eigenen Vorstellungen einbringen darf, statt sich vollständig dem Zeitplan der beiden neuen Familien unterwerfen zu müssen. Ein zehnjähriges Kind kann mit seinem Zeitbudget schon gut umgehen und in der Befragung auch seine Wünsche äußern, wobei ihm durchaus seine Rechte *und* Pflichten vor Augen geführt werden müssen.

Bei der Befragung von Heranwachsenden im Pubertätsalter ist zu beachten, dass sie ständig in einem Spannungsfeld leben. Die Suche nach Identität, Identifikation und Intimität verläuft mal himmelhoch jauchzend, mal zu Tode betrübt, immer im Kampf, die eigenen Wünsche und Bedürfnisse durchzusetzen und alle sich bietenden Vorteile wahrzunehmen. Die Äußerungen Pubertierender sind deshalb einer sorgfältigen Wertung zu unterziehen.

Geschwister werden am besten sowohl getrennt als auch zusammen befragt. Nach der Einzelbefragung, die wie oben beschrieben erfolgen sollte, ist es oft hilfreich, die Geschwister miteinander reden und auch fantasieren zu lassen, da auf diese Weise häufig Verhaltensweisen der Eltern transparent werden, die ein völlig anderes Bild ergeben können als jenes, das die Eltern von sich selbst oder vom anderen Elternteil gezeichnet haben. Dabei müssen mögliche Rivalitäten unter den Geschwistern in Betracht gezogen werden, da diese im Wettbewerb um die elterliche Zuneigung gern die eigenen Vorteile herausstreichen.

Frau Th., die mit ihren zwei Jungen im Alter von neun und elf Jahren lebt, wird im Zuge einer Gutachtenserstellung befragt. Als sich der Sachverständige nach ihrer pädagogischen Selbsteinschätzung erkundigt, gibt Frau Th. an, sehr konsequent, sogar »streng« zu sein. Schließlich wolle sie sich nicht dem Vorwurf aussetzen, sie vernachlässige ihre Kinder, lasse sie verwahrlosen, fördere sie nicht hinreichend oder tue nicht alles Erdenkliche, um die Buben bestmöglich zu erziehen. Die beiden würden jedoch ihren Stil häufig kritisieren und ihr vorhalten, dass die Besuchszeit mit dem Vater wesentlich angenehmer und lockerer sei. Danach wird Herr Th. befragt. Er berichtet, dass er die seiner Ansicht nach karg bemessene Be-

suchszeit (14-tägig ein Wochenende, im Sommer zwei Ferien-
wochen) als nachgiebiger »Freizeitvater« gestalte. Warum
sollte er sich denn »antun«, dass die Söhne womöglich eines
Tages den Kontakt zu ihm abbrächen.
Die Befragung der Kinder – allein und gemeinsam – ergibt ein
ganz anderes Bild. Beide Jungen vergöttern geradezu die Mut-
ter und empfinden ihren Erziehungsstil als akzeptabel, vor al-
lem im Vergleich zu den weit restriktiveren Eltern ihrer Freun-
de. Den Vater hingegen erleben sie wenig gewährend, ja streng
und unter der Knute seiner Lebensgefährtin stehend. Erstaunli-
cherweise zeigen die Brüder während der Gespräche keinerlei
Geschwisterrivalität, die sie sonst im Alltag durchaus leben; bei-
de stimmen in der Beurteilung ihrer Eltern völlig überein.

Sachverständige messen der Geschwisternähe eine wichtige Rolle
zu, das heißt, ihre Empfehlungen werden im Sinne des Kindeswohls dahin gehen, Geschwister nach der Scheidung nicht voneinander zu trennen. In diesem Zusammenhang sind auch ethnische Aspekte zu berücksichtigen, zum Beispiel das Bestehen mög-
licher Geschlechterdiskriminierung, indem etwa der Kampf um
den Sohn heftig, jener um die Tochter hingegen gar nicht geführt
wird.
Die Befragung ist dann abgeschlossen, wenn der Sachverständige
sich über die Reife und das Wohl des Kindes oder der Geschwister in körperlicher, intellektueller, emotionaler und sozialer Hinsicht informiert hat. Im Zweifelsfall ist es notwendig, eine
Psychologin/einen Psychologen beizuziehen, um noch weitere
Details durch Untersuchungen der Intelligenz oder der psychodynamischen Strukturen des Kindes in Erfahrung zu bringen. Vor
allem dessen Intelligenz ist oft ohne diese Hilfe nur schwer oder
gar nicht einschätzbar. Intelligenztests wie auch psychologische
Tests können notwendig sein, besonders dann, wenn sich ein Kind
im Gespräch stark verängstigt oder ausdrucksarm verhält. Zur
Auflockerung des Gesprächsklimas wird die/der kinderpsychiatrische Sachverständige – zumal mit psychotherapeutischer Ausbildung – Hilfsmittel und explorative Techniken einsetzen, die ein
Gespräch mit dem Kind und damit die Sicht auf mögliche Probleme erleichtern. *Psychologische* Methoden (Tests) sind jedoch ausschließlich den ExpertInnen jenes Fachbereichs vorbehalten.

Die Befragung der Eltern

Ein Gutachten strebt größtmögliche Objektivität gegenüber den streitenden Parteien an, somit sind vom Sachverständigen nachvollziehbare soziale Gesichtspunkte wie Herkunft, Bildungsstand oder Erziehungsstile der Elternteile zu erheben. Mutter und Vater werden deshalb im Rahmen der Befunderhebung aufgefordert, ihre Lebensbedingungen darzustellen. Zunächst geht es dabei um die gemeinsame Vergangenheit, die Umstände der Trennung, die Konfliktzonen, das Scheidungserkenntnis sowie die gegenwärtigen Lebensumstände: etwa ob neue Partnerschaften bestehen bzw. verweigert werden. Auf diese Weise werden die sozialen wie emotionalen Aspekte der Beziehung zueinander geprüft, dargestellt und nachvollziehbar für das Gericht niedergelegt. Sie sind die Grundvoraussetzungen für das abschließende *Kalkül* des Gutachtens.

Selten kommen die Expartner unvorbereitet zur Erhebung. Instruiert von ihren Rechtsvertretern und interessiert, sich Startvorteile zu verschaffen, versucht jeder ein Bild von sich zu entwerfen, das mehr der eigenen Wunschvorstellung als der Realität entspricht. Von Anfang an wird mit gegenseitigen Schuldzuweisungen, Vorwürfen, möglichen Verfehlungen, Kränkungen, Unterstellungen, Abwertungen des anderen und eigenen Selbstüberhöhungen vorgegangen, um sich selbst ins rechte Licht zu rücken. Da wird die Notwendigkeit einer neuen Beziehung mit der Unverträglichkeit der alten begründet, ein unheilbares Alkoholproblem des früheren Partners betont oder der anstehende finanzielle Ruin aufgrund der Schuldenberge des anderen vorhergesagt. Dies alles ist nachvollziehbar. Und es ist durchaus verständlich, dass keiner der früheren Ehepartner Schuld tragen oder negativ beurteilt werden möchte. Von Sachverständigen soll dies alles mit der nötigen Distanz aufgenommen und in der Befunddarstellung möglichst emotionsfrei wiedergegeben werden. Aufgabe ist es allein, möglichst viele Einzelheiten zusammenzutragen, die letztlich dem Gericht helfen, daraus jene bestmögliche Entscheidung für das Kind zu treffen, die zumindest eine gewisse Zeit für seine Lebensgestaltung Bedeutung hat.

Es gehört zur guten Gesprächspraxis, dass Sachverständige am Ende der Erhebung das weitere Verfahren und die zu erwartenden

Zeiträume bis zu einer Entscheidung vorsichtig einschätzen. Zum Abschluss ist zudem den Befragten die Möglichkeit zu bieten, in für sie unklaren Bereichen die oder den Sachverständigen selbst eingehend befragen zu dürfen.

Was interessiert Pflegschaftssachverständige an der Mutter bzw. am Vater?

Wenn es die äußeren Umstände erlauben, beginnt die Befragung erfahrungsgemäß mit jenem Elternteil, bei dem das Kind lebt – in der Regel der Mutter. Dieses Gespräch sollte unter vier Augen erfolgen, sofern es sich nicht um ein Kleinkind handelt, das unter gar keinen Umständen bei einer anderen ihm vertrauten Person bleiben will. Sachverständige neigen verschiedenen Befragungsmodalitäten zu: die Reihenfolge der Befragten, die Wahl eines freien oder eher »genormten« Befragungsstils, ob ein genaues Aktenstudium vor der Befragung erfolgt oder erst danach, weil ein unvoreingenommenes Herangehen bevorzugt wird – all dies obliegt der Entscheidung des Sachverständigen. Und je nachdem wird er den Pflegschaftsakt zu Beginn der Befragung mehr oder noch wenig eingehend kennen. Zieht sich ein Pflegschaftsverfahren über Jahre hin, umfasst der Akt meist auch schon Gutachten mehrerer Sachverständiger davor, dazu vielleicht Krankengeschichten von einem der Beteiligten, deren Inhalt bisweilen dem Betroffenen selbst gar nicht hinreichend bekannt oder erinnerlich ist. Im letzteren Fall ist zu erörtern, aus welchem Grund dem Befragten so wichtige Fakten entfallen sein könnten. Alle zur Verfügung stehenden Akten sind auf ihren Gehalt von Wichtigkeit zu berücksichtigen.

Bei allen Gesprächen mit den Beteiligten teilt der Sachverständige eingangs mit, wie der Auftrag des Gerichts lautet, und erkundigt sich, ob die/der jeweils zu Befragende sich der Tragweite des Gesprächs bewusst ist. Dies erscheint deshalb notwendig, da bei den Betroffenen häufig die Vorstellung besteht, dass es an den Sachverständigen liege, eine Entscheidung zu treffen; dies ist aber dem Gesetz nach gar nicht möglich: Die Entscheidung darüber, wo das Kindeswohl und seine Zukunft optimal gesichert ist, trifft ausschließlich die Pflegschaftsbehörde, also das Gericht; es beauftragt ja auch die Erstellung eines Gutachtens, um bessere Kenntnis darüber zu erhalten, nach welchen entwicklungspsychologischen oder auch psychopathologischen, vor allem aber familiendynamischen Kriterien dem Kind bestmöglich zu nützen ist.

Nach dieser Eingangserklärung ersucht die Sachverständige, den zu befragenden Elternteil (in unserem Fall die Mutter) um die Darstellung der Problematik aus dessen Sicht. Der Gutachter ersucht, zunächst eine zeitliche Chronologie aufzuzeigen, zum Beispiel wie lange sich das Paar vor der Verheiratung kannte, wann geheiratet wurde, wann die Kinder zur Welt gekommen sind, wann die Konflikte entstanden, wann die Trennung und schließlich die Scheidung erfolgt ist, wie das Scheidungsurteil gelautet hat und gegebenenfalls ob und warum das Verfahren gegenwärtig läuft.

Danach geht es um die ehemaligen und gegenwärtigen Lebensumstände, die finanziellen Bedingungen, die bisher getroffene Regelung und deren allfälliges Scheitern. Konfliktpunkte sollen ausführlich dargelegt werden, ebenso weshalb es zu keiner bisherigen Einigung gekommen ist. Dann wird nach dem Lebenslauf des Kindes, Krankheiten, soziale Besonderheiten, die Geschwisterbeziehung und die Beziehung des Kindes zum Besuchselternteil gefragt. Letzteres vor allem deshalb, um herauszufinden, ob das Kind seine Beziehung zum getrennt lebenden Elternteil aufrechterhalten kann. Versuchen die Befragten offensichtlich, nicht vollständige Informationen zu liefern oder Sachverhalte zu verschleiern, kann es durchaus vorkommen, dass der Sachverständige auch herausfordernde Fragen stellt, etwa weswegen die Befragte vermeine, die bessere Erziehung und das geeignetere Zuhause zu bieten. Oder ob es für den unterstellten sexuellen Missbrauch des Kindes durch den Vater auch konkrete Hinweise gäbe.

Handelt es sich in dem Pflegschaftsverfahren um ein Kleinkind, wird die Mutter vom Sachverständigen vor allem auf ihre Erziehungskompetenz hin befragt. Dazu gehören die äußeren Lebensbedingungen, die Wohnverhältnisse, Hygienebedürfnisse, Spielmöglichkeiten, Betreuungsfunktion von Fremdpersonen während der Abwesenheit der Mutter, Ernährungsrituale wie auch die Reaktionen auf Krankheiten und die Verfügbarkeit rascher Hilfe bei eigener Insuffizienz. Für den erziehenden Vater gelten natürlich die gleichen Kriterien, wobei dieser besonders dahingehend geprüft wird, ob er zum Pflegen eines Kleinkinds befähigt ist. Für diese spezielle Erhebung sind die Kataloge der Pflegegeldbemessung dienlich, in denen die Bedürfnisse eines jungen Kindes genau erfasst sind.

Ist das Kind bereits hinreichend kommunikationsfähig, so wird zwischen erziehendem Elternteil und Kind die Dialogfähigkeit wie auch die emotionale Bindungsfähigkeit beobachtet und überprüft. Dabei handelt es sich nicht um Erziehungskriterien wie »Gehorsamkeit«, sondern vielmehr um die gegenseitige »Schwingungsfähigkeit« im emotionalen Bereich sowie die Dialogfähigkeit auch und gerade dann, wenn das Kind etwas *nicht* befolgen will, sowie die Reaktion darauf. In entwicklungspsychologischer Hinsicht ist zu prüfen, ob die entsprechende Förderung in intellektueller, emotionaler und sozialer Hinsicht erfolgt, wofür Kriterien wie Kindergartenfähigkeit, die Fähigkeit, Wünsche aufschieben zu können, Aufmerksamkeitsspanne und der Umgang damit als Maßstab gelten. Gleiches gilt für erziehende Väter, wobei auch auf seine Helferinnen wie Großmütter oder Lebensgefährtinnen Augenmerk gelegt wird; bei der Mutter werden ebenfalls solche Hilfspersonen in die Betrachtung mit einbezogen. Eine wichtige Frage dabei ist, wie viel Zeit diese Personen im Vergleich zur erziehenden Person im Tages- und Wochenablauf einnehmen.

Bei Kindern ab etwa der dritten Volksschulklasse und in der Vorpubertät ist ihre Dialogfähigkeit in den Vordergrund zu stellen; sie sind bereits unabhängig von den Eltern auf ihre individuelle Einschätzung der Lage zu befragen. Auch wie Mutter und Kind ihre Konflikte regeln sowie die Zuwendung bzw. Ablehnung des Kindes dem Besuchselternteil gegenüber ist zu erwägen.

Im Alter der Pubertät muss berücksichtigt werden, dass das Erlangen von Vorteilen beim Umgang mit den Eltern mit eine Rolle spielen kann. Bei der gutachterlichen Beurteilung des elterlichen Erziehungsstils ist die Konfliktlösungskompetenz von Eltern und Jugendlichen mit einzubeziehen, ebenso die Bereitschaft letzterer, mit dem außerhalb wohnenden Elternteil zu kommunizieren.

Wie sieht die Beurteilung des künftigen »Besuchselternteils« aus?

Für den Elternteil, der das »Heim zweiter Ordnung« repräsentiert (überwiegend der Vater), gelten grundsätzlich dieselben Fragestellungen, wie zuvor für die primäre Bezugsperson des Kindes. Dieser Elternteil wird mehr Konflikte erörtern wollen, sofern er darum bemüht ist, selbst zum Elternteil »erster Ordnung« zu werden. Hier öffnet sich das häufigste Konfliktfeld, indem etwa der außerhalb lebende Vater behauptet, die Mutter sei unfähig, die Kindeswohlkriterien zu erfüllen. Die Vielzahl der Beschuldigungen im körperlichen Bereich reicht von Vernachlässigung und mangelnden Hygienemaßnahmen bis zu Unterlassungen von Präventionsmaßnahmen wie Impfungen und vieles andere. Im intellektuellen Bereich wird gern vorgebracht, dass das Kind nicht hinreichend gefördert werde und deshalb schlechte Zensuren nach Hause bringe, was schließlich kein Wunder sei, da der andere intellektuell weniger befähigt sei oder sich um die Bedeutung messbarer Leistungen nicht genug kümmere. Im emotionalen Bereich geht es um schwer abwägbare Werte wie die Versicherung, selbst liebevollere Nähe, mehr Zärtlichkeit, Wärme und Fürsorge bieten zu können. Und im sozialen Bereich wird vor allem der günstigere ökonomische Status, den man dem Kind zu garantieren imstande sei, ins Treffen geführt. Bisweilen scheut man auch nicht davor zurück, den anderen Elternpart zu diskriminieren, ihm Alkohol, Tabletten- oder Drogensucht zu unterstellen, ihn krimineller Handlungen zu beschuldigen oder psychische Krankheiten vorzuwerfen, um dessen Erziehungsunfähigkeit darzustellen. Vergleichbar den oft unhaltbaren Beschuldigungen aus der Scheidungzeit, werden alte Kränkungen und Verunglimpfungen des anderen neu belebt, um ihn aus der »ersten« Position zu verdrängen. Auch hier gilt es zuweilen, als Sachverständige/r herausfordernde Formulierungen zu finden bzw. darauf aufmerksam zu machen, dass all diese Äußerungen dokumentiert, überprüft und im Fall der Unbeweisbarkeit als Verleumdung rechtlich geahndet werden können. Von Seiten des Gerichts werden provokante Fragen durchaus akzeptiert. Die Folge ist häufig Abschwächung der Aussagen, sobald die volle Tragweite des eigenen Vorgehens erfasst wird. Da es bei der Befunderhebung nicht darum geht, die zu Befragenden »hereinzulegen«, tut der Sachverständige gut daran, zu Beginn jedes Gesprächs, wie oben beschrieben, seine Rolle und Aufgabe umfassend zu definieren, damit nachfolgend keine Probleme mit der Art der Befragung und dem Nachhaken von Interpretationen auftreten.

Herr Cz. erklärt in der Befragung durch den Sachverständigen, er möchte ein erweitertes Besuchsrecht ausüben. Auf die Frage, wo er gedenke, mit den Kindern zusammen zu sein, verweigert er die Antwort, da er keinen festen Wohnsitz angeben möchte. Schließlich teilt er mit, dass er eigentlich die Absicht habe, überhaupt die Obsorge der Kinder zu übernehmen. Daraufhin fragt ihn der Sachverständige nach seinen Einkünften. Eine geregelte Arbeit habe er nicht, meint Herr Cz., da er etwas gegen das Bezahlen von Steuern habe, er würde aber von Freunden unterstützt. Angaben darüber, wer diese seien bzw. woher nun seine Einkünfte stammten, verweigert er. Der Sachverständige erklärt ihm, dass diese Aussagen über das Einkommen einer Überprüfung standhalten müssten, worauf Herr Cz. das Befundungsgespräch abbricht. Er legt bei Gericht Beschwerde gegen den Sachverständigen ein, da ihn dieser unzumutbar provoziert habe. Der Sachverständige wird aufgefordert, Stellung zu beziehen. Nach Klärung des Vorfalls wird versichert, dass Fragen zur Abklärung der Lebensumstände eines Elternteils durchaus gerichtlich zulässig seien, wenn sie keine persönlich diskriminierenden oder rechtlich unzumutbaren Fragen enthielten.

Grundsätzlich ist im Gespräch mit jenem Elternteil, der das »Heim zweiter Ordnung« repräsentiert, zu beachten, dass er in Bezug auf die Erziehung des Kindes in der »schwächeren« Position ist. Zwar galt die Diskussion um das gemeinsame Sorgerecht der Stärkung des Besuchselternteils in pädagogischen Fragen, doch verbleibt die wesentliche Erziehungskompetenz bei jenem Elternteil, bei dem das Kind wohnt.

Natürlich gibt es Versuche, Sachverständige in die Irre zu führen, indem alle nur erdenklichen Argumente vorgebracht werden, die nur ein Ziel kennen: das Besuchsrecht des anderen einzuschränken oder zu verhindern und Distanz zwischen den Kindern und dem Besuchselternteil einzulegen. Doch sind erfahrene ExpertInnen durchaus imstande, diese Tricks zu durchschauen und als das zu entlarven, was sie sind: Mittel, um einander zu verletzen und zu schikanieren, um persönlichen Hass oder Ängste auszuleben, ohne dabei die Rechte und Bedürfnisse der Kinder zu berücksichtigen.

Die Besuchsrechtsregelung hat sich an klaren Kriterien zu orientieren, die vom Sachverständigen zu prüfen sind: an der Befindlichkeit des Besuchselternteils, seiner Verlässlichkeit, seinen Möglichkeiten, das Kindeswohl zu schützen, und an Sicherheitskriterien, die dem Kind Besuch, (pünktliche) Abholung, gewohnte Tagesstruktur und (rechtzeitige) Rückgabe garantieren, sodass für seine emotionale wie soziale Sicherheit gesorgt ist – Bedingungen, deren Einhaltung bei weitem nicht selbstverständlich ist. Es ist in der Befunderhebung aber das kritische Augenmerk auch auf jene Aspekte zu lenken, die zu den angeblichen »Stärken« desjenigen zählen, der das Besuchsrecht erhalten soll: zum Beispiel was und wie es dem Kind geboten wird, ob materielle Verführungsstrukturen entstehen, ob versucht wird, durch Verwöhnung des Kindes zu »punkten« und so mit dem betreuenden Elternteil zu konkurrieren. Schließlich obliegen Letzterem eine Menge Verpflichtungen, die sich aus Erziehung und Alltagsleben ergeben – ganz anders wie beim Wochenendbesuch oder im Urlaub, wo meist die Annehmlichkeiten überwiegen; schlimmstenfalls kommt es zu halbherzigen Ermahnungen, die selbst, wo sie ernst gemeint sind, kaum ins Gewicht fallen, wenn es heißt: »In 14 Tagen sehe ich dich wieder.« Besonders schwierig ist die Beurteilung bei finanziellem und sozialem Gefälle der Eltern, vor allem dann, wenn der Besuchselternteil, und dies ist häufig der Vater, seine größeren finanziellen und sozialen Möglichkeiten ausspielt und damit versucht, das Kind auf seine Seite zu bringen und gegen den anderen Elternteil einzunehmen.

Wer ist noch in die Befundaufnahme aufzunehmen?

Besonders wichtige »Informanten« sind die Großeltern, auch wenn sie sich im Konfliktfall naturgemäß mit ihrer Tochter oder ihrem Sohn solidarisieren – etwa nach dem Motto: Sie hätten ja von Anfang an gewusst, dass diese Ehe aufgrund der Partnerwahl ihres Kindes zum Scheitern verurteilt sei. So wird die Mutter des Besuchsvaters gewiss alles daran setzen, um ihr Großmutterrecht, das Kind zu sehen, durchzusetzen, ebenso wie umgekehrt die Eltern der erziehungsberechtigten Mutter dieselbe mit aller Vehemenz verteidigen werden, wenn es darum geht, das Kind im eigenen Erziehungs- und Einflussbereich zu lassen. Diese Parteinahme dient häufig als weiterer Zankapfel im Konflikt, dessen Lösung vor dieser Einmischung vielleicht schon in greifbare Nähe gerückt war. Egozentrische Besuchsrechtsansprüche der Großeltern werden vehement eingefordert. Oft wird der erziehenden Mutter auch unterstellt, sie halte die Kinder absichtlich von den Großeltern väterlicherseits fern.

Die Vorteile der Großeltern, die bei dieser Gelegenheit meist ins rechte Licht gerückt werden, sind ja tatsächlich unleugbar: Sie müssen nicht so streng sein; sie tragen nicht mehr die volle Erziehungsverantwortung und haben doch einen wichtigen Einfluss im Sozialisationsprozess der Enkelkinder, sofern sie ihre Funktion ernst nehmen. Die Sachverständige tut also gut daran, diese emotionalen und sozialen Ressourcen auf ihre Vor- und Nachteile hin zu prüfen, um sie mit ins Kalkül einzubinden. Besonders bei Tod von Mutter oder Vater gilt es gewissenhaft abzuwägen, welche Rolle die Großeltern der/des Verstorbenen spielen sollen. In diesem Zusammenhang kommt es bisweilen zu heftigen Auseinandersetzungen bei Pflegschaftsgerichten, wenn das Kind als Erbträger von den Großeltern übernommen werden soll, wogegen die Witwe oder der Witwer sich aber heftig verwahrt.

Geht es um einen Elternstreit im ländlichen Raum, der die Dorfgemeinschaft einbezieht, kann es auch notwendig werden, andere kenntnisreiche Zeugen aus dem Ort mit in die Befundaufnahme einzubinden. Immer sind zudem Berichte von KindergärtnerInnen und LehrerInnen oder Beobachtungen von FreizeitbetreuerInnen konfessioneller oder sozialpädagogischer Einrichtungen in einem Pflegschaftsverfahren von großer Aussagekraft. Ihre Informationen können viel zur Beurteilung der Verlässlichkeit eines Elternteils beitragen: etwa ob das Kind äußerlich gepflegt ist, in emotionaler Harmonie aufwächst und die sozialen Spielregeln seiner Familie und deren Umgebung befolgt, von den Grußsitten und der Einhaltung anderer üblicher Umgangsformen bis hin zu familiären Gewohnheiten und Ritualen. Wichtig sind auch Mitteilungen darüber, in welchem Zustand sich das Kind nach Besuchswochenenden befindet, ob es danach auffällig verstört, verängstigt oder unruhig ist. Ferner, ob der Besuchselternteil unabgesprochen im Kindergarten oder in der Schule auftaucht – ein Kriterium, das mit der gemeinsamen Sorgerechtsregelung, wonach beide Eltern zuständig für Erziehung und Bildung bleiben, zusätzlich an Bedeutung gewinnt. Hier ist die Verständigung der Eltern trotz persönlicher Konflikte notwendig: Denn Informationsrecht und Informationspflicht kommt bei der gemeinsamen Obsorge besondere Bedeutung zu; Krankheiten, Spitalsaufenthalte, Schulwechselentscheidungen und viele andere Belange fallen in die Verantwortlichkeit beider Elternteile, die auch jeder ein Erkundigungsrecht etwa in der Schule besitzen.

Oft kommt es zu einer Fremd- oder Drittunterbringung des Kindes, weil weder Mutter noch Vater das Sorgerecht erhalten. In diesen Fällen ist es für GutachterInnen wichtig darzulegen, welche Gründe zur Drittunterbringung geführt haben bzw. ob und an welche Besuchsrechtsmöglichkeiten von Seiten des Gerichts zu denken sein wird.

Der zwölfjährige Andreas wird von der Exekutive aus der Wohnung abgeholt und in eine Einrichtung der Jugendwohlfahrt gebracht, weil vorübergehend keinem der beiden Elternteile das Obsorgerecht übertragen werden kann. Ein Sachverständigengutachten, das empfohlen hatte, den Jungen in einer Wohngemeinschaft unterzubringen, hat bei Gericht Gehör gefunden. Nun sollen in einer Nachbegutachtungsphase die Zugangsmöglichkeiten der Eltern zum Kind beurteilt werden. Der Sachverständige spricht sich für einmal wöchentliche Telefonkontakte von Seiten der Eltern, aber gegen ein Besuchsrecht aus. Letzteres sollte frühestens in einem Jahr gewährt werden. Die Eltern protestieren heftig, ihr Konflikt lebt wieder auf, und das Gericht entscheidet daraufhin für den gutachterlichen Vorschlag. Nach einem Jahr bewilligt es dreistündige Nachmittagskontakte für jeden Elternteil. Diese Besuchskontakte werden von BetreuerInnen der Wohngemeinschaft begleitet. Erst mit dem 14. Lebensjahr des Jungen – Andreas lebt immer noch in der Wohngemeinschaft – wird die Ausdehnung des Besuchsrechts auf einen Wochenendtag im Monat für den Vater und ebenso für die Mutter vom Gericht bestätigt.

Ein bedeutender Faktor für die Erhebung sind neu hinzukommende LebenspartnerInnen. Ihre Informationen sind ein wichtiger Hinweis auf die Entwicklung nach der Trennung. Väter, die anfangs heftig um das Besuchsrecht kämpften, fühlen sich jetzt vielleicht in ihrer neuen Familie rundum wohl und pochen kaum mehr auf ihr Besuchsrecht, ja verlieren oft ganz den Kontakt zu ihren Kindern aus der geschiedenen Ehe. Andere wiederum versuchen die Kinder nach Kräften in ihre neue Familie zu integrieren, bisweilen in der Hoffnung, ihnen ein »Heim erster Ordnung« bieten zu können. Dies ist aber oft schwieriger als gedacht: Die mitgebrachten Kinder der neuen Partnerin lehnen den Mann vielleicht ab – ganz zu schweigen von dessen Nachwuchs; auch die Bereitschaft der neuen Partnerin, die Kinder aus der vorigen Ehe zu akzeptieren, ist in solchen Fällen rechtzeitig und genauestens unter die Lupe zu nehmen.

Ausschlusskriterien für die Erteilung des Sorge- bzw. Besuchsrechts

Ein Pflegschaftsgutachten umfasst die Erhebung sowohl der Sorge- bzw. Besuchsrechtsqualifikation der Eltern als auch die Kriterien für das bestmögliche Kindeswohl. Zur Einschätzung der elterlichen Qualifikation gibt es gesetzlich festgelegte Kriterien, die eine Erteilung des Sorge- bzw. Besuchsrechts ausschließen. Diese so genannten *Ausschlusskriterien* für das Sorge- bzw. Besuchsrecht eines Elternteils umfassen Nerven-, Geistes- oder Gemütskrankheiten, Alkohol-, Medikamenten- oder Drogenabhängigkeit, Kriminalität und grob liederlichen Lebenswandel. Zu den Nerven-, Geistes- oder Gemütskrankheiten ist anzumerken, dass nur eingehende fachmedizinische Beurteilungen Grundlage einer solchen Schlussfolgerung sein können.

Zu den *Nervenkrankheiten* zählen Hirnabbauerkrankungen wie Altersdemenz, Schädelhirntraumen, Zustände nach schweren Hirnerkrankungen, zum Beispiel Hirn- und Hirnhautentzündungen, oder nach Operationen von Hirntumoren, auch die Gruppe der Anfallsleiden, allen voran epileptische Anfallsleiden und deren Persönlichkeitsveränderungen, gehört in diese Kategorie, ebenso die zentral nervösen Erkrankungen. Die *Geisteskrankheiten* umfassen vor allem die Schizophrenien, also Erkrankungen, bei denen Denkstörungen, Störungen im Realitätsbewusstsein und im

Ich-Bewusstsein auftreten, sowie Wahnkrankheiten, die ja mit Realitätsverlust, persönlicher Gewissheit in der Abweichung der Realität und Unkorrigierbarkeit der Gedanken einhergehen. Unter *Gemütskrankheiten* versteht man Erkrankungen, bei denen eine stark veränderte Gemütslage – etwa extreme Traurigkeit – erkennbar ist, die nicht durch bestimmte Erlebnisse und Ereignisse hervorgerufen wird; auch Antriebsveränderung im Sinne einer Adynamie (krankhafte Müdigkeit) oder einer massiv gesteigerten Antriebslage und so genannte vegetative Erscheinungen – Durchschlafstörungen, frühzeitiges Erwachen, morgendliche Extremverschlechterung der Befindlichkeit, trockener Mund, Verstopfung, also körperliche Symptome, die sich nicht einfach aus dem Lebensrhythmus erklären – gehören hierher.

Ein gerichtspsychiatrischer Sachverständiger wird beauftragt, Befund und Gutachten in einer Pflegschaftssache zu erheben: Die Frage lautet, ob und in welcher Form das Hauptsorgerecht über drei Töchter dem Vater oder der Mutter zugemessen werden soll und wie das Besuchsrecht zu regeln sei. Die Einladung zu Gesprächen mit dem Sachverständigen erfolgt gesetzlich fristgerecht; der Kindesvater erscheint zum geladenen Termin, nicht aber die Kindesmutter mit den drei Töchtern, die sich in ihrer Obhut befinden. Der Vater stellt eine dramatische Situation schwerster körperlicher und sozialer Verwahrlosung seiner Kinder dar: sie seien mangelhaft ernährt und ohne schulische Förderung. Wiederholte Hinweise bei Gericht wie auch bei der Jugendwohlfahrt, dass die Mutter an einer schizophrenen Erkrankung leide und nicht in der Lage sei, das Kindeswohl zu schützen, ja die Kinder gefährdet seien, verhallen ungehört. Auch würde sie die Kinder aufgrund von Wahnvorstellungen dem Vater entziehen. Mehrmalige Aufforderungen an die Mutter, die Kinder und sich selbst ebenfalls einer Begutachtung zu unterziehen, werden von ihr ignoriert. Es kommt daher zu einem Gerichtsverfahren ohne Sachverständigengutachten (dieses muss ja Befragungen aller Beteiligten enthalten), mit dem Rechtsspruch, dass der Mutter aufgrund der Ausschlusskriterien das Recht auf Pflege und Erziehung der Kinder entzogen wird, woran sie sich aber nicht hält. Die drei Töchter werden schließlich durch gerichtliche Verfügung der Kindes-

mutter abgenommen und dem Vater übergeben. Die Mutter
erhält bis auf weiteres kein Besuchsrecht.

Das folgende Beispiel zeigt, dass es oft besonders sorgfältiger Begutachtung bedarf, um psychische Erkrankungen gerade bei weniger spektakulärem Verlauf rechtzeitig zu erkennen. Oft bestehen ja kranke und gesunde Anteile im Menschen nebeneinander, sodass für die Umwelt nicht einschätzbar ist, inwieweit die Betroffenen imstande sind, ihr Leben und das der Kinder zu meistern. Gerade in diesen Fällen ist eine gerichtsmedizinisch-psychiatrische Begutachtung ein wichtiger Bestandteil nicht nur einer seriösen Diagnostik, sondern auch einer kindgerechten Prognose, die darauf abzielt, das Wohl des Kindes *langfristig* abzusichern.

Herr H. lässt sich aufgrund einer schwerwiegenden manisch-depressiven Erkrankung seiner Frau scheiden. Nach oberflächlichen Recherchen befinden die Gerichtsbehörden jedoch Frau H. für geeignet, die Obsorgeverpflichtung für den siebenjährigen Sohn Markus zu übernehmen. Wie sich bald zeigt, ist sie den damit verbundenen Aufgaben aber kaum gewachsen. Sie wechselt häufig den Wohnsitz, lässt Markus in der Obhut flüchtiger Bekannter, bleibt tagelang unauffindbar. Stets führt sie die hervorragenden Schul- und Leistungserfolge ihres Sohnes als Beweis dafür an, dass sie sich sehr wohl um ihn sorge, die Einhaltung der wesentlichen Lebensnotwendigkeiten garantiere und ihm äußere Obsorge durch pflegende Personen vermittle. Im Übrigen verstehe sie ganz und gar nicht, weshalb ihr Erziehungsstil in Frage gestellt werde. Erst ein Selbstmordversuch von Frau H. sowie Drohungen, sie werde in der Folge nicht nur sich selbst töten, sondern auch ihren Sohn mit »ins Jenseits« nehmen, alarmieren die Pflegschaftsbehörde und veranlasst sie zum Handeln: Markus wird Frau H. sofort entzogen. Er wird dem Vater in Obsorge übergeben. Die Mutter wird als schwer selbstgefährdend eingestuft und gegen ihren Willen in einem psychiatrischen Krankhaus angehalten. Nach Abklingen der Krankheitssymptome wird sie entlassen und begibt sich in eine Rehabilitation mit begleitender ambulanter Psychotherapie. Einige Wochen später setzt sie ihrem Leben ein Ende.

Der Gesetzgeber hat den drei genannten schweren Erkrankungsformen, den Nerven-, Geistes- oder Gemütskrankheiten, auch noch andere gleichwertige seelische Störungen beigestellt, darunter den so genannten *rechtsrelevanten Schwachsinnszustand*: Es handelt sich dabei um vormals geistig gesunde Menschen, die als Folge einer geistigen Behinderung oder durchgemachten Erkrankung in ihrer Intelligenz herabgemindert sind und somit die Tragweiten ihres Handelns nicht hinreichend abschätzen können; sie sind kaum oder gar nicht imstande, Verantwortung für andere zu übernehmen bzw. Erziehungsfunktionen auszuüben.

Zu den gleichwertigen seelischen Störungen zählen weiters *Alkohol-, Drogen- und Medikamentenabhängigkeit*, also der Konsum von bewusstseinsverändernden Substanzen, die eine Person in ihrer Erziehungsfunktion und der Fähigkeit, die Tragweiten des eigenen Tun und Handelns abzuschätzen, einschränken.

Auch extreme Formen von psychischer Abweichung in der Persönlichkeitsstruktur gehören gleichwertigen seelischen Störungen, darunter schwere neurotische Erkrankungen wie Angst-Panik-Störungen, Zwangskrankheiten, bei denen Denk- und Handlungsabläufe ununterbrochen wiederholt werden müssen, so genannte Phobien, also schwere Angststörungen, welche die Lebensvollzüge nicht ausführen und für die Umwelt nachvollziehen lassen, sowie schwere Charakterdeformationen im Sinne von Persönlichkeitsstörungen. Letztere umfassen Menschen mit absolut unangepasstem Verhalten im Bereich ihrer Hemm-, Brems-, Kontroll- und Steuermechanismen, insbesondere in der Kontrolle ihrer Aggressionen.

Neben den Erkrankungen zählt von kinder- und jugendpsychiatrischer Seite auch die *Kriminalität* zu jenen Bereichen, die als Ausschlusskriterien gelten. Kriminalität ist ein bewusst gewählter oder auch aufgrund sozialer Umstände entwickelter Lebensstil, der nicht geeignet ist, dem Kind eine vorbildhafte Erziehung im Hinblick auf die vorherrschende Wertewelt zu vermitteln. In die gleiche Kategorie fällt der so genannte *liederliche Lebenswandel*. Damit ist eine Sozialstruktur gemeint, die in pädagogischer Hinsicht nicht dienlich ist, dem Kind als Identifikation zu dienen, um die positiven Seiten des Lebens erfahren und nachvollziehen zu können. Zum »liederlichen Lebenswandel« zählen das Streunen, absichtlich herbeigeführte Arbeitslosigkeit ohne Bereitschaft, sich sozial einzupassen, oder Prostitution aufgrund finanzieller Not, die in Verbindung mit Alkohol- und Drogenkonsum eine grobe Verwahrlosung des Kindes zur Folge haben kann.

Für Mütter oder Väter, die aufgrund schwerwiegender *Ausschluss-kriterien* wie Alkoholismus, Sucht, psychische Krankheiten oder Kriminalität das Sorgerecht verloren haben und/oder massive Einschränkung des Besuchsrechts hinnehmen müssen, ist es oft besonders schwer, die Entscheidung des Gerichts zu akzeptieren, wie die oben genannten Fallbeispiele zeigen. Schmerz und Kränkung über den Verlust der Kinder und ein Gefühl der Schwäche müssen verkraftet werden. Zugleich kann aber die Scheidung den Anstoß für einen Neustart geben: sei es, dass durch diese Wende die Bereitschaft steigt, eine vorhandene Alkoholkrankheit zu heilen, die Therapie psychischer Probleme aufzunehmen oder einen kriminellen Lebensstil zu ändern. Gelingt es den Betroffenen, auch nur in irgendeiner Weise Konsequenzen aus den bisherigen Erfahrungen zu ziehen und ihrem Leben eine neue Orientierung zu geben, ist so die Chance auf echten Wandel gegeben.

Woraus besteht ein Gutachten?

Hat sich nun der Sachverständige ein ausreichendes Bild über die Familienstruktur und die Kindeswohlkriterien gemacht, so verfasst er das Pflegschaftsgutachten in dreifacher Ausfertigung. Es besteht aus einer Auftragseinleitung, einer Sachverhaltsdarstellung, einer Beschreibung der Befundaufnahme und dem eigentlichen Gutachten.

In der *Einleitung* werden das beauftragende Gericht, mit Namensnennung des Auftraggebers, sowie die Fragestellung klargelegt; dies deshalb, weil solche Pflegschaftsgutachten oft Jahre später in anderen Verfahren benötigt werden und daher gekennzeichnet sein muss, wann von wem welche Fragestellungen bereits formuliert und ob sie beantwortet wurden.

Es folgt eine kurze *Sachverhaltsdarstellung*, schon um die Befundaufnahme und das nachfolgende Kalkül leichter erfassbar zu machen. Gutachten sollten in ihrer Qualität immer wieder evaluiert werden. Auch erleichtert es ihre Nutzung, wenn man in eine vorangestellte Zusammenfassung der Causa Einblick nehmen kann.

Die *Befundaufnahme* dokumentiert die Angaben der Befragten nach Datum und Gesprächsbedingungen (z. B. allein oder in Gegenwart einer anderen Person). Aus zeitökonomischen Gründen sind Österreichs Sachverständige von einer Rede-Antwort-Befunderstellung abgegangen, da solche Gutachten häufig 60 bis 80 Seiten umfassten und damit kaum noch lesbar waren. Nunmehr wird der Gesprächsinhalt in der Möglichkeitsform des Aussagenden dargestellt und wesentlich erscheinende Details unter Anführungszeichen herausgehoben; diese Passagen sind dann wörtlich. Die Dokumentation hat das Gesprächsklima darzustellen und die wesentlichen Inhalte, die zur Gutachtenserstellung benötigt werden, nachvollziehbar schriftlich zu gestalten. Jede einzelne befragte Person wird in einem eigenen Kapitel gewürdigt. Sollten Nebenbefunde erhoben worden sein, zum Beispiel psychologische Tests bei Kindern, sind diese anzuführen und dem Gutachten beizulegen. Ein eigenes Kapitel fasst die im Akt aufliegenden Vorbefunde zusammen, insbesondere Vorgutachten, die ebenfalls nachvollziehbar zitiert werden müssen.

Nun folgt das eigentliche *Gutachten*, das sich in mehrere Teile gliedert. Da es beim Pflegschaftsgericht um das Kindeswohl geht, stehen die Kinder auch im Gutachten an erster Stelle. Häufig fühlen sich Eltern darin nicht hinreichend gewürdigt und wollen mit anderen als den zitierten Passagen in der Befundaufnahme erwähnt sein. Das mag zwar dem einzelnen Elternteil wichtig erscheinen, es muss ihm aber klar gemacht werden, dass der Sachverständige ausschließlich dem Gericht als ihrem Auftraggeber – durch Eid verpflichtet – Genüge tun muss. Wie auch das gutachterliche Kalkül ausfällt, immer werden Eltern sich benachteiligt fühlen, wenn die von ihnen angestrebten Wünsche nicht erfüllt oder ihre Behauptungen über den anderen nicht zum Ziel geführt haben. Allen Verfahrensbeteiligten recht zu tun ist schlechterdings unmöglich. Das Bestreben aller kinderpsychiatrischen und anderer Sachverständigen muss vielmehr sein, bestmögliche Schlussfolgerungen für die Kinder zu ziehen.

Der *erste Gutachtensteil* umfasst die Beschreibung des Kindes nach seiner gegenwärtigen Reifestruktur, also ob das Kind körperlich lebensalterstypisch gereift ist, ob es intellektuell dem Lebensalter entsprechend gefördert ist und daraus sich die entsprechende Reife ableiten lässt, ob es sich sprachlich dem Lebensalter entsprechend artikulieren konnte. Im emotionalen Bereich wird ausgeführt, ob es die Schwingungsfähigkeit besitzt, seine Beziehung zu Mutter und Vater auch nach außen hin zeigen zu können. In sozialer Hinsicht wird dargelegt, ob es die dem Lebensalter entsprechenden sozialen Spielregeln beherrscht; das Feld der Reifebeurteilung ist hier sehr breit gefächert: vom »Fremdeln« über Trotz, Sozialängste und lebensaltertypische Umgangsformen bis hin zu pubertären »Anmaßungen«. Danach wird das Kind nach seinem Pflegezustand beurteilt, das heißt, ob die Aufwendungen des haupterziehenden Elternteils auch zum Erfolg führen. Auf diese Weise soll eine Aussage darüber getroffen werden, ob der hohen Verantwortung, ein Kind bestmöglich zu erziehen, nachgekommen wurde oder ob Anzeichen von Mangelversorgung, Vernachlässigung oder Verwahrlosung erkennbar sind.

Das Gutachten soll auch die Beziehungsstruktur des Kindes zu beiden Elternteilen und allfällig zum neuen Lebenspartner eines Elternteils umfassen, wobei Einschränkungen in der Beziehungsstruktur herausgestrichen und erklärt werden müssen.

Der *zweite Teil* des Gutachtens umfasst die Beurteilung der Erziehungssuffizienz der Eltern. Das heißt, ob sie geeignet sind, ein Kind regelgerecht zu erziehen und ihm die wesentlichen Aspekte seines ihm zustehenden Kindeswohls zu ermöglichen, wie sie im Einzelnen bereits erörtert wurden. Allfällige Ausschlussgründe wurden ebenfalls bereits erwähnt. In diesen Fällen hat der Sachverständige zu begründen, ob und in welcher Form Kontakte zwischen Elternteil und Kind möglich sind oder ob eine Kontaktnahme auszusetzen sein wird.

Im *dritten Teil* des Gutachtens hat sich der Sachverständige mit den kindlichen Beziehungsstrukturen auseinander zu setzen, indem er die für das Kind förderlichen und nicht förderlichen Gegebenheiten ausdrücklich festlegt. Hier wird notwendig, die sozialen Bedingungen einer Familie in Augenschein zu nehmen, da der Sachverständige nicht von seiner eigenen Herkunft und den ihm vertrauten Beziehungsstrukturen ausgehen darf, sondern in seiner Beurteilung die gegebenen sozialen Bedingungen der betroffenen Familie abzuwägen und danach die Gewährleistung des Kindeswohls einzuschätzen hat.

Im *vierten Teil* schließlich, in der Beurteilung, ist dem zuständigen Pflegschaftsgericht eine Einschätzung der bestmöglichen Versorgung des Kindes vor Augen zu führen und ein diesbezüglicher Vorschlag zu formulieren.

Im *Abschluss* hat das Gutachten ausdrücklich zu vermerken, dass keiner der beiden Elternteile den anderen verunglimpfen oder verächtlich machen darf und dass ein solcher Umstand bei Nachweis und Kenntnisnahme des Gerichts zum Verlust der zugestandenen Rechte führen kann.

Für die zusammenfassende Beurteilung eines Falles ist letztlich das *Pflegschaftsgericht* verantwortlich, hat es sich doch darüber Kenntnis zu verschaffen, wie es seine Letztentscheidung zum Abschluss bringt und sie zu argumentieren bzw. zu verteidigen in der Lage ist.

MIT DER SCHEIDUNG LEBEN

»ALLES WIRD ANDERS, ABER NIEMAND WEISS WIE« – SEELISCHE FOLGEN FÜR DIE KINDER

So individuell und persönlich die Gründe sind, weshalb eine Ehe scheitert, so unverwechselbar sind die Gedanken und Gefühle, die eine Trennung der Eltern bei den Kindern auslöst. Nur eines ist immer gleich: Ob mit Angst, Trauer, Zorn oder Schuldgefühlen – alle Kinder *reagieren* auf die Trennung, mag das Familienleben noch so konfliktbehaftet gewesen sein. Und sie reagieren *anders*. Denn Eltern und Kinder erleben eine Scheidung völlig verschieden. Wo die Erwachsenen eine Chance auf Neubeginn sehen, bricht für die Kinder hoffnungslos eine Welt zusammen: Für sie ist die Scheidung fast immer schmerzvoller als für die Eltern.

Es muss angesichts der Ereignisse nicht immer zu augenfälligen Anzeichen kommen. Es gibt auch Kinder, die sich scheinbar »problemlos« mit allem abfinden und nach außen hin Teilnahmslosigkeit demonstrieren. Dies bedeutet nicht, dass ihnen die Vorgänge gleichgültig sind und dass eine so schmerzvolle Erfahrung wie der Zerfall ihrer Familie sie nicht berührt. Selbst wenn die Eltern schon früher über Trennung gesprochen oder im Streit damit gedroht haben – wird damit Ernst gemacht, tritt für das Kind eine Krise ein. Die seelische Erschütterung lässt sich meist am Aufruhr der Gefühle und am Ausmaß der Verunsicherung und Verwirrung erkennen. Werden diese Anzeichen von den Erwachsenen nicht wahr- oder ernst genommen, kann es zu einer Traumatisierung mit langfristigen Folgen kommen.

Die Verstörung der Kinder kann sich auf verschiedenen Umwegen äußern: Man unterscheidet akute Symptome; akute sich in die Länge ziehende Symptome; intervallmäßige Symptome, die immer wieder auftauchen; und chronische Symptome. Viele Folgen bleiben lange »maskiert«, das heißt, dass sie sich erst im Lauf der Jahre zeigen und ein Zusammenhang zur Scheidung gar nicht unmittelbar erkennbar ist.

Da sich Eltern ungern eingestehen, dass ihre Scheidung den Kindern Probleme macht, werden Verhaltensauffälligkeiten oft heruntergespielt, als »typisch« für das jeweilige Alter abgetan oder – im böswilligen Fall – unterstellt, der andere Elternteil sei schuld daran, dass das Kind Schwierigkeiten mache. Nur eine Möglichkeit wird kaum in Betracht gezogen: dass ein Kind, das Auffälligkeiten zeigt, seelischen Kummer hat.

Der erste Schock

Fast alle Kinder und Jugendlichen erleben einen »Scheidungsschock«: Sie können es nicht fassen, dass die Eltern sich trennen, besonders wenn die Scheidung für sie aus heiterem Himmel erfolgt und man sie nicht darauf vorbereitet hat. Ein wahres Durcheinander der Empfindungen entsteht: Verwirrung, Trauer, Wut, Angst wechseln einander ab, zugleich gehen Sicherheitsgefühle und Orientierung verloren. Was zusammengehört, fällt auseinander. Alles wird anders. Lebenswichtige Veränderungen stehen bevor.

Im Vorschul- und Volksschulalter drückt sich diese seelische Krise sehr oft durch tiefe Traurigkeit aus, vor allem wenn Kinder fürchten, einen Elternteil für immer zu verlieren. Sie fragen sich: »Liebt mich mein Papa nicht genug, dass er von mir fortgeht?« oder »Werde ich ihn jemals wieder sehen?« Die Kinder sind niedergeschlagen und fühlen sich schuldig, dass es so weit gekommen ist.

Trauer, Schuldgefühle und Gefühle des Versagthabens bilden die größte Gruppe typischer Scheidungsreaktionen. Hinzu kommen massive Ängste und Sorgen über die Zukunft: »Werden uns beide Eltern verlassen? Stehen wir ganz allein da?« Alle bisherigen Beziehungen scheinen bedroht zu sein – für die Kinder steht dabei viel auf dem Spiel: Nicht nur der mögliche Verlust der Eltern, auch jener von Verwandten oder Bekannten, die nun vielleicht zur »feindlichen«, zur »anderen« Seite gehören, der Wegfall gemeinsamer familiärer Kontakte nach außen, der befürchtete Verlust von Liebesobjekten – des vertrauten Teddys etwa oder eines geliebten Haustiers, erschüttern die Kinder zutiefst. Soziale Probleme und Unsicherheiten tauchen auf: Wo wird man in Hinkunft wohnen? Wird der geplante Fremdsprachenaufenthalt noch finanzierbar sein? Diese Überlegungen sind sehr real und zumeist auch folgerichtig. Kinder denken praktisch: Sie befürchten die Auflösung des Haushalts und des gewohnten Lebensstils und sie machen sich – oft zu Recht – Sorgen über massive finanzielle Einbußen und kommende Einschränkungen. Zur Aussicht auf eine ungewisse Zukunft mit möglicherweise geringerem Lebensstandard als bisher kommt auch die Scham, künftig als Scheidungsfamilie »anders« zu sein: defizitär, weniger akzeptabel. Es stellt eine Enttäuschung dar, dass die Erfahrung oder Sehnsucht, im Schutzkreis der »normalen« Herkunftsfamilie aufzuwachsen, in Hinkunft nicht realisierbar sein wird. Diese existentielle Verunsicherung kann in jedem Alter zu großer emotionaler Instabilität führen: zum Gefühl, keinen eigenen Platz zu haben, zerrissen zu sein, den Boden unter den Füßen zu verlieren, weil das Gewohnte vorbei und das Unbekannte, Neue noch nicht da ist. Die Angst vor Veränderungen und unfreiwilligen Verlusten hat Verwirrung, massive Spannungen und Unsicherheiten zur Folge, die sich wiederum in handfesten Symptomen und Auffälligkeiten äußern können. Wie immer sich diese auch ausdrücken mögen – das »Verhaltensrepertoire« der Scheidungskinder unterscheidet sich im Wesentlichen nicht von demjenigen aller anderen Kinder.

Scheidungssymptome

Um es gleich vorwegzunehmen: Es gibt kein klassisches Scheidungssyndrom, also eine immer wiederkehrende gleiche Gruppe von Symptomen, die eine Scheidung beim Kind hervorruft. Was es aber zweifellos gibt, ist die Wahrscheinlichkeit, dass es zunächst zu deutlichen Verhaltensänderungen kommt.

Wie schon erwähnt, reagiert ein großer Teil der Kinder mit *Trauer* und *Schuldgefühlen* auf den Verlust des gewohnten Familienlebens oder eines geliebten Elternteils. Je jünger die Kinder sind, desto trauriger sind sie, und desto mehr glauben sie, Ursache der familiären Katastrophe zu sein, was nicht zuletzt mit dem »egozentrischen« Weltbild jener Altersstufe zusammenhängt. Sie empfinden die Trennung nicht nur als Versagen der Erwachsenen, sondern auch ihrer selbst, beziehen sie doch die Probleme und Spannungen der Eltern auf sich. Sie können sich dagegen nicht abgrenzen und fühlen sich abgelehnt, was tiefe seelische Verletzungen hervorrufen kann. Dieser Eindruck wird noch verstärkt, wenn die Kinder mitbekommen, dass sie selbst oder ihre Erziehung vordergründiges Thema der Ehestreitigkeiten waren oder sind; sie fühlen sich dann umso mehr schuldig. »Was habe ich falsch gemacht – war ich nicht brav genug?« – »Habe ich Papa oder Mama enttäuscht?« Ältere Kinder und Jugendliche glauben auch nicht genug getan zu haben, um den Bruch zu verhindern; sie agieren ja häufig in Familienkonflikten als Vermittler – misslingt dann die Versöhnung der Kontrahenten, fassen sie dies als Scheitern ihrer Bemühungen auf. Sie fragen sich: »Hätte ich mich mehr anstrengen müssen, sie zu versöhnen?« Und sie werfen sich vor, dass ihre Anstrengungen nicht ausgereicht haben.

Schuldgefühle sind – für Kinder wie für Erwachsene – schwer erträglich, deshalb nehmen sie oft eine andere Form an: Traurigkeit und Depressivität bei den einen, Vorwürfe und Wut bei den anderen. Schuldgefühle und *Wut* liegen also nah beisammen. Indem ich die Schuld dem anderen gebe, entlaste ich mich vom schlechten Gewissen und von der persönlichen Kränkung, versagt zu haben. Oder ich entlade meine aufgestauten Gefühle: So bekommen Kinder wegen jeder Kleinigkeit einen Wutanfall, sie prügeln sich auf dem Schulhof und mit den Geschwistern, beißen um sich, schlagen Dinge kaputt oder richten ihren Zorn gegen die Eltern in Form von Beschimpfungen, manchmal kommt es sogar zu körperlichen Tätlichkeiten wie Fußtritte gegen die Mutter und Ähnlichem. Oft pendeln Kinder zwischen den Gefühlen der Aggression und der Schuld hin und her. Auch wenn es auf den ersten Blick nicht so aussieht, liegt doch allen diesen Fällen der Wunsch zugrunde, Liebe und entlastende Bestätigung als Hilfe in einer bedrohlichen Situation zu erhalten.

Im Allgemeinen zeigen Jungen und Mädchen recht unterschiedliche Reaktionsweisen auf die veränderte Familiensituation. Jungen reagieren stärker und unmittelbarer mit anhaltendem Problemverhalten, zum Beispiel mit heftigen Aggressionen, Schreikrämpfen, Schulversagen, Tierquälerei oder Weglaufen. Mädchen neigen in der Regel zunächst eher zur Anpassung, zeigen sich verständig und übernehmen Verantwortung; psychische Störungen machen sich bei ihnen mit Verzögerung bemerkbar: Trauer, Verlust, Verlassenheit und Angst vor Beziehungen tauchen oft erst in der Pubertät und in der Adoleszenz wieder auf.

Nicht selten versucht ein Kind seiner Desorientierung und Unsicherheit dadurch zu entrinnen, dass es sich deutlich kindlicher benimmt, als es seinem Alter und seinen Fähigkeiten entsprechen würde. Dadurch kehrt es in eine frühere Entwicklungsstufe zurück, in der es sich geborgener und sicherer fühlte, da es mehr Zuwendung und Aufmerksamkeit von seinen Eltern bekam: Trotz, Bettnässen, Daumen lutschen oder Rückschritte in der Sprachentwicklung sind in dieser Situation also durchaus »normal« und ein Zeichen, dass sich das Kind innerlich mit der Trennung beschäftigt. Auch Verhalten in der entgegengesetzten Entwicklungsrichtung gibt es, besonders im Schulalter ab zehn Jahren. Das Kind legt dann ein betont erwachsenes Verhalten an den Tag. Es wirkt »altklug« und abgeklärt. So, als beeilte es sich, möglichst schnell erwachsen und selbständig zu werden, um sich dadurch mehr Sicherheit zu verschaffen.

Andere Kinder verschließen sich in ihrem Schmerz vor der Außenwelt, bleiben stunden- oder tagelang in ihrem Zimmer und wollen niemanden sehen. Auch die Angst vor weiteren Verletzungen, die äußerst bedrohlich erscheinen, kann zu einem solchen *Rückzug*, zu einem verstärkten Gefühl der Einsamkeit und zum Schwinden des Selbstbewusstseins führen. Der einzige Kontakt besteht dann lediglich in gezielten Aggressionsakten gegen bestimmte abgelehnte Bezugspersonen. Diese Abkapselung kann *mutistische* Formen annehmen, also die vollständige sprachliche Verweigerung einzelnen Personen gegenüber, die durch nichts aufzulockern und in ihrer extremen Ausprägung krankheitswertig einzustufen ist.

Im Fall der siebenjährigen Lisa eskalieren die Streitigkeiten der oftmals alkoholisierten Eltern so weit, dass es zu nächtlichen Schrei- und Prügelszenen kommt. In der Schule fällt Lisa schon zu dieser Zeit durch massive Rückzugstendenzen und Leistungsversagen auf. Die Eltern werden deshalb mehrmals vorgeladen, wobei einmal die Mutter, dann der Vater erscheint und jeweils eine heile Familienwelt darstellt. Doch die couragierte Lehrerin schenkt diesen Beteuerungen keinen Glauben und verständigt das Jugendamt, das die Wirklichkeit aufdeckt. Noch vor der elterlichen Scheidung wird Lisa den Eltern abgenommen und kommt in eine Wohngemeinschaft, wo sie zu ihrer früheren Fröhlichkeit zurückfindet, wenn auch auf introvertierte Art. Ihren Eltern, die sie besuchen kommen, schenkt sie jedoch kein einziges Wort. Der Mutter gegenüber hält dieses Schweigen nunmehr seit drei Jahren an, mit dem Vater beginnt sich zögernd ein erster Gesprächskontakt. Nur vorsichtig hebt sich die Glasglocke, unter der Lisa gleichsam lebte – ein Schutzmantel für die seelischen Qualen, die sie in dem gewalttätigen Elternhaus erlitt und die noch immer nachwirken.

Auch *autistisches* Verhalten wird beobachtet; dabei handelt es sich ebenfalls um den Rückzug in eine eigene Welt, in die kein Erwachsener eindringen darf und die oft durch skurrile Verhaltensweisen (etwa das ständige Erklettern ein und derselben Kletterwand) oder Hobbys, wie das scheinbar nutzlose Ansammeln von Kieselsteinen, vor allem aber durch Unnahbarkeit und Konzentration auf einige wenige Dinge gekennzeichnet ist. Manchmal mischt sich in diese Rückzugstendenz auch Enttäuschung über die Eltern, weil sie ihre Probleme nicht im Zusammenleben lösen konnten. Betrachten die Eltern ihre Trennung als »Katastrophe« oder werten Mutter und Vater einander vor den Kindern ab (»Dein Vater ist ein Versager, unverlässlich, ein Trinker …«, »Deine Mutter ist unfähig, streitsüchtig, eine Hysterikerin …«), tritt Scham hinzu, solche Eltern zu haben. Die Kinder kapseln sich von der Umwelt ab, machen sich schwer zugänglich oder hauen ab, um sich diesem Inferno zu entziehen.

Was Kinder im Lauf der Scheidung und danach vielfach wahrnehmen müssen, sind Streit, Unversöhnlichkeit, gegenseitige Beschuldigungen, Verschieben der eigentlichen Konfliktursachen auf Nebenschauplätzen und – besonders beängstigend – immer wieder Drohungen die Zukunft der Kinder betreffend. Unter dem Vorwand, das geliebte Kind vor dem Zugriff des verhassten Partners zu schützen, wird ausgestoßen: »Dein Kind siehst du nie mehr wieder!« Eine furchtbare Doppelbotschaft: die Drohung, die dem Kind Schaden zufügt, widerspricht der Beteuerung, man tue das ja nur aus Liebe zu ihm. Diese so genannte *Doublebind*-Situation verwirrt und ängstigt das Kind und verunsichert es zutiefst.

Ebenso große Ängste bereitet die *Auflösung des familiären Werte-*

systems. Kinder erwarten eine Versöhnung der Eltern, so wie man sie immer von ihnen verlangt hat, wenn sie sich mit Geschwistern oder FreundInnen gezankt haben. Sie gehen davon aus, dass die Eltern einander um Verzeihung bitten, schließlich mussten sich die Kinder stets für ihre Ungezogenheiten bei den Eltern entschuldigen. Sie vermissen bei den Erwachsenen jenes Verhalten, das diese ihnen beigebracht haben. Die bisher vertraute Orientierung, die elterlichen Erwartungs- und Verhaltensmuster verlieren ihre Gültigkeit. Unklare Strukturen entstehen, die den Zerfall von allem Festgefügten befürchten lassen: Die von den Eltern immer wieder beschworene Liebe erscheint als Trugbild; schließlich beweisen die Eltern ja, dass ihre gegenseitige Liebe durchaus aufkündbar ist. Auch auf ihre Zusicherung, dass sie ihr Kind lieben, scheint angesichts solcher Zerbrechlichkeit der Gefühle wohl kaum Verlass. Dass einer der beiden Elternteile auch noch fortzieht und nur mehr »Besucher« (oder Besucherin) sein soll, macht die Sache nicht besser. Wie können da in Hinkunft die gewohnten Regeln und Rituale eingehalten werden? Wo sollen Weihnachten oder Geburtstage gefeiert werden und wie, wenn nur mehr die Hälfte der Familie daran teilnimmt? Wird sich der verbleibende Elternteil noch Urlaube oder ein Kinderzimmer leisten können? Wird man umziehen, die Schule wechseln müssen? Wie wird es mit der Freundin des Vaters oder dem Freund der Mutter sein? Überhaupt: Wäre es nicht viel besser, wenn sich Mama und Papa wieder versöhnten? All diese bangen Überlegungen schlagen sich in altersgemäßen Strategien des Kindes nieder – von verzweifelten Versöhnungsversuchen unter Zuhilfenahme von Verwandten bis hin zu psychosomatischen Erkrankungen, beseelt vom (meist unbewussten) Wunsch, die Eltern am Krankenbett zu vereinen, damit sie endlich miteinander reden, die vielen anstehenden Fragen lösen und vielleicht wieder zusammenfinden.

Kinder sprechen ihre Fragen, Befürchtungen und Erwartungsängste oft nicht aus. Befreit man sie nicht von dieser Last, kann sie die weitere Entwicklung des Kindes einschränken und dessen Verhalten hin zu einer depressiven oder aggressiven Persönlichkeit verändern. Um diesen Druck zu mindern, schließt ein Kind sich manchmal an Geschwister oder Verwandte an; diese Bündnisformen bilden seine psychische Überlebensstrategie. Nur Heranwachsende im Pubertätsalter koalieren nicht nur aus Angst, sondern auch materieller Vorteile wegen – nach dem Motto: »Bei wem und wie habe ich für die Umsetzung meiner Wünsche die besseren Ausgangspositionen?« Doch abgesehen davon, haben Pubertierende – wie schon gezeigt wurde – auch und gerade jetzt mit gravierenden Ängsten und Verunsicherungen zu kämpfen.

Die Ängste der Kinder werden noch verstärkt, wenn einer oder beide Elternteile über kurz oder lang eine neue Partnerschaft eingeht, vor allem wenn sich dadurch die Familie vergrößert. Oft kommen ja zwei neue Familien hinzu, die ihrerseits unterschiedliche Beziehungsformen pflegen. Auch wenn man Kindern noch so große Flexibilität zutraut: Es ist oft schwierig genug, mit den eigenen Geschwistern zu Rande zu kommen, um wie viel mehr nun auch noch mit den Stief- und Halbgeschwistern. Darüber hinaus können auch Erwartungen ganz anderer Art den Kindern Probleme bereiten, etwa die verschiedenen Rollenzuweisungen, die – wie in diesem Buch bereits ausgeführt – dem Kind vom Erwachsenen ungefragt, ja vielfach unbewusst übertragen werden: vom »Faustpfand« bis zum »Verführungsobjekt«. Diese psychische Dienstbarmachung für die Zwecke der Erwachsenen wird weder ausgesprochen noch diskutiert und führt schon deshalb bei den überforderten Kindern zu namenloser Angst und Schuldgefühlen.

Diese vielfachen Konflikte, denen Scheidungskinder oft bedenkenlos ausgesetzt werden, können im körperlichen Bereich zu einer herabgesetzten Immunlage und erhöhter Krankheitsanfälligkeit führen. Auch psychosomatische Symptome sind möglich: Kopfschmerzen, weil das Leben Kopfzerbrechen macht, Magenschmerzen, weil etwas im Magen liegen bleibt, Hautprobleme aus Stress und weil man aus der Haut fahren könnte, morgendliches Erbrechen, weil man das Leben zum Kotzen findet. Auch kommt es in der Regel zu Konzentrationsschwierigkeiten und Leistungseinbußen in der Schule, da mehr Energie für die Angst- und Konfliktbewältigung eingesetzt werden muss als für das erforderliche Lernpensum.

Nicht alle Symptome können, wie schon erwähnt, eindeutig als Scheidungssymptome bestimmt werden, sie sind *subakut*, also Folgen, die sich schleichend einstellen: etwa Ess- oder Schlafstörungen, die scheinbar nicht zugeordnet werden können. Gerade in diesen Bereichen sind aber die Symptome überdeutlich und entsprechend ernst zu nehmen: nächtliches Aufschreien, böse

Träume, Ein- und Durchschlafprobleme, Appetitlosigkeit (sehr wenig essen oder Mahlzeiten auslassen) oder übersteigertes Hungergefühl (sehr viel und häufig essen) bis hin zu den gefährlichen Formen wie Anorexie (Magersucht) oder Bulimie (krankhaftes Erbrechen von in Mengen verschlungenem Essen). In letzteren Fällen wird die psychische Störung gleichsam provokativ als körperliche Handlungssprache eingesetzt: Seht her, wie schlecht es mir geht! Wann kümmert ihr euch um mich?

Eine typische Gruppe von Scheidungsreaktionen sind die *Verhaltensabweichungen.* Eine der markantesten darunter ist das *Stehlen.* Dabei ist genau zu beachten, was ein Kind stiehlt und was es mit dem Diebsgut anfängt. Die Handlungssprache des Stehlens bedeutet: »Ich möchte mir etwas verschaffen, das ich daheim nicht bekomme und mir selbst nicht leisten kann«. Dieser Gedanke kann bei Kindern eine Rolle spielen, die nach einer Scheidung finanziell »ausgehungert« werden, weil sich die Eltern über die Höhe des Taschengelds oder die Finanzierung alltäglicher Dinge nicht einigen können. Stehlen kann auch den Wunsch ausdrücken: Ich möchte mir etwas gönnen. Es kann also eine Ersatzhandlung dafür sein, dass das Leben sonst nichts Gutes bietet und man daher beschließt, es sich einfach zu »nehmen«. Viele Kinder, die klauen, fühlen sich verbittert und ungeliebt und »holen« sich, gleichsam unter Ausschaltung ihres Gewissens, was sie »brauchen«. Oft behalten sie ihr gestohlenes Gut gar nicht für sich selbst, sondern versuchen damit Freunde zu gewinnen, indem sie diesen übermäßig teure Geschenke machen, sie zu gemeinsamen Aktivitäten einladen und ihnen jene Zuwendung und Fürsorge bieten, die sie selbst vermissen. Dabei übertreiben die kleinen Diebe ganz fürchterlich, wenn sie beispielsweise ihren Freunden begehrte Objekte wie Handys, kostspielige Taschenmesser oder Elektronikspielzeug spendieren. Manche Kinder entwenden auch ganz absurde Dinge, die sie überhaupt nicht brauchen können, wie Büromaterialien, Autozubehör oder Kleidungsstücke für Erwachsene. Sie stehlen um der Spannung des »Nehmens« willen, erst später, wenn sich dieses Verhalten verfestigt, geht es vor allem um den Nervenkitzel. Die Spannung liegt dann im Entdeckt- und im Bestraft-Werden für verbotenes Tun.

Ebenfalls zu den auffälligen Verhaltensweisen gehört gewohnheitsmäßiges *Lügen.* Seine gesteigerte Form ist die *Pseudologie,* also die Verwischung der Grenze zwischen Fantasie und Wirklichkeit, wenn Erdachtes vom Kind für real gehalten wird. Hierher gehören selbst erfundene Geschichten à la Münchhausen, Märchenwelten, Fantasien mit teils realen, teils irrealen Anteilen, die für Außenstehende – und für die kleinen ErfinderInnen selbst – oft nur schwer in Wahrheit und Dichtung zu durchschauen sind. Irgendwann können sie dann die Trennlinie selbst nicht mehr erkennen. Scheidungskinder verbreiten solche Geschichten besonders gern außerhalb der Familie: Sie »schwindeln« sich in eine heile Welt, die es für sie nicht gibt (ja vielleicht nie gegeben hat), um das eigene Leid und die Probleme der Familie zu verhüllen. Diese Welt wird oft fantastisch schön ausgemalt und offenbart so die ausgeprägten Wünsche und Sehnsüchte des betroffenen Kindes. Solche »Schwindelgeschichten« haben durchaus Methode: Manche Kinder brauchen diesen »Trick«, um Erfahrungen zu bewältigen, die für sie schwer zu akzeptieren sind. Deshalb tut man gut daran, die »Schwindeleien« nicht kurzerhand zu entlarven, sondern es den Kindern zu überlassen, die Wirklichkeit, die man ihnen zumutet, in ihrer Zeit und auf ihre Art zu verkraften – auch wenn es so aussieht, als verschließe das Kind die Augen vor der Realität. Erst später kann man darangehen, das Kind behutsam in die raue Wirklichkeit zurückführen.

Es gibt aber, wie erwähnt, auch Kinder, die in der Absicht, sich selbst zu beschützen, so tun, als wäre nichts geschehen, als nähmen sie nichts wahr, als ginge sie alles nichts an. Diese Haltung kann zu Mechanismen von *Ich-Abwehr* führen, also der Abwehr des Denkens, Fühlens, Wollens und Handelns. Man nennt diesen Vorgang auch *Verdrängung*: Reales Geschehen, das nicht mehr verkraftbar erscheint, wird aus dem Bewusstsein gedrängt, mit der Folge, dass Kinder auf die Frage, wie es ihnen mit der Scheidung und ihren Folgen geht, sich entweder »davonschwindeln« oder achselzuckend antworten: »Sowieso gut«, »Mich stört das alles nicht«, »Was nur alle haben, ich krieg doch ohnehin, was ich brauche.« Auch das *Verleugnen* ist ein solcher Abwehrmechanismus. Hinweise auf reale Vorgänge oder Situationen werden verleugnet, aus dem Wunsch heraus, sie ungeschehen zu machen, indem tatsächliche Ereignisse als persönlichkeitsfremd und unrealistisch abgetan werden. In diesem Sinn kommt die Verleugnung einer Selbstlüge gleich, während die Verdrängung eine unerträgliche Erfahrung ins Unbewusste verbannt. Es sind vor allem diese Schutzmechanismen – Verdrängen und Verleugnen –, die sich am massivsten auf die weitere Entwicklung des Kindes auswirken und zu Langzeitfolgen führen. Die dahinter verborgenen Konflikte können nicht mehr rechtzeitig erkannt, ausgesprochen und bearbeitet werden und machen sich daher in allen Lebensphasen aufs Neue störend bemerkbar: Beruf, Beziehungen, Ehe – alle Lebensbereiche werden von diesen früheren negativen Erfahrungen der Betroffenen langfristig geprägt sein.

Folgen fürs Leben

Es gibt Symptome, die periodisch in größerem Abstand *(intermittierend)* auftreten. Das können Verhaltensauffälligkeiten oder tiefer sitzende psychische Störungen sein, die im Verlauf der weiteren Entwicklung immer wieder entstehen, wobei es besonders darauf ankommt, in welchem Alter der Mensch war, als die seelische Not am größten gewesen ist, wie er die Akutphase damals bewältigte und wo im unbewussten Speicher die unaufgearbeiteten Konflikte abgelegt (»verdrängt«) wurden, denn von dort senden sie im Lauf des Lebens immer und immer wieder ihre Störungen aus.

Ein sexueller Missbrauchstäter an Kindergartenkindern wird gefasst und schuldig gesprochen. Sein Vorgehen wird als »behutsam und zärtlich« beschrieben. Bei keinem der Kinder im Vorschulalter wendete er körperliche Gewalt an, um sein Ziel zu erreichen, jedoch reichten die nachweislichen Taten für eine mehrjährige Haftstrafe aus. Bei der psychologischen Untersuchung und der Zeichnung des Täterprofils ergab sich, dass der Mann im Alter von fünf Jahren aufgrund einer Scheidung der Eltern vollständig den Kontakt zur Mutter verloren hatte. Zuvor eine liebevolle, zärtliche Frau, die von ihrem Sohn emotional stark in Besitz genommen worden war, verließ sie nach der Scheidung Europa und verschwand für immer aus dem Leben ihres Kindes. Die unerfüllte Sehnsucht nach der Mutter lebt der nunmehr Erwachsene mit geschlechtlich verkehrten Vorzeichen an Kindern aus, die etwa im gleichen Al-

*ter sind wie er, als er seinen Verlust erlitt. Er bietet ihnen –
wie er es sieht – jene Zärtlichkeit an, die er selbst durch den
Weggang der Mutter schmerzlich vermisst hat. Das schwere
psychische Problem verhindert, dass der Mann die Tragweite
seiner Triebverfehlungen erkennt.*

Kinder, die – wie im eben genannten Fallbeispiel – in der Vor-
schulphase geschädigt wurden, greifen später wiederholt auf Verhaltensweisen jener Altersstufe zurück. Hat sich die ursprüngli-
che Konfliktsituation im Volksschulalter ereignet, etwa reale oder
befürchtete soziale Isolation und Ausgeschlossenheit, die nicht
verkraftet wurden, werden Probleme in der sozialen Bindungsfähigkeit den weiteren Lebensweg begleiten und sich unter anderem
besonders auffällig in Autoritätsschwierigkeiten zeigen: ob in der
Schule oder im Beruf – Autoritäten können einfach nicht akzeptiert werden. Sehr oft zeigen sich später immer wieder Probleme
im Umgang mit dem anderen Geschlecht als Folge einer tiefen
Enttäuschung des Kindes über den gegengeschlechtlichen Elternteil. Auch in gestörten Gefühlen von Nähe und Distanz können
sich die alten Konflikte immer wieder neu beleben: Wie weit lasse
ich Menschen an mich heran? Lasse ich sie im Wiederholungs-
zwang viel zu nahe kommen, obwohl dies der realen Beziehung
gar nicht entspricht? Oder bin ich umgekehrt unfähig, Distanzen
zu überwinden und Nähe zu einem geliebten Menschen herstellen
– beschwere mich aber dauernd, dass dies nicht gelingt oder sich
niemand findet, der Nähe zu mir sucht?
In der späteren Aufarbeitung solcher Störungen wird gern ihr früher Ursprung übersehen: wann und in welcher Weise das Trauma
erfolgte. In der Familientherapie bedarf es in Scheidungsfällen
auch der Analyse, welcher Elternteil wie lange welchen Einfluss
ausüben hat können. Es ist schon erstaunlich, in welchem Ausmaß sich Eltern oft von der weit reichenden Bedeutung, die sie
für ihre Kinder haben, distanzieren. Verzweifelte Mütter, die mit
einem schwierigen Kind in die Behandlung kommen, zeigen sich
äußerst überrascht beim Hinweis darauf, dass sie als Erziehungs-
berechtigte doch jahrelang Bindung und soziale Strukturen ihres
Kindes gestalten und so manche Probleme des Kindes hätten vermeiden können.
Im Unterschied zu den immer wieder auftretenden *(intermittie-*

renden) Symptomen gibt es *chronische Schädigungen* mit langfristigen Auswirkungen auf die psychische Entwicklung eines Menschen. Diese *Langzeitschäden* sind Folge besonders tiefer Verletzungen und Verunsicherungen während und nach einem Scheidungsgeschehen, die das Verhalten so sehr verändern, dass wir von einer gestörten Persönlichkeitsentwicklung sprechen müssen. Es handelt sich dabei um psychische Krankheiten, die durch einen durchgehend schädigenden Erziehungsverlauf gestaltet wurden – etwa durch unklare Verhältnisse und Wertmaßstäbe, wie sie bei stark konkurrierenden Erziehungsvorstellungen der beiden geschiedenen Elternteile herrschen. Ein solcher Konflikt der Expartner, in dem das Kind zwischen den zwei wichtigsten Menschen und Vorbildern seines Lebens hin und her gerissen wird, kann die ganze Kindheit überschatten. Zu den größten Ängsten des Kindes zählt ja, in den elterlichen Konflikt hineingezogen und darin zerrieben zu werden. Verwirrung und die Furcht, sich für einen der beiden entscheiden zu müssen und den anderen dadurch zu verletzen oder gar zu verlieren, kann seine Kräfte übersteigen und auf seine innere Entwicklung verheerende Auswirkungen haben.

Was können Eltern tun?

Die Kinder verstehen lernen

Viele geschiedene Eltern sind beunruhigt über die Verhaltensauffälligkeiten ihrer Kinder. Die unvermeidlichen Symptome verstärken die elterlichen Schuldgefühle oder werden als Störfaktor in einer ohnehin schwierigen Situation empfunden. Man ist also versucht, die Schwierigkeiten durch Disziplinierungsaßnahmen unter Kontrolle zu halten oder noch besser: zum Verschwinden bringen – sei es durch Überreden, Strafandrohung oder Liebesentzug, sei es durch Beratung oder Therapie. Doch reine Symptombekämpfung unterdrückt bloß die Probleme und verstärkt die ohnehin massiven Ängste der Kinder vor dem Alleingelassen- und Verlassenwerden. Das heißt nicht, dass die Probleme ignoriert werden sollen oder nur die Hoffnung bleibt, sie mögen von selbst verschwinden. Die Symptome sind oft das einzige Mittel für die Kinder, ihren Schmerz auszudrücken. Sie sind der sichtbare Ausdruck des seelischen Zustands des Kindes, seine »Aktionssprache«; und es bedarf eines einfühlsamen psychischen »Dolmetschers«, der zu deuten vermag, was das Kind augenblicklich bedrückt und wie ihm zu helfen ist.

Es hängt also viel davon ab, ob es bloß zu einer äußerlichen Beseitigung der Symptome kommt oder ob ein Kind die Möglichkeit erfährt, seine belastenden Erlebnisse und Erfahrungen auszudrücken und zu verarbeiten. Nur Verständnis und Akzeptanz seiner seelischen Nöte führt zur echter Beruhigung der Kinder, sodass sich die Auffälligkeiten und ganz »normalen« Symptome allmählich legen. Starke Alarmsignale allerdings wie Gewalttätigkeit, Selbstverletzung, Drogen, hartnäckige Schulprobleme, gesteigerte Essstörungen, dauerhafte körperliche Beschwerden oder extremer Rückzug bis hin zur Selbstmordgefährdung bedürfen spezieller Hilfe. Zeit allein heilt nicht alle Wunden. Aber ohne sie geht nichts: Mindestens ein Jahr brauchen Trennungskinder, um ihre Trauer und ihr Scheidungsleid zu verarbeiten.

Scheidung – eine gute Nachricht?

Nicht alle Veränderungen, die im Verhalten von Kindern und Jugendlichen auftreten, gehen ausschließlich auf die Scheidung zurück, sondern bestanden bereits früher und wurden durch die Scheidungssituation lediglich akzentuiert. So zeigen Kinder und Jugendliche aus Familien mit hohem Konfliktpotenzial oft schon *vor* der Trennung ihrer Eltern klassische »Scheidungssymptome« wie Aggressivität, Verweigerung, Trotz, Angst und Mangel an Selbstwertgefühl und sozialer Verantwortung. Für sie kann die elterliche Trennung ein Gewinn sein. Leben sie danach mit einem unterstützenden Elternteil, können sich die Nachteile der Scheidung in Vorteile verwandeln. Wie überhaupt Scheidungskinder von den Herausforderungen ihrer schwierigen Situation profitieren können: Viele von ihnen erweisen sich auf lange Sicht als besonders belastungsfähig, reif, verantwortungsbewusst und zielstrebig – nicht *trotz* der Scheidung, sondern gerade *deswegen*.

Die Ehescheidung hat also auch positive Folgen neben den negativen: Sie kann schädigend, aber auch Wachstum produzierend sein, kann Angst, doch auch Selbstsicherheit erzeugen, Abhängigkeit hervorrufen und ebenso Unabhängigkeit fördern, sie kann belasten und zugleich Erleichterung bringen. Seit Scheidung zur »Normalität« wird, entdeckt man an ihr auch gute Seiten. Damit findet ein Wechsel in der Bewertung der Scheidung und ihrer Auswirkungen statt. Stand bisher in erster Linie die durch Stress und größte Belastungen gekennzeichnete Scheidungsphase mit ihren unmittelbaren Gefühlsreaktionen im Blickfeld, nimmt man zunehmend auch größere Zusammenhänge wahr. Und damit jene positiven Effekte der Scheidung, die zumeist erst *nach* der Trennung zum Tragen kommen.

Wie Eltern ihren Kindern helfen können, die Scheidung ohne seelische Schäden zu bewältigen:

1. Unterstützung geben: Der wirkungsvollste Schutz, den ein Kind gegen die Belastungen einer Scheidung haben kann, ist ein unterstützender, liebender, verlässlicher Elternteil. Lebt es nach der Scheidung mit einem strafenden, gereizten oder gleichgültigen Elternteil, werden all seine Befürchtungen bestätigt, ausgestoßen und nicht mehr geliebt zu sein. Entscheidend für das Wohlergehen der Kinder nach einer Scheidung ist also vor allem das Verhalten des Elternteils, bei dem sie leben.

2. Zeit nehmen: Um Kinder durch die Krise zu begleiten, muss wenigstens der Elternteil, bei dem sie leben, viel Platz und Zeit für ihre Gefühle einräumen – kindliche Aggressionen eingeschlossen. Er muss diese Gefühle »annehmen« und die quälenden Fragen beantworten, die sich darin verbergen. Je kleiner das Kind, desto wichtiger ist die elterliche Anwesenheit; sie wirkt beruhigend und entwicklungsfördernd. Eltern, die sich viel Zeit nehmen, stellen die besten Weichen für glückliche Scheidungskinder.

3. Gespräche fördern: Der beste Weg, Kinder zu entlasten, ist das Gespräch. Viele Gespräche! Sie helfen den Kindern, aus ihrem Schweigen herauszukommen und die eigenen Probleme zu äußern. Dabei muss die Kommunikation nicht immer verbal sein: Gefühlen kann man auch durch Zeichnungen, Musik oder spielerisch Ausdruck und Gestalt geben. Mut zum offenen Dialog statt »Redeverbote« ist wichtig, um herauszufinden, was genau in den Kindern vorgeht und was sie brauchen.

4. Beruhigen: Wie in jeder kritischen Lebenssituation ist es während und nach der Scheidungskrise besonders wichtig (und ebenso schwer!), die Ruhe zu bewahren. Kinder fühlen sich bei Eltern, die gelassen und gefasst agieren können, besser aufgehoben und angenommen. Gerade »schwierigen« Kindern tut es gut, mitten in ihrem Gefühlsaufruhr Ruhe und Verständnis zu erfahren.

5. Rollenzuweisungen vermeiden: Eltern sollten darauf achten, die Bedürfnisse der Kinder getrennt von ihren eigenen wahrzunehmen. Je mehr sie in der Lage sind, ihre Probleme eigenverantwortlich zu lösen, desto weniger besteht die Gefahr, dass sie ihre Kinder als Projektionsfläche oder Partnerersatz missbrauchen. Gelingt es ihnen, für ihre persönliche Entfaltung und Stärkung zu sorgen, wird dies auch auf die Kinder positive Auswirkungen haben.

6. Loslassen – Abschiednehmen – Versöhnen: Zum Neubeginn gehört eine gelungene emotionale Ablösung und Abgrenzung vom Expartner. Von der Bereitschaft der Partner, auf Distanz zu gehen und klare Verhältnisse zu schaffen, profitieren die Kinder. Wird dagegen der ehemalige Partner fortgesetzt schlecht gemacht, gerät das Kind in schwere Loyalitätskonflikte; es fühlt sich stellvertretend für den anderen verletzt und abgewertet.

7. Als Eltern kooperieren: Haben die Eltern eine Gesprächsbasis miteinander, können sie Verhaltensauffälligkeiten ihrer Kinder besser verstehen und begegnen und auch in anderen Erziehungsfragen fair zusammenarbeiten. Keinesfalls dürfen sie aus Wut oder Kränkung gegen den anderen auf mögliche Spaltungsversuche der Kinder eingehen oder aus erpresserischen Gründen die Hoffnung der Kinder nähren, die Eltern würden (wenn die Kinder nur »brav« seien) vielleicht wieder zusammenkommen.

8. Kontakt zum anderen Elternteil ermöglichen: Wichtigste Voraussetzung für eine positive Entwicklung des Kindes ist, Bedeutung und Qualität der Beziehung zu beiden Eltern zu erhalten. Deshalb muss vom betreuenden Elternteil die Beziehung zum Besuchselternteil garantiert werden. Je enger der Kontakt zu beiden Eltern bleibt, desto besser überstehen Kinder die Scheidung.

9. *Mit dem Kind in Beziehung bleiben:* Für Kinder ist es schwer, zu ertragen, dass die Liebe des fortgezogenen Elternteils nicht ausgereicht hat, ihn zum Bleiben zu bewegen. Damit diese Wunde heilen kann, sind Signale des Besuchselternteils notwendig, die dem Kind zeigen: »Du bist auch weiterhin wichtig für mich«, »Ich bin weiterhin für dich da.« Der Besuchselternteil muss deshalb mit dem Kind in engem Kontakt bleiben, ihm genügend Zeit widmen und sich weiterhin in der Erziehung engagieren.

10. *Perspektiven bieten:* Getrennt leben, doch gemeinsam Eltern bleiben ist ein mühsamer Lernprozess. Doch er lohnt sich. Und er ist für Kinder eine Lektion fürs Leben: nämlich dass man aus Krisen herausfinden kann, ohne dass jemand auf der Strecke bleibt. Veränderungen sind zwar schmerzhaft, aber sie müssen auf Dauer kein Unglück sein. Begleitet von Liebe, Verlässlichkeit und Verständnis können sie vielmehr für das Zusammenleben ganz neue Möglichkeiten bieten. Auf die Qualität der Beziehungen, nicht auf das Familienmodell kommt es an!

11. *Freunde statt Feinde sein:* »Rosenkriege« sind die wirksamste Garantie, die Entwicklung der Kinder dauerhaft zu gefährden. Vor den Kindern streiten, sich hassen und fertig machen ist die Hölle. Nur wenn die Kinder nicht zum Zankapfel der Eltern und zum Spielball ihrer Konflikte werden, gehen sie gestärkt statt gestört aus dem Drama hervor. Nicht die Scheidung selbst, sondern ihr »Wie« entscheidet, ob die Kinder heil und stark bleiben oder ihr Leben lang an den Folgen zu tragen haben.

Zum Umgang mit Scheidungskindern in Kindergarten und Schule

Jedes Scheidungskind lebt auch in einem größeren sozialen Rahmen: Kindergarten, Schule, Hort oder Freizeitgruppen. Es vermittelt dort – direkt oder indirekt – anderen Kindern, dass Eltern sich trennen können. Damit konfrontiert, nehmen viele in der Gruppe oder Klasse diesen bedrohlichen Umstand erstmals wahr, nicht ohne zu Hause ängstlich nachzufragen, ob dies auch bei den eigenen Eltern zu erwarten sei. Kinder im Vorschulalter sind besonders dann verunsichert, wenn sie Streit daheim oder mit Gleichaltrigen aus eigener Erfahrung kennen, ihnen das einander »Bösesein« vertraut ist. Jedes laute Wort der Eltern, jedes Abwenden voneinander wird nun von der Furcht des Kindes begleitet, dies könne der Auftakt zur Trennung sein.

Für Eltern wie PädagogInnen gilt in diesem Zusammenhang: In *jedem* Lebensalter ist es unumgänglich notwendig, den Kindern die Bedeutung eines Versöhnungsakts bewusst zu machen, ihnen vorzuzeigen, wie man sich nach einer Auseinandersetzung bei anderen entschuldigt, ohne dass es bloß leere Worte sind. Hier wird vor allem die Vorbildwirkung bedeutsam: so ist beispielsweise bei Erziehungsfehlern dem Kind immer wieder zu zeigen, dass auch Erwachsene bereit sind, sich beim Kind ehrlich zu entschuldigen.

Da es bereits im Kindergarten viele Scheidungskinder gibt, besteht eine wichtige Aufgabe der KindergärtnerIn darin, dieses Thema, sobald es aktuell wird, aufzugreifen, so wie ja auch Todesfälle in der Familie eines Kindes behandelt werden. Wichtig ist, sich vorweg bei einem erwachsenen Familienangehörigen des Scheidungskindes über Umstände und Bedingungen der Trennung zu informieren, in Erfahrung zu bringen, bei wem das Kind lebt, ob beide Elternteile unbeschränkten Zugang zum Kind haben, ob ein gemeinsames Sorgerecht vereinbart wurde, sowie sich unbedingt zu erkundigen, wer berechtigt ist, das Kind aus dem Kindergarten abzuholen, um etwaigen Streitigkeiten zwischen den Eltern darüber oder gar einer Kindesentziehung vorzubeugen.

Eine Diskussionsrunde im »Sesselkreis« ist im Kindergarten durchaus als Gremium geeignet, Kindern ab dem dritten Lebensjahr in vorsichtiger und behutsamer Form nahe zu bringen, dass sich bei einem Kind der Gruppe Vater oder Mutter aus dem gemeinsamen Wohnverband verabschiedet hat, dass dieser Elternteil aber sein Kind weiterhin liebt und für es erreichbar ist – sofern dies stimmt. Eine Kindergärtnerin, die gut informiert ist, wird auch von anderen Kindern erzählen, deren Eltern geschieden sind, aber der aus der Wohnung fortgezogene Elternteil in durchaus gutem Kontakt mit seinen Kindern geblieben ist.

Beste Pädagogik ist Pädagogik von Gleichaltrigen. Das bedeutet: Kindern soll in der Gruppe die Möglichkeit gegeben werden, über ihre eigenen Erfahrungen zu berichten und sie auszutauschen; so werden ihre Gefühle und Erlebnisse besser beschrieben und aufgenommen werden als von jedem Erwachsenen.

KindergärtnerInnen und VolksschullehrerInnen sind nicht nur die optimalen und meist gesuchten AnsprechpartnerInnen der Kinder bei Missbrauch und Misshandlungen, sondern auch bei seelischen Belastungen durch Trennung und Scheidung. Sie eignen sich vor allem deshalb als Vertrauenspersonen, da diese Beziehung dem Kind ein angenehmes Verhältnis von Nähe und Distanz bietet. Sie sind einerseits von der Familie entfernt genug, um nicht am Geschehen beteiligt zu sein; andererseits sind sie als beliebte Bezugspersonen häufig nach der Familie die Nächsten, die am täglichen Leben des Kindes teilhaben und es mitgestalten. KindergärtnerInnen und LehrerInnen erkennen oft früher die schwere Last, die eine Kinderseele bedrückt, als die eigenen Eltern oder Verwandten. Kinder sind in einem vertrauten Rahmen außerhalb der Familie oft offener und freier als bei den Eltern und anderen Bezugspersonen, auf deren Hilfe, Pflege und »Basisversorgung« sie angewiesen sind.

KindergärtnerInnen und LehrerInnen werden nicht zuletzt aufgrund ihrer Vertrauensstellung auch häufig in Scheidungsverfahren als ZeugInnen genannt. Als solche sollten sie sich, bevor sie bei Gericht aussagen, überlegen, ob sie sich von der Schweigepflicht entbinden lassen, und wenn sie dies tun, wohl vorbereitet bei Gericht erscheinen, keine Interpretationen zum Kind abzugeben und ausschließlich selbst Wahrgenommenes wiedergeben. Dabei hilft in der Vorbereitung durchaus eine kurze schriftliche Notiz. Gerichte legen größten Wert auf Zeit, Häufigkeit, Ort und Raum, in dem Wahrnehmungen gemacht wurden. So wird häufig gefragt, ob das Kind nach Besuchswochenenden unausgeschlafen, unkonzentriert, verträumt, verweint oder auch besonders gesprächig ist. Solche Hinweise können wichtig sein für gerichtliche Beurteilungen, etwa ob ein Besuchsrecht funktioniert, ob ein Wechsel des »Heimes erster Ordnung« angedacht werden sollte und Ähnliches.

PädagogInnen sind auf vielfältige Weise mit den Problemen von Scheidungskindern konfrontiert. Kinder, die zur »Organsprache« neigen, werden jetzt häufiger krank sein und ihr seelisches Problem über bereits anfällige Organe zum Ausdruck bringen. Atembeschwerden und grippale Infekte treten häufiger auf, wenn das Immunsystem in diesem Bereich schwächer ausgebildet ist; Kinder, deren Verdauungstrakt anfällig ist, werden mit Magen- oder Darmbeschwerden und Koliken reagieren. Andere Signale sind funktionelle Störungen wie Einnässen, Einkoten, Stottern oder Kopfschmerzen.

In der Schule ist daher mit häufigeren Krankmeldungen zu rechnen. Doch auch Konzentrationsstörungen und Leistungsabfall sind Hinweise darauf, dass ein Kind massive Sorgen aufgrund einer elterlichen Trennung hat: Verwirrung, Unsicherheit, Verlassenheitsangst oder Einsamkeitsgefühl machen es den Kindern schwer, sich auf ihre schulischen Aufgaben zu konzentrieren. Sie sind in der Klasse weniger aufmerksam als zuvor, brauchen mehr Zeit, um ihre Hausaufgaben zu lösen, oder erledigen ihre Schulpflichten lustlos, schnell und oberflächlich. Oft sind sie auch irritiert, gereizt, verspannt und müde, weil sie schlecht schlafen.

Emotionale Veränderungen von SchülerInnen – Traurigkeit, Antriebsarmut, Gereiztheit, Aggressivität oder Abwehr von Nähe – sind weitere Symptome, die Lehrkräften zu denken geben müssen. Auch Veränderungen im sozialen Bereich können auftreten, etwa wenn Kinder, die bisher gesellig und teamfähig waren, sich plötzlich abkapseln und zu Einzelgängern werden oder wenn recht friedliche Zeitgenossen auf einmal aufsässig und aggressiv werden, sich ständig streiten oder prügeln – all dies eine Art der Spannungsabfuhr, die gerade in der Schule besonders oft auftritt, jedoch freilich ungeeignet ist, die Konfliktsituation aufzuarbeiten.

Jede dieser Veränderungen sollte für PädagogInnen Anlass zum Nachdenken sein. Zugleich besteht Handlungsbedarf: Für viele Kinder und Jugendliche ist es schwierig, während und nach einer Scheidung daheim oder in der Clique über ihre Angst vor dem Verlassenwerden, die Gefühle des Versagthabens, ihre Verletztheit oder die Furcht vor der Zukunft zu sprechen. Sie fühlen sich überfordert, allein und hilflos. Hier kann eine individuelle behutsame Annäherung durch Lehrpersonen helfen, Gespräche zu ermöglichen. Nicht als einmalige Aufforderung: »Nun erzähl mal, was dich bedrückt«, sondern als ehrlich gemeintes »stehendes« Angebot: »Ich habe das Gefühl, es bedrückt dich etwas. Wenn du drüber sprechen willst: Ich stehe dir jederzeit zur Verfügung.« Auch Andeutungen darüber, man habe schon das eine oder andere Kind in der Klasse gehabt, das ähnlich reagierte, können einen Einstieg ins Gespräch bieten. Keinesfalls darf das Interesse der

Lehrperson als Neugier aufgefasst werden. Gerade jetzt haben es Kinder und Jugendliche schwer, Vertrauen zu fassen. Womöglich haben sie Befragungen durch Sachverständige oder Jugendamt und heftige Gerichtsfehden der Eltern hinter sich. Bei Opfern von »Rosenkriegen« ist die Angst besonders groß, ausgehört oder ausgenützt und womöglich genau von jener Person verraten zu werden, die vorgibt, sie zu schützen.

Richtig geführte Gespräche spielen bei der Bewältigung der seelischen Erschütterungen, die das Scheidungserlebnis bei Kindern und Jugendlichen auslöst, eine wichtige Rolle. Kleineren Kindern wird es leichter fallen, ihre innere Welt nicht nur durch Worte, sondern auch durch Spiele, Zeichnen oder Musik darzustellen; dies hilft dem Kind, das Ungreifbare, Bedrohliche und Verwirrende seiner Gefühle und Gedanken auszudrücken, anschaubar zu machen und schließlich damit umzugehen. Den Erwachsenen wiederum ermöglicht es, die Probleme des Kindes genauer zu verstehen, darauf einzugehen und mit ihm nach Lösungen zu suchen.

Es wird wichtig sein, sich bei Eltern oder Verwandten über die Umstände und Regelungen der Scheidung zu informieren, etwa bei wem das Kind lebt, um die Probleme besser sehen zu können, aber auch um Erklärungen des Kindes (»Ich musste gestern bei meinem Vater übernachten, daher habe ich mein Übungsheft nicht mit oder konnte ich meine Aufgaben nicht machen!«) als etwaige Ausreden durchschauen zu können. Auch ist es möglich, durch Gespräche einen überforderten allein erziehenden Elternteil besser zu verstehen und wenn möglich zu unterstützen.

Angesichts der hohen Scheidungsrate gibt es heute in jeder Schulklasse genug Kinder, die ihre Erfahrungen und Erlebnisse während der verschiedenen Phasen einer Scheidung mitteilen können. Berichte über elterliche Streits, Gerichte und die Folgen für die Kinder können zwar zunächst schocken, doch der Erfahrungsaustausch entlastet und hilft, die Ängste und die Isolation zu mindern.

Es wäre sinnvoll, in der Schule gezielte Maßnahmen zur Erlernung einer zeitgemäßen Streitkultur zu setzen, etwa durch Vermittlung von Gruppen- und Mediationstechniken. Auch ist dem Vorschlag, man möge in Zeiten der Schnelllebigkeit und der »Spaßkultur« in allen Schulstufen ein Fach einführen, um »Leben« zu lehren und zu lernen, vieles abzugewinnen: Kommunikation, Konfliktkultur, Partnerschaft, Sexualität sind zur Vorbereitung auf ein erfolgreiches, befriedigendes und selbstbestimmtes Leben heute gewiss nicht weniger wichtig als das Erlernen schulischer Kenntnisse und Fähigkeiten. Ein solches Bildungsangebot könnte die Kinder wohl lehren, mit ihren Erwartungen, ihren Gefühlen, ihren Beziehungen und ihren Konflikten verständiger und erfolgreicher umzugehen als die Generationen vor ihnen.

Scheidung – Trauma oder Chance?

Die Scheidungssymptome klingen in der Regel ab, wenn sich die neue Lebenssituation unter Erhalt beider Elternbeziehungen stabilisiert hat. Man geht heute davon aus, dass die größten Gefahren, die für Kinder mit einer Scheidung verbunden sein können, nicht darin begründet liegen, *dass* sich die Eltern trennen, sondern *wie* sie es tun. Davon vor allem hängt es ab, ob am Ende der Scheidung Chaos, Schmerz und Verbitterung stehen oder ein echter Neubeginn, eine positive Neuordnung im Leben aller Familienmitglieder. Die Frage lautet daher nicht: »Hinterlässt Scheidung ein lebenslanges Trauma für Kinder?«, sondern: »Wie schafft man im Trennungs- und Scheidungsgeschehen würdige und menschengerechte Bedingungen für Kinder – jetzt und für später?«

Das schwerste Trauma erleben Kinder, die Zeugen oder Gegenstand ständiger Schuldzuweisungen ihrer Eltern sind oder als Ersatzobjekt für die ungelösten Probleme der Eltern herhalten müssen. Das gilt unter umgekehrten Vorzeichen auch für den so gut gemeinten »Kampf ums Kind«. Trotz Liebesbezeugungen und Beteuerungen, wie sehr man das Kind mag, spürt dieses ganz genau, dass es als Streitobjekt missbraucht wird. »Meine Kinder gebe ich niemals her!« oder »Bevor du die Kinder bekommst, mache ich dich fertig« – mit diesen elterlichen Schlachtrufen gerät das Kind hoffnungslos zwischen die Fronten. Kämpfe dieser Art, die sich in der akuten Phase der Scheidung zuspitzen, empfindet das Kind zu Recht als »lebensgefährlich«. Und das im wahrsten Sinne des Wortes: Denn gar nicht so selten führt der elterliche Konflikt um die Kinder zu körperlichen Auseinandersetzungen bis hin zum angedrohten oder vollzogenen Totschlag. Kinder, die solche Gewaltexzesse erleben müssen, versuchen mitunter verzweifelt –

und unter mutigem Körpereinsatz – die Rauferei zu beenden; meist vergeblich. Voller Schuldgefühle und bedrohlicher Ängste tragen sie ein Leben lang an der dramatischen Erfahrung. Für Kinder, die in derart konflikt- und gewaltbereiten Familien aufwachsen, kann die Scheidung eine Erleichterung sein: Sie bedeutet das Ende von Stress, Bedrohung, Furcht und Schmerz.

Nicht nur in Extremfällen: *Allen* Kindern, die in Scheidungskonflikte involviert werden, tut es gut, wenn sie vom übermäßigen Einsatz für ihre Eltern ablassen können und nach einer Zeit stürmischer Gefühle Sachlichkeit in den Alltag einkehrt. Die Scheidung bietet die Möglichkeit, nach einer Periode voller Angst und Unruhe neue Regeln festzulegen oder Ordnungen zu erneuern, die während der Zeit des Streits und der Krise außer Kraft getreten sind. Mit der Festlegung des alleinigen oder gemeinsamen Sorgerechts werden hinreichend gesetzliche Auflagen erteilt, die den Kindern Sicherheit bieten und in ihrem Leben Ruhe einkehren lassen. Verwirrung und Unsicherheit legen sich. Das neue Leben wird nun nach seinen Möglichkeiten bemessen, gewogen und beurteilt. Es soll und wird auch weiterhin nicht zu vermeiden sein, dass es bisweilen Streit gibt, aber er wird sich eher um alltägliche als um grundsätzliche, existentielle Fragen drehen.

Mit dem Nachlassen der heftigen Konflikte während der Trennungsphase kehrt also eine Nachdenkphase ein, ein gefühlsmäßiges »Reinemachen«. Die Kinder gewinnen Abstand und haben die Möglichkeit, ihre Beziehungen zu den Eltern unter den geänderten Verhältnissen neu zu ordnen. Die Scheidung bietet Eltern wie Kindern somit eine Chance auf Klärung und Neuanfang, sofern der Kampf nicht fortgesetzt wird, sondern ein Loslassen der Vergangenheit und ihrer alten Verstrickungen gelingt.

TROTZ TRENNUNG ELTERN SEIN – KONFLIKTE NACH DER SCHEIDUNG

Wenn der Kampf weitergeht – Auswirkungen chronischer Konflikte

Irgendwann ist alles vorbei: Das Paar ist geschieden, Sorge- und Besuchsrecht, Alimentation und Vermögensteilung wurden geregelt, die Gerichtsverfahren abgeschlossen. Und doch gelingt es nicht, den notwendigen Schritt zurück zu machen, Wut, Enttäuschung und Kränkung hintanzustellen, um sich der Kinder wegen zusammenzuraufen. Gewiss, es ist ein schwieriger Balanceakt, vor allem wenn viel Porzellan zerschlagen wurde, doch wird diese Möglichkeit oft nicht einmal ins Auge gefasst. Im Gegenteil: Trotz klarer gerichtlicher Entscheidungen geht der Kleinkrieg auf Kosten der Kinder ungebremst weiter. Da wird mit allen Tricks versucht, das vereinbarte Besuchsrecht des außerhalb lebenden Elternteils zu erschweren, zu verhindern oder als Erpressungsmittel einzusetzen. In anderen Fällen wird vom Besuchselternteil aus Trotz der eingeräumte Kontakt zum Kind abgebrochen. Oder der Streit wird als willkommener Anlass genommen, unter Ausnützung des legistischen Systems keinen oder möglichst wenig Unterhalt für die Kinder zu bezahlen. Zwar ist deren materielle Sicherheit von beiden Elternteilen zu garantieren, häufig wird jedoch trickreich eine Fülle von Zahlungseinschränkungen erwirkt. Gerade Besuchsväter mit regelmäßigem und gutem Einkommen geben häufig vor, seit der Scheidung wenig oder nichts mehr zu verdienen. Erklärungen dieser Art sind unbedingt von Seiten des Gerichts mit allen Mitteln, die ihm zur Verfügung stehen, zu überprüfen, da sie dem allein erziehenden Elternteil finanzielle Probleme bereiten können. Diese wiederum werden dann vom anderen, der gerade die Zahlungen verweigert hat, erneut zum Kampfthema gemacht, um seine Kränkungen oder Rachegelüste auszuleben: Geldmangel des Elternparts, bei dem das Kind wohnt, wird häufig als dessen unzureichende Fähigkeit oder Möglichkeit hingestellt, dem Kind das Notwendige zu bieten.

Ein Beispiel von vielen, wie ungleiche finanzielle Mittel zur Waffe werden können, liefert der erfolgreiche Marketingmanager Tsch. Zusammen mit seiner Frau, einer Juristin, und dem gemeinsamen Sohn Florian bietet er das Bild einer glücklichen, überdurchschnittlich gut situierten Familie. Nach sechs Ehejahren stellt sich allerdings heraus, dass Herr Tsch., beruflich oft im Ausland unterwegs, dort mehrere Liebesbeziehungen unterhält, wie er Freunden gegenüber stolz vermerkt. Bei einer Abendeinladung kommt es zum Eklat: Herr Tsch. beschämt seine Frau, indem er angeheitert zu fortgeschrittener Stunde der anwesenden Gesellschaft sein »Liebesleben« ausbreitet. Frau Tsch. trennt sich umgehend. Sie erwirkt, dass sie in der Wohnung bleiben kann und ihr Mann auszieht. Er bietet außerdem sehr gute Bedingungen, die seine Exfrau und Florian finanziell absichern, und er kommt seinen Zahlungsverpflichtungen regelmäßig nach. Doch kleinliche Alltagsstreits, etwa väterliche Kritik an Florians Kleidung an den Besuchstagen oder mangelndes Interesse des Jungen am Faible des Vaters für Sportereignisse führen zu Konflikten, die Herrn Tsch. beschließen lassen, Exfrau und Sohn weniger großzügig zu versorgen. Er beschränkt seine Zuwendungen auf das gesetzliche Minimum, womit Frau Tsch. weder den hochgespannten Erwartungen ihres Exmannes in Bezug auf Florian noch jenen ihres verwöhnten Sohnes entsprechen kann. Trotz vieler Einschränkungen ist sie außerstande, die Privatschule, die der Vater für seinen Sohn wünscht, zu finanzieren. Zynisch argumentiert Herr Tsch., sie hätte sich ihre Lage selbst zuzuschreiben, schließlich hätte sie sich ja mit seinen »kleinen Seitensprüngen« abfinden und ihn als Ehemann behalten können. Jetzt läge es an ihr, wie sie mit dem Leben zurechtkomme.

Viele Eltern bekommen noch Jahre nach der Scheidung ihre Beziehungsprobleme nicht in den Griff. Statt allmählich loszulassen und die Trennung innerlich abzuschließen, geht der Hickhack weiter. Die Eltern streiten vor den Kindern, verunglimpfen sich gegenseitig und unterminieren die Beziehung des jeweils anderen zum Kind. Gerichtliche Entscheidungen werden hintertrieben oder angezweifelt, Prozesse neu aufgerollt. Ein Ende der Konflikte ist nicht in Sicht.

Ein solches Verhalten gefährdet die seelische Gesundheit der Kinder. Der anhaltende Streit macht aber auch die Eltern selbst unglücklich. Sie sind von ihrem Zorn und Vorbehalt gegen den anderen so besessen, dass es ihnen schwer fällt, den Blick auf ein neues, erfülltes Leben zu richten. Und genau darin liegt eine weitere Gefahr für die Kinder: Denn unglückliche und im Dauerclinch liegende Eltern sind nicht in der Lage, den Kindern das nötige Maß an Verlässlichkeit, Stabilität und Perspektive zu geben. Sie werden vielmehr auch weiterhin die Kinder für ihre Konflikte benutzen. Für die Kinder bedeutet das: Der psychische Ausnahmezustand hält an. Die Eltern bleiben Feinde. Auch nach der Scheidung sind sie noch so mit ihrem Kampf beschäftigt, dass sie nicht ausreichend für die Bedürfnisse ihrer Kinder sorgen können. In diesen Fällen ist professionelle Beratung angeraten, um den Expartnern zu helfen, dem Dauerkonflikt zu entkommen, sich auf ihre wesentlichen Aufgaben als Eltern zu besinnen und den Kindern zuliebe sich zur notwendigen Zusammenarbeit durchzuringen.

Rache ist bitter: Die Verwehrung des Besuchsrechts

Nicht nur nach einem »Rosenkrieg« bestimmen Enttäuschung, Verletzung, Zorn und Hass das Bild dessen, von dem man geschieden wurde. Daraus erklärt sich, dass der Wohnelternteil die Kinder am liebsten vom »gemeinen« Expartner fernhalten möchte. Und meist findet er dafür auch Mittel und Wege: Sticheln, den anderen schlecht machen, dem Kind den Besuch beim Papa vermiesen, gemeine oder schlaue Verhinderungsgründe für das Wochenende mit ihm finden – es gibt viele Methoden, die nur eines erreichen wollen: Wen man selbst nicht mehr liebt, den sollen auch die Kinder nicht mehr lieb haben.

Seinen drastischen Ausdruck findet diese Einstellung im so genannten »elterlichen Entfremdungssyndrom« (Parental Alienation Syndrome – PAS), das erstmals vom amerikanischen Jugendpsychiater Richard Gardner beschrieben wurde. Es tritt auf, wenn ein Elternteil die Kinder dem anderen Elternteil systematisch entfremdet – sei es, dass er sie dem früheren Partner räumlich entzieht und jeden Kontakt verhindert, sei es, dass der Kontaktabbruch mit massiver Beeinflussung gegen den ausgegrenzten Elternteil einhergeht. Ein solches Vorgehen bedeutet für das Kind eine psychische Katastrophe: Zwischen die Fronten geraten, spaltet es in seinem Dilemma die Eltern in einen geliebten (guten) und einen angeblich gehassten (schlechten, bösen) Elternteil auf und lehnt von sich aus den Kontakt mit dem zweiten Elternteil ab, obwohl vorher eine normale Eltern-Kind-Beziehung bestanden hat. Die Auswirkungen sind fatal. In seinem Zwiespalt verleugnet das Kind die Liebe zum anderen Elternteil, verzichtet also darauf, seine Bedürfnisse und Wünsche hinsichtlich dieses Elternteils zu äußern; es setzt sich ja sonst Konflikten mit dem manipulierenden Elternteil aus. Das Kind lernt so, die eigenen Bedürfnisse zu unterdrücken und sein Verhalten ganz an den Wünschen des manipulierenden Elterteils auszurichten. Dieser Prozess geht zu Lasten des Kindes, es behindert dessen Autonomieentwicklung ebenso wie die wichtige Beziehung zum außerhalb lebenden Elternteil.

Diese Variante des Loyalitätskonflikts, die für das Kind wohl quälendste und schädigendste von allen, ist insbesondere während und nach »Rosenkriegen« häufig, wenn in eskalierenden und anhaltenden Konflikten den Kontrahenten jedes Mittel recht ist, das Kind auf die eigene Seite zu bringen. So gehört es zur Strategie von manipulierenden Eltern, juristische Verfahren in die Länge zu ziehen, um genügend Zeit zu haben, das Kind einer »Gehirnwäsche« zu unterziehen. Denn je länger es dem manipulativen Verhalten ausgesetzt ist, desto effektiver wird die Veränderung des Bildes vom anderen Elternteil im Kind und je sicherer kann der manipulierende Elternteil sein, dass das Kind das gewünschte Verhalten zeigt: nämlich den anderen, bisher geliebten Elternteil von sich aus als »Fremden« oder »Feind« abzulehnen. Darum muss PAS frühzeitig erkannt und unterbunden werden, da es sonst immer schwieriger wird, diese Dynamik zu stoppen.

Die Folgen dieser seelischen Gewaltform sind weit reichend. Manipulierte Scheidungskinder, die einen Elternteil verlieren, weil er ausgegrenzt wird, haben jahrelang, ja oft ein Leben lang Probleme: Sie kämpfen mit geringerem Selbstvertrauen und Selbstwertgefühl, können schwerer Vertrautheit aufbauen und haben mehr Ablösungsprobleme aus dem Elternhaus; sie sind häufiger depressiv und sozial isoliert, neigen zu Gewalt und Suchtproblemen und sind mit ihrem Leben unzufriedener als Kinder aus Familien, in denen die Eltern in Verbindung geblieben sind. Für sie wird es später schwieriger sein, Beziehungen zu führen, den Alltag zu bewältigen und längerfristige Perspektiven für ihr Leben zu entwickeln. Rechtzeitiges Intervenieren ist darum der effektivste Schutz des Kindes, denn die Weichen für den Verlust des zweiten Elternteils werden früh gestellt.

Die »Hälfte des Himmels« – Mutter und Vater sein nach der Scheidung

Der schlimmste Effekt, den eine Scheidung für ein Kind haben kann, ist somit der Verlust von Mutter oder Vater. Er beeinträchtigt – wie gezeigt wurde – erheblich die Lebensqualität der betroffenen Kinder und deren Fähigkeit zur Lebensbewältigung als Erwachsene. Nicht nur im Fall von PAS kommt daher Sachverständigen und SozialarbeiterInnen die Aufgabe zu, das Gericht auf erforderliche Maßnahmen hinzuweisen, wenn Eltern aus persönlichen Problemen oder eigennützigen Gründen die gesunde Persönlichkeitsentwicklung ihres Kindes auf diese Weise gefährden. Manchmal kann es ein Elternteil nicht ertragen, den früheren Partner weiterhin sehen zu müssen, und verschwindet aus dem Leben seines Kindes. Auch aus anderen Gründen verzichten viele besuchsberechtigte Elternteile auf die Verbindung zu ihrem Kind: aus Kränkung oder Rache, weil die veränderten Umstände oder eine neue Partnerschaft die Gestaltung der Beziehung erschweren, weil der außerhalb lebende Elternteil nicht in seiner Elternfunktion integriert, sondern höchstens als Besucher akzeptiert wird – oft nicht einmal das, wie wir vorhin gesehen haben. Studien zeigen, dass nach einem Jahr mindestens ein Viertel der Kinder den zweiten Elternteil verloren hat – und dieser sein Kind; nach drei Jahren sind es bereits drei Viertel der Scheidungskinder.
Das Verlassenwerden durch geliebte Menschen verletzt jedes Kind tief, ob diese nun von sich aus oder durch Ausgrenzung »verloren« gehen: Es kann nicht wirklich begreifen, dass der andere zwar noch lebt, es aber nicht oder nur ganz selten sehen will. Es braucht die Liebe beider Eltern – auch nach der Scheidung.
Es ist deshalb an der Zeit, überkommene Rollenvorstellungen

über Bord zu werfen. Lange herrschte in der Öffentlichkeit wie in der Scheidungspraxis die Ansicht vor, dass die Mutter die weitaus wichtigere Bezugsperson für das Kind sei als der Vater. Inzwischen ist es eine gesicherte wissenschaftliche Erkenntnis, dass jedes Kind für seine gesunde Persönlichkeitsentwicklung auf zwei emotional tragfähige Elternbeziehungen angewiesen ist. Forschungen weisen auf die negativen Konsequenzen hin, wenn auf Lebenszeit angelegte Liebesbeziehungen abbrechen. Die Folgen unzureichender oder fehlender Vaterschaft etwa werden als Einschränkungen in der Identitäts- und Selbstwertentwicklung, in der Bindungs- und Beziehungsfähigkeit und in der Leistungsfähigkeit der Kinder beschrieben.

Dem Vater kommt somit eine ebenso zentrale Rolle für die Persönlichkeitsentwicklung des Kindes zu wie der Mutter. Das bedeutet: Es gibt grundsätzlich keinen wichtigeren oder weniger wichtigen Elternteil für die kindliche Entwicklung. Die Beibehaltung der Beziehung zu *beiden* Eltern zählt und ist entscheidend dafür, wie das Kind die Trennung seiner Eltern und die Veränderungen in der Nachscheidungssituation bewältigt. Kinder, die gute Kontakte auch zum nicht mit ihm wohnenden Elternteil und viel Unterstützung haben, können ihr Leben in den Griff bekommen: Ihnen gelingt es, emotionale Stabilität zu erlangen, ihre scheidungsbedingten Schwierigkeiten zu überwinden und sich zu lebenstüchtigen Erwachsenen zu entwickeln.

Kindeswohl heißt in diesem Zusammenhang demnach, die Situation getrennt lebender Eltern so zu gestalten, dass dem Kind beide Elternbeziehungen in ihrem Wesen als Eltern-Kind-Verhältnis erhalten bleiben. Mit anderen Worten: Sich trennende Paare sollten – unabhängig von der Sorgerechtsregelung und notfalls durch Vermittlung von neutralen Dritten – übereinkommen, den Kindern einen häufigen Kontakt zum nicht betreuenden Elternteil zu ermöglichen; er darf nicht aus dem Leben des Kindes hinausgedrängt werden.

Selbst wenn es manchen schwer fällt, zu akzeptieren: Ein »schlechter« Ehepartner kann für die Kinder eine gute und geliebte Bezugsperson sein und soll es auch bleiben. Ohnehin erreicht man mit ausgrenzenden Maßnahmen oft nur das Gegenteil: Wird der Expartner vom Kind ferngehalten, dann wächst zwar die Entfremdung, aber zugleich steigt das Interesse an ihm, Fantasievorstellungen und Wunschbilder entstehen, die vom wirklichen Menschen mit seinen Stärken und Schwächen weit entfernt sind; der Mythenbildung sind keine Grenzen gesetzt, weil die reale Person nicht greifbar ist.

Auch deshalb ist es von entscheidender Bedeutung, dass Mutter und Vater die Zuneigung und Treue des Kindes zum jeweils anderen akzeptieren. Sie sollten Verständnis dafür zeigen, dass das Kind auch zum anderen Elternteil eine starke Beziehung hat, und ihm die Freiheit geben, seiner Liebe und Sehnsucht Ausdruck zu verleihen: indem es etwa Papa anruft, sein Foto aufstellt oder ihm schreibt. Das Kind soll wissen, dass es in Ordnung ist, dem Papa gegenüber anders zu empfinden als die Mama. Jeder Elternteil ist für das Kind eben nur die »Hälfte des Himmels«, nur ein Teil vom Glück.

Die Bedeutung der Kontinuität

Wenn es Kindern schlecht geht, ist nicht unbedingt die Scheidung selbst schuld, sondern die unzureichende Befriedigung ihrer Bedürfnisse. Und zu den wichtigsten Bedürfnissen des Kindes zählen jene nach Sicherheit, Stabilität und Kontinuität: Wie wird alles weitergehen? Wo werde ich leben? Wer wird für mich sorgen? Fragen wie diese quälen alle Scheidungskinder. Für sie ist es von existentieller Bedeutung, dass ihr Leben im Wesentlichen gesichert bleibt, dass klar ist, wer für Schule und Freizeit verantwortlich ist, Geborgenheit vermittelt und für den Erhalt des bisherigen Lebensstils sorgt.

Kinder sind daran interessiert, ihr bisheriges Zuhause behalten zu können. Je jünger Kinder sind, desto mehr Kontinuität, Sicherheit und Überschaubarkeit brauchen sie in ihren Lebensverhältnissen. Kleinkinder verkraften die Scheidung darum eher, wenn sie nicht die gewohnte Umgebung – die bisherige Wohnung, den Kindergarten, die Schule, den Spielplatz, die FreundInnen – wechseln müssen. Sie hängen an ihrer vertrauten Kuschelecke und dem geliebten Spielzeug. Aber auch Ältere ängstigt die Aussicht, Gewohntes aufgeben zu müssen: Schulkindern ist es wichtig, ihren Platz für Hausaufgaben und Freizeitbeschäftigungen nicht zu verlieren. Teenager möchten sich darauf verlassen können, weiterhin so leben zu können, wie es die anderen in ihrem Alter tun; sie brauchen die Sicherheit, ihren Freundeskreis behalten zu können, der in dieser Phase ein wichtiger Erziehungsfaktor ist.

Ein Kind bestimmt sich über sein soziales Umfeld. Geht dieses verloren – sei es durch Umzug, sei es durch Verlust eines Elternteils und seiner Verwandten –, entstehen Ängste und Unsicherheiten im Hinblick auf künftige Beziehungen. Verlust von sozialen Beziehungen bedeutet Trennung und Trauer. Schon deshalb ist es gerade nach der Scheidung und nach Veränderung der Familienstrukturen wichtig, dass die Beziehungen zu vertrauten Personen, die dem Kind Interesse und Zuneigung entgegenbringen, aufrechterhalten bleiben. Ja, die Beibehaltung vertrauter Beziehungen und Strukturen ohne abrupten, willkürlichen Wechsel der Lebensverhältnisse ist nachgerade eine der Voraussetzungen dafür, dass Kinder und Jugendliche eine Scheidung ohne schwerwiegende Schädigungen bewältigen können. Diesem Aspekt des Kindeswohls wurde im Familienrecht Rechnung getragen: Der »Grundsatz der Versorgungs- und Erziehungskontinuität« besagt, dass etwa bei der Obsorgezuteilung die gewohnten Lebensverhältnisse des Kindes möglichst aufrechterhalten bleiben sollen. Gewaltsame Veränderungen der Betreuungssituation, wie sie etwa bei Kindesentzug der Fall sind, sind also nicht nur aus zivilrechtlichen Gründen rechtswidrig, sondern handeln auch dem festgeschriebenen *Grundsatz der Erziehungskontinuität* zuwider.

Erzieherische *und* soziale Kontinuität sind wichtig. Das bedeutet, dass der Kontakt des Kindes zu möglichst vielen Menschen seiner Umgebung erhalten bleiben sollte. Dazu zählen an erster Stelle die Eltern, insbesondere jener Elternteil, der aus dem bisher gemeinsamen Haushalt auszieht, sowie all jene, die das unmittelbare soziale Umfeld der Familie mitgestaltet haben: Großeltern, Nachbarn, Freunde, Tagesbetreuer, Lehrer. Sie alle können sich zudem in der schwierigen Zeit der Trennung und danach als verlässliche Unterstützer der Scheidungsfamilie erweisen. Kinder können auf diese Weise lernen, dass man Notlagen gemeinsam bewältigen und gestärkt daraus hervorgehen kann. Alleinerziehende haben es im Alltag leichter, wenn sie Großeltern, Onkel, Tanten, Freunde (zumal jene des Expartners) nicht aus Wut oder Scham fernhalten und ausgrenzen, sondern weiterhin einbeziehen und ihre Hilfe in Anspruch nehmen.

Konkrete Hilfe: Besuchscafés

Der Verlust von Familienbeziehungen ist nicht nur die häufigste Folge der Scheidung, sondern zugleich auch eine der gravierendsten Ursachen für scheidungsbedingte Störungen bei Kindern. Vor allem der Kontaktabbruch zwischen Eltern und Kindern führt – wie gezeigt wurde – in vielen Scheidungsfamilien zu leidvoller Entfremdung mit traumatischen Konsequenzen. Um diesen Problemen zu begegnen, entstanden kommunale Serviceeinrichtungen zur Kontaktförderung innerhalb geschiedener Familien. »Als Mann und Frau sind wir getrennt – Vater und Mutter bleiben wir ein Leben lang!« Nach diesem Motto bieten Kontakt- und Besuchscafés Scheidungsfamilien die Möglichkeit, die schwierigen bzw. abgebrochenen Beziehungen zwischen Eltern und Kindern zu ordnen. Wenn es seit längerem keinen Kontakt mit dem getrennt lebenden Elternteil gibt oder wenn bisherige Besuchsvereinbarungen wegen unterschiedlicher Vorstellungen oder bestehender Konflikte der Eltern unmöglich geworden sind, helfen diese Stellen für Kontaktanbahnung und Kontaktbegleitung weiter.

Ziel ist es, einen neutralen Begegnungsort zu bieten, wo Kinder getrennt lebender, geschiedener Eltern, aber auch solche, die in Pflegefamilien untergebracht sind, in gemütlicher Atmosphäre die Elternteile ohne Sorgerecht im Beisein von SozialarbeiterInnen treffen können. Zugleich erhalten die Kinder einen Freiraum, in dem Spiel und Spaß Vorrang haben, aber auch alle anstehenden Fragen gestellt werden können. Innerhalb eines befristeten Zeitraums wird so Hilfestellung für den Aufbau und das Ausprobieren von guten Beziehungen miteinander oder zum Abbau von Spannungen und Konflikten gegeben.

Auf Basis einer gemeinsamen Vereinbarung und unter Begleitung kompetenter SozialarbeiterInnen kann der besuchende Elternteil hier die Zeit mit seinem Kind (oder seinen Kindern) verbringen und gut nutzen. Sowohl mit dem betreuenden wie auch mit dem besuchenden Elternteil gibt es Gespräche über den Verlauf des Besuchs und die Beobachtungen der Sozialarbeiterin/des Sozialarbeiters. Mit der Zeit soll so die Gesprächsbereitschaft der Beteiligten verbessert, Besuchskontakte auch außerhalb dieses geschützten Rahmens erreicht und zu friedfertigen gemeinsamen Lösungen der familiären Konflikte beigetragen werden. Auf diese Weise wird ein konkreter Schritt in Richtung der Befriedigung wichtigster Bedürfnisse der Kinder gesetzt: Verlässlichkeit, Stabilität und die Festigung der Beziehung zu beiden Eltern.

MEINE, DEINE, UNSERE ... – WEGE »DANACH«

Jede Scheidung verändert das Familiensystem grundlegend. Nichts ist danach mehr, wie es war. Und alle Familienmitglieder haben, so gut sie können, mit der neuen Situation zurechtzukommen. Das ist nicht immer leicht: neue Familienkonstellationen müssen akzeptiert, Wünsche und Erwartungen von einst überdacht und Enttäuschungen angenommen werden. In der Verarbeitung des Vergangenen gerät mitunter aus dem Blickfeld, dass mit der Scheidung auch ein Aufbruch verbunden ist: der Wunsch nach Veränderung, nach Neubeginn, das Bestreben, eine unbefriedigende oder schädigende Situation hinter sich zu lassen und aus den Erfahrungen zu lernen, um im Leben, in der Liebe vieles anders und besser zu machen. Jetzt ist auch Gelegenheit, Kinder in die eigenen Lernprozesse einzubinden. Eine Trennung bzw. Scheidung bietet ja die Möglichkeit, bisherige Erfahrungen zu überprüfen und den Mut zu finden, starre Grundsätze und alte Muster, die sich als nicht erfolgreich erwiesen haben, über Bord zu werfen, insbesondere wenn sie mit ein Grund der Trennung gewesen sind. Neue Beziehungen können so unter veränderten Vorzeichen wachsen, ausprobiert und Verbesserungen vorgenommen werden. Alles durchwegs positive Perspektiven, auf die man sich freuen sollte. Hier, auf der Schwelle zwischen Altem und Neuem, Vergangenheit und Zukunft stellt sich eine Menge grundsätzlicher wie praktischer Fragen, von denen einige zum Abschluss des Buches diskutiert werden sollen: Familie – was ist das eigentlich? Ist es berechtigt und realistisch, die Kernfamilie als »die« Familie zu betrachten und andere Modelle nicht? Welche Möglichkeiten gibt es, die Familienbeziehungen nach der Scheidung neu zu ordnen? Und was sind ihre jeweiligen Vor- und Nachteile?

Lebenspläne für morgen: Was kommt nach der Kleinfamilie?

Familie ist ein Begriff, der recht unterschiedliche Gefühle auslösen kann. Bei den einen weckt er angenehme Empfindungen wie Zugehörigkeit, Geborgenheit, Wärme, Schutz. Für andere bedeutet er Unangenehmes: Macht und Gewalt, Angst, Unfreiheit, Trauer, Streit oder Einsamkeit. Wie auch immer die Erfahrungen und Vorstellungen sein mögen – *Familie* ist in jedem Fall etwas Individuelles, Unverwechselbares, das unser Leben von Anfang an grundlegend prägt.

Das besagt aber nicht, dass sie die herkömmliche Form der Kleinfamilie haben muss. Es gibt heute viele Möglichkeiten, Familie zu leben. Die »Neuen Familien« sind im Vormarsch: Leben mit Singles, mit Groß-, Stief- oder Adoptiveltern, in binationalen, Regenbogen- oder Patchwork-Familien, in Familien mit oder ohne Trauschein und in solchen, die sich durch künstliche Befruchtung konstituieren.

Fest steht: Wenn eine Frau und ein Mann Kinder bekommen, werden sie zu Eltern und gehen damit die Verpflichtung ein, für das Aufwachsen der Kinder zu sorgen. Nicht alle werden zusammenbleiben: Paare trennen sich und bilden neue Familien, ein Kind wird vielleicht zur Adoption freigegeben. Dennoch ist, wer ein Kind gezeugt und geboren hat, lebenslang Vater und Mutter, selbst wenn der Kontakt zum Kind nach der Geburt oder nach einer Scheidung abgebrochen wird. Und so bleibt auch die »Scheidungsfamilie«, wenngleich sich die Beziehungen, die Zusammensetzung und die gesetzliche Grundlagen ändern, eine Familie – eben eine getrennte Familie.

Neben dieser biologischen Verbindung gibt es die soziale Zusammengehörigkeit: Wer mit Adoptivkindern, Stief- oder Pflegeeltern und Halbgeschwistern lebt, bildet ebenfalls eine Familie. Mindestens zwei Generationen, die zusammenleben, sind notwendig, um eine Familie zu bilden, wobei die ältere Generation die Verantwortung für das Heranwachsen der jüngeren hat. Meist gibt es einen gemeinsamen Wohnsitz, aber nicht immer. Beziehungen und Zusammengehörigkeiten entstehen, Regeln und Rituale, eine eigene Geschichte, ein besonderes Familienklima – ob liebevoll, gleichgültig oder konflikthaft. Diese Gruppe mit ihren

Gemeinsamkeiten, Eigenheiten, Verantwortlichkeiten ist ebenfalls eine »richtige« Familie, ein System von Beziehungen, das freilich nicht in sich abgeschlossen oder autonom, sondern in hohem Maß abhängig von gesellschaftlichen Bedingungen und Voraussetzungen ist, von deren Werten, Normen und Gesetzen. Die Familiengruppe stellt schließlich eine unentbehrliche soziale Institution dar, der die Gesellschaft die Verantwortung für die Erziehung der Kinder übertragen hat.

Leben mit Alleinerziehenden

Nach einer Scheidung wohnt das Kind meist mit nur einem Elternteil, der nun die Verantwortung für die Erziehung trägt. Lebt das Kind bei der Mutter, so ist unbestritten der Alltag durch deren Mehrfachbelastung erschwert: Beruf, Haushalt, Kinder – die Frauen nehmen traditionsgemäß viel auf sich und es bleibt wenig Zeit für ein eigenes erfülltes Leben. Dagegen sind Single-Väter eher unbelastet von gesellschaftlichen Rollenerwartungen, zugleich ein perfekter »Hausmann«, Vater und Geldverdiener sein zu müssen. Sie sind deshalb oft besser imstande, unterstützende Maßnahmen zu veranlassen und Hilfe von verschiedenen Seiten in Anspruch zu nehmen, um den gewohnten Lebensstil weiterzuführen. Dennoch gehen die meisten Scheidungen heute von Frauen aus. Sie sind selbständiger geworden und ihre Ansprüche an die Paarbeziehung sind gewachsen. Das Zusammenleben in der Institution Ehe als einer lebenslangen Bindung hat an Bedeutung verloren.
Allein erziehende Mütter haben mit vielen Schwierigkeiten zu kämpfen: Sie besitzen oft eine schlechtere Ausbildung, waren eine Zeit lang nicht im Beruf, haben finanzielle Probleme. Gerade anfangs wissen sie nicht genau, wie alles weitergehen soll, fühlen sich allein, überfordert und im Stich gelassen. Dazu kommen erhöhte Anforderungen durch die Kinder: Auch sie müssen die Veränderungen, Verunsicherungen und Verluste erst verkraften. Nicht selten experimentieren sie mit der neuen Lebenssituation. Sie testen die Vor- und Nachteile und loten die Grenzen des jetzt allein mit ihnen lebenden Elternteils aus. Manchmal versuchen sie, Mutter und Vater gegeneinander auszuspielen, um sich praktische

Vorteile zu verschaffen: Stichwort Taschengeld, Geschenke, Schlafens- und Fernsehzeiten. Oder sie verhalten sich auffällig, forcieren – bewusst oder unbewusst – Schwierigkeiten in der Schule, haben Drogen- oder Alkoholprobleme, um die Eltern zur Kooperation zu zwingen und so vielleicht wieder zusammenzubringen. Das Alter, ab dem Kinder allein erzogen werden, spielt dabei eine große Rolle: Je jünger die Kinder sind, desto weniger halten sie Stress zu Hause aus. Am empfindlichsten reagieren Kinder unter sechs. Auch das Geschlecht spielt eine wichtige Rolle: So ist es für Jungen problematischer, nur mit der Mutter aufzuwachsen, als für Mädchen, weshalb es bei Jungen öfter zu Verhaltensauffälligkeiten kommt; ihnen fehlt der Vater als Rollenmodell. Auch in Kindergärten und Grundschulen, wo es fast nur weibliches Personal gibt, mangelt es an Identifikationsmöglichkeiten.

Studien belegen, dass es Alleinerziehende und ihre Kinder schwerer haben: Die Häufigkeit an psychischen oder anderen Krankheiten, Stressanfälligkeit, Suchtproblemen und Selbstmordversuchen ist statistisch größer. Die Gründe liegen wohl zum einen in der schlechteren sozioökonomischen Situation. Der Lebensstandard senkt sich nach der Scheidung oft, wenn der haupterziehende Elternteil allein bleibt; viele sind nach der Scheidung auf Sozialhilfe angewiesen und häufig bleibt das auch so. Armut aber stellt eine große Belastung für das Familienklima und die Entwicklung der Kinder dar; sie führt direkt zu gesundheitlichen und psychosozialen Beeinträchtigungen der Kinder. Vielleicht ist der Befund aber auch eine Folge gesellschaftlichen Drucks: Die Neugestaltung der familiären Beziehungen erscheint – sofern nicht neue Partner hinzukommen – aufgrund des gängigen Familienideals der Zwei-Eltern-Familie vielen noch als bedrohlich und »abweichend«: Die »Neuen Familien« liegen zwar im Trend, werden aber nicht immer rundum akzeptiert, auch fehlen für Alleinerziehende, die außerhalb von Ehe und Familie andere Lebensformen wählen, oft noch Muster für ihre Rollen und Aufgaben im Zusammenleben und bei der Gestaltung der Beziehungen.

Doch auch wenn AlleinerzieherInnen und Alleinerzogene es schwerer haben und von Seiten der Gesellschaft oft wenig Verständnis und Hilfe erhalten, bedeutet das nicht, dass ihr Leben ausschließlich aus Problemen oder negativen Erfahrungen besteht: Eine funktionierende Teilfamilie ist um vieles besser als das Leben in einer zerrütteten Ehe, der Preis, den alle zu zahlen haben, vielfach immer noch geringer. Wichtig für die Kinder wie für den allein erziehenden Elternteil wären mehr staatliche Anerkennung und materielle Erleichterungen, genügend Kindergartenplätze und Teilzeitjobs. Doch auch private Elternstütze von außen kann Wunder wirken: Zeit, Gespräche und praktische Unterstützung durch Freunde und Verwandte helfen Alleinerziehenden im täglichen Existenzkampf und beim Aufbau eines neuen sozialen Lebens. Vor allem kommt es darauf an, ob die getrennten Eltern zusammenarbeiten können. Die Einbeziehung des Expartners ist die beste Voraussetzung für eine positive Bewältigung der schwierigen Situation. Sie macht das Leben leichter und trägt zu mehr Gesundheit und Stabilität und weniger Stress aller Mitglieder der Scheidungsfamilie bei.

Die Eltern finden neue Partner

Viele Mütter und Väter scheuen sich, unmittelbar nach der Trennung neue Beziehungen einzugehen: weil sie noch zu sehr mit der Vergangenheit und mit sich selbst beschäftigt sind, weil sie zu wenig Selbstbewusstsein oder Angst vor der Wiederholung von Fehlern haben oder weil sie damit die Kinder zu überfordern meinen, die ohnehin durch die Trennung genug Probleme haben. Oft vermeiden sie sexuelle Begegnungen aus Sorge, die Kinder (oder auch sich selbst) zu verwirren. Andere wieder nehmen aus Angst vor neuerlicher Nähe Zuflucht bei wechselnden Abenteuern. Für Kinder kann beides zum Problem werden: Sie wollen nicht mit ständig wechselnden Sexpartnern konfrontiert werden. Sie spüren aber auch, wenn die Aufmerksamkeit des allein erziehenden Elternteils aus unaufrichtigen Gründen zu lange ausschließlich auf sie gerichtet ist.

Hat nicht schon vor der Scheidung eine neue Partnerschaft bestanden, verstreicht meist einige Zeit, bis neue Beziehungen eingegangen werden. Die Mutter wird wohl nach der Scheidung eine Phase der Trauer vergehen lassen, bevor sie allmählich beginnt, nach einem neuen Partner Ausschau zu halten. In kleinen Schritten wird sie die neue Lebenssituation ausloten, wird unter Berücksichtigung der verstrichenen Zeit und des Alters ihrer Kinder abschätzen, inwieweit ihnen eine neue Beziehung zumutbar ist, vor allem dann, wenn sie bei ihr leben. Bei dieser behutsamen Vorgangsweise können die Kinder von Anfang an in die Beziehung mit eingebunden werden. Zugleich bietet sie die Chance, aus den Erfahrungen der gescheiterten Ehe zu lernen, das eigene Handeln sorgfältiger als früher zu überdenken und Fehler zu korrigieren.

Falls der Vater das Besuchsrecht hat, fällt ihm der Neubeginn in der Regel leichter. Er muss weniger Rücksicht darauf nehmen, wann und welche Bindungen er eingeht. Dennoch ist auch Vätern zu empfehlen, ihre neuen Beziehungen im Sinne des Kindeswohls einer »Verträglichkeitsprüfung« zu unterziehen und sich zu fragen, ob jedes Abenteuer ihren Kindern zuzumuten ist. Vater wie Mutter sind aufgerufen, bei ihren »Experimenten« Alter und Bedürfnisse der Kinder zu berücksichtigen: sie nicht zu übergehen, sie aber auch nicht in jede unbedeutende Affäre einzubeziehen.

Kommt es schließlich zu einer »festen« Partnerschaft, ist es keine einfache Aufgabe, den Kindern verständlich zu machen, was die Aufnahme dieser neuen Beziehung für sie bedeutet. Es erleichtert die Sache, wenn zwischen Mutter (oder Vater) und Kindern Vertrauen herrscht und sie offen und dem Alter entsprechend miteinander reden können. Es wird den Kindern dann leichter fallen, dem neuen Freund (oder der Freundin) zu begegnen.

Doch nicht nur für die Kinder, auch für den Expartner ist eine neue Beziehung nicht immer leicht zu akzeptieren. So entstehen häufig neue spannungsgeladene Konfliktsituationen, vor allem wenn die Trennung zwischen den Geschiedenen noch nicht genügend aufgearbeitet ist und eine Aussöhnung mit der Vergangenheit fehlt.

Spätestens ab dem Zeitpunkt, zu dem die Trennungspartner neue Beziehungen eingehen, können Eifersucht, alte Wut, Konkurrenz- und Rachegefühle oder Einmischung der »Neuen« ins Spiel kommen. Ein Feilschen um Besuchszeiten, Erziehungsfragen und anderes beginnt auf Kosten der Gefühle der Kinder. Um den Neustart gut abzusichern, sollten die Eltern deshalb schon zu Beginn der Trennung den Kindern zuliebe die Aufteilung ihrer Pflichten und Aufgaben, der Feste und Rituale im Jahreskreis sowie die Besuchsbedingungen verbindlich regeln und sich möglichst genau an diese Vereinbarungen halten. Den Kindern wird dadurch viel Leid erspart, finden sie sich doch sonst nach der Scheidung statt in einem neuen Leben auf der alten Spielwiese der elterlichen Konflikte wieder.

Weitere Spannungen kommen hinzu, wenn sich die neue Beziehung vertieft und das Kind plötzlich einen »Ersatz-Elternteil« erhält. Dies kann zu heftigen Konflikten mit dem Exehepartner führen, der seinen Platz nicht »räumen« und das Kind nicht einem/einer »Fremden« überlassen will. Umgekehrt sind Auflagen der Mutter, die Kinder dürften den Besuchsvater etwa nur allein und nicht zusammen mit seiner neuen Partnerin sehen, nicht nur falsch, sondern unrealistisch. Argumente wie »Wer weiß, wie lang das hält«, »Ich möchte meine Kinder nicht ständig neuen Personen aussetzen« oder »Da sieht man, welchen Lebenswandel er jetzt, wo er frei ist, führt« mögen etwas für sich haben, entspringen aber oft zugleich einer Kränkung, insbesondere wenn die Mutter verlassen wurde. Sie zeugen von geringer Bereitschaft zur Veränderung. Besser wäre es, den Kindern zu zeigen, dass dem Vater, auch wenn er fortgezogen ist, von der Mutter Achtung gezollt wird. Schließlich bleibt er für die Kinder der »Papa«, auch wenn er nicht mehr der Ehemann ist. Und ein neues Leben verdient immer Wertschätzung, auch jenes des Expartners. Diese Haltung erfordert allerdings ein hohes Maß an Toleranz von Seiten des zurückgelassenen (oder verlassenen) Expartners sowie Verständnis der/des Neuen für die Kränkungen der verlassenen Familie und den Verzicht auf jegliche – und sei es auch nur symbolische – Siegerpose. Gelingt der Aufbau einer neuen Beziehung zu dem Elternteil, der nicht mehr daheim lebt, sondern in einer neuen Partnerschaft, bietet dies für alle eine große Chance auf Neubeginn.

Die Forderung, man sei vom Kind nun als neuer Vater (neue Mutter) zu betrachten, ist zu unterlassen. Das Kind gerät dadurch bloß in eine »Loyalitätsfalle«, weil es denkt, den leiblichen Elternteil dann nicht mehr lieben zu dürfen oder unloyal zu sein, wenn es die/den »Neuen« mag. Es fürchtet, sich in seiner Zuneigung zwischen dem/der Neuen und dem leiblichen Elternteil entscheiden zu müssen. Diese Angst verstärkt sich noch, wenn es in einem möglicherweise laufenden Pflegschaftsverfahren zu Befragungen kommt, in denen die Kinder aufgefordert werden, sich zum neuen Lebenspartner der Mutter oder der Partnerin des Vaters zu äußern. Wie schon an anderer Stelle festgestellt, machen sich Kinder viele

Sorgen: Werde ich nun auch noch die Mama verlieren? Hat sie mit dem neuen Mann weniger Zeit für mich? Ist Papa jetzt böse auf uns? Ist er böse auf *mich*, wenn ich den Neuen gern habe? Diese Fragen, die das Kind sehr beschäftigen, können zu starken Spannungen führen: Schließlich kämpft auch das Kind – eben erst zutiefst durch die Scheidung verunsichert – um seine Position in Beziehungen. Es fühlt sich durch den neuen Partner an den Rand gedrängt. Und auch die/der Neue kann ähnlich empfinden; Rivalitätskämpfe gehen durchaus nicht (nur) vom Kind, sondern häufig vom Erwachsenen aus.

Es braucht also viel Zeit, Geduld und Feingefühl, um Misstrauen, Ängste und Barrieren in einer mehr als schwierigen Situation gemeinsam abbauen und zusammenfinden zu können. Wie zur Zeit der Scheidung brauchen die Kinder vorübergehend wieder vermehrt Aufmerksamkeit und Verständnis, um Vertrauen zu fassen und um mit den Veränderungen, dem neuen Menschen in ihrem Leben klar zu kommen. Kinder reagieren auf die neuen Partnerbeziehungen ihrer Eltern sehr verschieden und mit unterschiedlicher Intensität. Je zufriedener sich die Eltern in ihren neuen Beziehungen fühlen, je reifer ihre Einstellung zur Sexualität und je toleranter der Umgang mit ihrer Vergangenheit und dem Expartner, desto besser kommen die Kinder damit zurecht.

Geteilte Elternschaft: die Stieffamilie

Eine neue Heirat bedeutet für die Eheleute die Hoffnung auf eine bessere Zukunft, auf ein glücklicheres Zusammenleben und darauf, nicht mehr AlleinerzieherIn, sondern wieder eine Familie zu sein. Für das Kind aber ist sie der endgültige Abschied vom Traum der wieder erstandenen Familie von früher.

Für jedes Kind stellt es eine große Belastung dar, seine Herkunftsfamilie zu verlieren und die Hoffnung auf ihre Wiederherstellung zu begraben. Wenn es ausreichend Zeit und Hilfe zugestanden erhält, über diesen Verlust zu trauern, wird es sich schließlich auf das Leben in einer neuen Familienkonstellation einstellen können. Dabei ist in Betracht zu ziehen, dass neben einem neuen Elternteil (Stiefvater oder Stiefmutter) oft auch noch weitere neue Familienmitglieder hinzukommen: neue Geschwister, Großeltern, Onkeln,

Tanten usw. Nicht immer werden die Kinder auf diese Umstellung hinreichend vorbereitet und sehen sich plötzlich mit zahlreichen, unbekannten Personen konfrontiert, welche die neue Familie erweitern bzw. ergänzen. Je nach Lebensalter reagieren die Kinder darauf: sei es mit Ablehnung, Angst oder Eifersucht, kritischer Distanz oder Koketterie. Vielleicht hat ein Kind lange Zeit nur mit der geschiedenen Mutter zusammengelebt und findet sich jetzt in einer ganz neuen Rolle wieder: nicht mehr allein, nicht mehr ganz so wichtig, zornig, dass ein »Fremder« sich an die Stelle des geliebten Vaters setzt, voller Eifersucht auf die neuen Familienmitglieder. Vielleicht ist es in der neuen Familie wirklich Außenseiter, fühlt sich zu Recht übergangen und ausgeschlossen. Wer kennt nicht die alten Märchen über die »böse« Stiefmutter, den bösen »Stiefvater«, das arme »Stiefkind« – vom Aschenputtel bis zum Schneewittchen –, die von diesen Gefühlen handeln und sie manchmal auch zum Vorurteil verfestigen.

Ein Kind braucht Zeit, um sich an die »Neuen« in seinem Leben zu gewöhnen, sie kennen zu lernen, sie zu mögen und zu akzeptieren, um also eine Beziehung zu ihnen aufzubauen. Ja, wenn möglich auch zu entdecken: das neue Leben hat sogar gute Seiten – die Mutter hat es jetzt leichter, ist entspannter, die Neuen sind eigentlich ganz nett, die Stiefgeschwister nicht nur eine Bedrohung, sondern auch Hilfe und Verstärkung. Man ist nicht mehr so allein jeder Situation ausgeliefert, außerdem hat man jetzt jemanden zum Plaudern und Spielen.

Trotz Scheidung und neuer Familie bleiben jedoch die leiblichen Mütter und Väter die Eltern ihrer Kinder. Es ist wichtig, dass die vereinbarten Rechte (Besuchsregelungen, Unterhaltszahlungen) jetzt nicht in Frage gestellt und so alte Kämpfe neu aufgerollt werden. Aber auch: dass die Vergangenheit mit ihrer gescheiterten Ehe um des Neubeginns willen nicht verdrängt und der Expartner als Bezugsperson des Kindes nicht ausgeschlossen wird. Viele Kinder, deren Störungen bis in ihr Erwachsenenleben andauern, wuchsen in Familien mit Stiefvater oder -mutter auf, die um jeden Preis als »Normalfamilie« gelten wollten; über den Bruch in der Familiengeschichte durfte nicht geredet werden, der Kontakt der Kinder zum getrennten Elternteil wurde unterbunden. Dafür musste der neue Partner als Vater oder Mutter anerkannt werden. Für die Kinder ist das meist eine ausweglose Situation: Sie leiden an dem Verlust ihres leiblichen Vaters (ihrer Mutter) und fühlen sich als Verräter. Sie geraten in einen bedrohlichen Loyalitätskonflikt. Aus Angst, auch den Stiefelternteil zu verlieren, ordnen sie sich diesem unter. Es ist höchst problematisch, wenn das Kind zugunsten des Stiefelternteils auf die Liebe zum leiblichen Elternteil verzichten muss. Die neue Familie versucht dann, gegen die Vergangenheit anstatt mit ihr zu leben. Nur wenn sie die Existenz der »Scheidungsfamilie« nicht verleugnet und den Besuchselternteil des Kindes einschließt, kann sie eine funktionelle Familieneinheit bilden.

Familienformen, die nach der Trennung entstehen, spielen eine entscheidende Rolle für die weitere Entwicklung der Kinder. Sie wirken sich nachteilig aus, wenn sie mit einer Verdrängung der Realität oder der kindlichen Bedürfnisse einhergehen. Sie zeigen aber auch in vielem eine durchaus positive Wirkung. Besonders Kinder, die bei der Trennung noch sehr jung waren, können durch eine zweite, stabile Ehe Vertrauen und Sicherheit entwickeln, obwohl sie nach der Scheidung am stärksten gelitten haben. Aber auch Ältere finden mit der Zeit ihr inneres und äußeres Gleichgewicht wieder. Sie kommen mit dem neuen Familienleben zurecht und können sich selbst und die Erwachsenen wieder akzeptieren.

Moderner Familien-Mix: die Patchwork-Familie

In Zeiten hoher interfamiliärer Fluktuation ergeben sich bisweilen hochkomplexe soziale Zusammenhänge. Die »Patchwork-Familie« ist heute ein geflügeltes Wort: Für manche ersetzt es einfach den Begriff der »Stieffamilie«. Für andere umschreibt es die zunehmende Vielfalt an Familienformen, die zahlreiche Mitglieder zu integrieren vermögen: das gegenwärtige Paar, die mitgebrachten Kinder, gemeinsame Kinder der neuen Ehe, Expartner, deren neue Familien sowie die außerhalb lebenden Kinder, die beim Expartner wohnen. Ein kunterbuntes Beziehungsgeflecht, das auch noch die Vielzahl alter und neu hinzukommender Verwandter mit einschließt.

Doch nicht immer umschreibt die »Patchwork-Familie« ein geglücktes modernes Familienmodell: statt *Familie* bleibt für das Kind oft nur das »Flickwerk«, wie der folgende Fall zeigt:

Susi, ein 13-jähriges Mädchen, sucht in Begleitung einer Frau,
die dem Alter nach ihre Mutter sein könnte, eine kinderpsy-
chiatrische Klinikambulanz auf. Die Frau stellt das Mädchen
vor und ersucht den Arzt, er möge mit ihm allein sprechen.
Vorstellungsgrund ist ein sexueller Übergriff auf Susi durch
den 30-jährigen Bruder der Frau. Um sich ein Bild der sozia-
len Situation zu machen, befragt der Ambulanzarzt das Mäd-
chen über seine Geschichte und bekommt Folgendes zu hören:
»Ich wurde als uneheliches Kind geboren. Meine Mutter hat
dann etwa sechs Monate nach meiner Geburt meinen Vater
geheiratet, jedoch ging diese Ehe schlecht. Mein Vater wurde
kriminell und kam ins Gefängnis, worauf sich meine Mutter
von ihm scheiden ließ. Als ich etwa sechs war, hat meine Mut-
ter wieder geheiratet. Sie hat damals schon stark getrunken
und musste schließlich mehrmals in einer Trinkerheilanstalt
behandelt werden – ein Grund, weshalb sich mein Stiefvater
nach drei Jahren von ihr scheiden ließ. Ab da habe ich von
meiner Mutter nie mehr etwas gehört. Mein Stiefvater blieb
nicht allein. Als ich elf war, hat er wieder geheiratet: Anni, die
Frau, die mich heute begleitet. Mein Stiefvater hat sie bald
verlassen und ist verschwunden. Sein Aufenthaltsort ist unbe-
kannt, deshalb wohne ich jetzt auch bei Anni, die aber nicht
mit mir verwandt ist.«
Neugierig geworden, erkundigt sich der Ambulanzarzt, wer
denn eigentlich die wichtigste Bezugsperson in Susis Leben sei.
»Die Einser-Omama«, war die prompte Antwort. »Und wer
ist das?«, fragt der Arzt nach. Es stellt sich heraus, dass es sich
um die Mutter des leiblichen Vaters handelt, die in den 13 Le-
bensjahren des Mädchens die einzige kontinuierliche Bezugs-
person geblieben war.

Susis Geschichte mag als Extremfall erscheinen, wie er sich im
Unterschichtmilieu öfter zutragen mag. Dies ist jedoch ein Irrtum, wie in diesem Buch bereits dokumentiert wurde. Es gibt in
allen sozialen Schichten dramatische Beispiele dafür, welch
schwierigen und komplizierten Bezugsstrukturen Scheidungskinder ausgesetzt sein können. So gibt es Väter, die zahlreiche Kinder
mit verschiedenen Frauen zeugen und auch durchaus finanziell in
der Lage sind, nach der Scheidung die Unterhaltszahlungen dafür

aufzubringen. Wie es allerdings den Kindern emotional geht, die sie zurücklassen, wie die Beziehungsstrukturen aussehen, unter denen sie aufwachsen, und wie es um den Kontakt zum Vater steht, interessiert sie meist weniger. Eine positive Lösung zu finden ist sehr viel schwieriger und daher eher selten. Doch die verantwortliche Aufrechterhaltung der Beziehungen in einer Patchwork-Familie kann bei einigem Bemühen der Beteiligten durchaus glücken, wie das nachstehende Beispiel zeigt. Toleranz und die Anerkennung der Tatsache, dass nicht nur die eigenen Eltern, sondern auch andere, neu hinzukommende Menschen Wärme und Herzlichkeit bieten können, hilft Kindern, all die neuen Bezugspersonen, die da in ihr Leben treten, lieb zu gewinnen und die Vorteile einer solchen »Großfamilie« zu genießen.

Die Ehe von Herrn und Frau G. stand von Anfang an unter keinem guten Stern. Eine allgegenwärtige Schwiegermutter und ein schulmeisterlicher, bevormundender Schwiegervater machen Herrn G. das Leben schwer, der noch dazu mit seiner Familie unter deren Dach lebt. Frau G., ganz unter dem Einfluss ihrer Mutter, stürzt sich geradezu auf die Erziehung ihrer beiden Kinder, während ihr Mann mehr und mehr zur Randfigur in dem Familienverband wird. Zwar ist die Ehe nicht zerrüttet, doch tritt eine starke Entfremdung in der Beziehung zu seiner Frau ein, was Herrn G. veranlasst, die Scheidung einzureichen. Seine Frau gibt ihm umgehend ihr Einverständnis zu einer einvernehmlichen Lösung. Sie bleibt mit den Kindern – die Tochter ist dreizehn, der Sohn neun – in ihrem Elternhaus und damit in der Obhut ihrer dominanten Eltern. Der Mann findet eine neue Partnerin, Marion, mit der er Freizeit, Urlaub und auch seine Besuchstage mit den Kindern verbringt. Marion hat ebenfalls zwei Kinder, einen dreizehnjährigen Sohn und eine neunjährige Tochter. Zwar sticheln die eifersüchtigen Exschwiegereltern, dennoch gelingt es Herrn G. und seiner weniger dominanten, dafür sehr kommunikativen Gefährtin, aus den vier Kindern an den Besuchstagen und in den Ferien eine fröhliche Gemeinschaft zu zimmern. Die vier sind glücklich. Herrn G.s Kinder berichten daheim begeistert vom Umgang ihres Vaters mit der neuen Partnerin, und diese wiederum stellt zufrieden fest, dass sie ih-

re eigenen Kinder seit langem nicht mehr so glücklich gesehen hat.

Meine, deine, unsere Kinder: Die zusammengesetzten Familienformen, die nach der Scheidung entstehen, stellen mit ihren komplexen Beziehungsstrukturen (nicht nur) Kinder vor große Herausforderungen. Schließlich gewinnen sie – wenn beide Elternteile wieder heiraten – zwei neue Familien hinzu, die jede unterschiedliche Beziehungsmuster aufweisen. Auch wenn man Kindern noch so große Flexibilität zutraut, kann es doch recht schwierig sein, mit den leiblichen Geschwistern, den Stiefgeschwistern und den neu geborenen Halbgeschwistern umzugehen. Deshalb bringt das Modell der Patchwork-Familie Kindern auch massive Belastungen. Eifersucht kann zum Problem werden: zwischen den leiblichen Geschwistern ebenso wie gegenüber den Stiefgeschwistern. Die neuen Ehepartner aber wollen ihr Familienleben in Harmonie starten, sie wünschen sich, ja »verordnen« sogar »Geschwisterharmonie« ohne zu bedenken, wie groß die Konflikte aus lebensalterstypischer wie auch sozialer Sicht unter Kindern sein können.

Herr Sp., Vater zweier Jungen, verlässt nicht nur seine Familie, sondern auch das Land, um kurz nach seiner Scheidung im Nachbarland erneut zu heiraten. Zwei Kinder kommen, doch Herr Sp. besucht regelmäßig die zwei Söhne aus erster Ehe und nimmt sie auch in den Urlaub mit. Er ist ein ehrgeiziger Vater, der seine älteren Söhne gern »trainiert«: in Sport, Kultur und »Lebensart«, wie er es nennt. Auch will er sie dazu zwingen, die neuen Geschwister anzunehmen und deren Mutter wie die eigene zu betrachten. Doch das stellt sich rasch als Illusion heraus: Von Anfang kommt es zu schweren Eifersuchtsszenen von Seiten der Älteren. Sie quälen heimlich die jüngeren Geschwister, nehmen ihnen das Spielzeug weg und zerstören es. In die massiven Streitigkeiten mischen sich der Vater und seine zweite Frau ein, um die Jüngeren zu schützen. Schließlich reduziert Herr Sp. seine Besuchskontakte zu den älteren Jungen. Er hat den verständnisvollen Umgang mit seinen Söhnen aus erster Ehe und deren behutsame Einbindung in die neue Familie verabsäumt. Er, der bewunderte

und geliebte Vater, hat ja nicht nur die Frau, sondern auch sei-
ne Kinder verlassen und müsste ihnen nun Zeit geben, ihre
Gefühle und Beziehungen zu ihm neu zu ordnen, statt ihnen
seine Wunschziele zu »verordnen«.

Leben schon leibliche Geschwister oft grundsätzlich im Streit –
ein Phänomen, das viele Eltern beklagen –, um wie viel schwieriger ist es da mit »Fremdgeschwistern«. Sind die Konflikte anhaltend und heftig, können sie in die neue Partnerschaft hineinspie-
len und das neue Paar streitet bald selbst, zum Beispiel darüber,
ob »ihre« oder »seine« Kinder als Konfliktherd zu betrachten
seien. Trotz aller Schwierigkeiten scheint es jedoch, dass die »offene Mehrelternfamilie« Kindern gute Chancen bietet, die Scheidung psychisch stabil zu überwinden. Die Stieffamilienforschung
hat ergeben, dass Kinder grundsätzlich in der Lage sind, mehrere
gute Beziehungen nebeneinander zu haben. Viele Kinder profitieren enorm von den zusätzlichen Sozialbeziehungen in so einer
modernen Großfamilie – nicht zuletzt auch deshalb, weil das
komplexe Rollen- und Beziehungsgeflecht dieses Familientyps so
wesentliche Qualitäten wie Verständnis, Geduld, Toleranz, Kom-
munikations- und Konfliktfähigkeit erfordert und vorlebt. Die
Nachteile der »Flicken«-Familie sind also bei positivem Umgang
zugleich ihre Vorteile: Wichtige Bezugspersonen aus verschiedens-
ten Familienkonstellationen werden im Idealfall in die neue Familie integriert, die Vergangenheit wird nicht verleugnet, niemand
wird ausgegrenzt oder abgewertet, die Verbindung zum getrennten Elternteil bleibt erhalten.
Von 15 Millionen Kindern in Deutschland wachsen nach Angaben
aus dem Jahr 2003 850 000 in einer dieser »neuen« Familien auf.
Für die Zukunft erwarten Soziologen die Ausdehnung weiterer
komplizierter Netze von zusammengewürfelten Patchwork-Familien, in denen sich mehrere Generationen miteinander arrangie-
ren. Angesichts der steigenden Scheidungsraten lohnt es, darüber
nachzudenken, wie Kinder in künftigen Familienmodellen ihren
alters- und lebensadäquaten Raum finden werden. Diese Entwicklung ist sicherlich nicht nur durch Gesetze, sondern auch durch
flankierende Sozialmaßnahmen abzusichern, die in Hinkunft
noch durch das Familienrecht verbessert werden müssen. Ein modernes Angebot begleitender Hilfestellungen ist gefordert: Media-

tion für die Eltern, Einrichtungen der Jugendwohlfahrt (Kontakt-zentren, Familienanbahnungs- oder soziale Wiederherstellungsor-te), Beratungsstellen, familientherapeutische sowie sonder- und heilpädagogische Möglichkeiten können dazu beitragen, Kindern und Erwachsenen in den neuen Familienkonstellationen einen Weg zu mehr Zufriedenheit und Lebensqualität zu weisen.

Drittunterbringung: Pflegefamilie, Wohngemeinschaft, Heim

Sehr häufig ergibt sich aus nicht lösbaren Familienkonflikten die Frage, ob nicht eine »Drittunterbringung« notwendig wird. Unter diesem Begriff versteht man, dass weder der Vater noch die Mut-ter ein Zuhause bieten können, das am besten für das Kindeswohl ist, weshalb von Seiten des Gerichts oder von Sachverständigen eine heilpädagogische Wohngemeinschaft, ein Heim oder auch ei-ne Unterbringung bei Groß- oder Pflegeeltern empfohlen werden muss (die überwiegende Mehrheit der Kinder, die in Heimen le-ben, kommen übrigens aus Scheidungsfamilien).

Meist wehren sich die betroffenen Eltern bzw. ihre Rechtsvertre-terInnen gegen eine solche Entscheidung; alte Schlagworte wer-den mobilisiert wie: »Es ist für das Kind immer noch besser bei einer schlechten Mutter oder einem schlechten Vater unterge-bracht zu sein als in einem Heim.« Bei extremen Kämpfen der El-tern um die Kinder ist es aber manchmal notwendig, einen neutra-len Ort zu empfehlen, aus Schutz für das Kind und damit der sug-gestible Effekt wegfällt, der Pflegschaftsverfahren oft überlagert: Manche Elternteile versuchen im Lauf der Gerichtskämpfe, das Kind derart einzuschüchtern, zu manipulieren oder unter Druck zu setzen und es so auf die eigene Seite zu ziehen, dass das Kind unter dieser Beeinflussung keine freie Aussage oder Entscheidung mehr treffen kann. In solch schädigenden Fällen kann es notwen-dig sein, das Kind bis zur Klärung an einem neutralen Drittort unterzubringen, jedoch in keiner psychologischen oder psychia-trischen Institution, da diese wiederum die Gegenpartei zum Vor-wurf verleiten könnte, das Kind wäre unter dem Einfluss des anderen Elternteils therapiebedürftig geworden. Auch ist die Ge-fahr eine »Pathologisierung« groß: Ein Kind sollte sich nicht krank fühlen müssen, bloß weil seine Eltern sich nicht einigen können.

Auch wenn Drittunterbringung unpopulär ist: in vielen Fällen ist sie besser als ihr Ruf. Vor allem die betreuten Wohngemeinschaften etwa haben heute ein hohes soziales Niveau erreicht, dass sie als Alternative zu versagenden Eltern in Frage kommen oder als vorübergehender »Schutzraum« bei elterlichem Psychoterror oder gewalttätigen Konflikten dienen können, bis sich die Situation beruhigt hat. Drittunterbringung kann Entspannung der Lage bedeuten: für die Kinder, die eine »Beruhigungsphase« fernab vom bedrohlichen Geschehen daheim als durchaus positiv erleben. Und für die Eltern, weil dadurch vielleicht möglich wird, (wieder) eine Mediation in Gang zu bringen. Dennoch sind auch RechtsanwältInnen wie RichterInnen häufig nicht geneigt, dem Sachverständigen-Vorschlag einer neutralen Unterbringung des Kindes zu folgen; nicht zuletzt, weil sie meinen, dass das Kind dort in irgendeiner Weise gegen die Eltern manipuliert werden könnte. Die Erfahrung zeigt allerdings, dass die Fälle, in denen eine solche Lösung vorgeschlagen und befolgt wurde, äußerst positive Folgen für das Kindeswohl gezeitigt haben.

SCHLUSS

Zum Abschluss des Buches sollen noch einmal die wichtigsten Forderungen zum Wohl des Kindes zusammengefasst werden. Sie richten sich an alle, die dem Kind das Recht auf Befriedigung seiner körperlichen, intellektuellen, emotionalen und sozialen Bedürfnisse zu garantieren haben. Sie sind zugleich ein Appell an das Verantwortungsbewusstsein der Erwachsenen den Kindern gegenüber und an die Ethik der »Scheidungsberufe«.

An die Eltern

Jedes Kind hat das Recht auf Würde und respektvolle Behandlung.

Die Bedürfnisse des Kindes stehen grundsätzlich im Mittelpunkt; der Kampf der Erwachsenen um persönliche Vorteile ist hintanzustellen.

Kein noch so heftiger Konflikt, keine noch so tiefe Kränkung der Eltern darf dem Kind seine Kindheit rauben, denn nur sie ist der Garant für ein zufriedenes Leben.

Die Scheidung steht am Ende einer schwierigen Zeit voller Konflikte. Sie sollte als Chance auf Neubeginn aufgefasst werden, nicht nur für die Erwachsenen, sondern auch für die Kinder, die alle Hoffnungen in ihre Eltern setzen.

Die kindlichen Reaktionen auf Trennung und Scheidung brauchen Verständnis. Oft müssen Kinder zu drastischen Mitteln greifen – Verhaltensauffälligkeiten, Krankheiten, Selbstmordversuche –, um ihren Gefühlen, Wünschen und Hilferufen Ausdruck zu verleihen, weil leise Kinderstimmen nicht gehört werden!

An die Richterinnen und Richter

Gemeinsame Arbeit an der Verbesserung der Obsorgeverfahren ist nötig. Die Forderung lautet: Steigerung der Kompetenz, der Sicherheit und des selbstkritischen Reflexionsvermögens durch mehr Fortbildung, die Einführung von Supervision und ausreichend Personal in den eigenen Reihen sowie jener, die vom Gericht beauftragt werden.

Das *Image* des Pflegschaftsgerichts muss verbessert werden. Es ist an der Zeit, dazu beizutragen, dass Eltern nicht zu Kampfhähnen werden, sondern lernen, im Vertrauen auf die hohe Kompetenz des Gerichts einen Rechtsspruch zu akzeptieren. Viele Scheidungen legen Zeugnis ab, dass dies möglich ist.

Eine Forderung der RichterInnen an die politisch Verantwortlichen nach Begrenzung der Scheidungskosten würde helfen, die vielen Eingaben zu reduzieren und damit die Scheidungsverfahren zu beschleunigen.

Nicht nur Eltern benötigen RechtsanwältInnen, auch dem Kind ist eine Rechtsvertretung beizustellen, zumindest in schwierigen Scheidungsfällen. Ihrer Realisierung sollte nicht politisches Ränkespiel im Weg stehen. Wie rasch eine Forderung zum Wohl der Kinder durchgesetzt werden kann, zeigt in Österreich beispielhaft die Einführung der kontradiktorischen Befragung in Strafverfahren, bei denen kindliche Opfer im Mittelpunkt stehen.

Eine Kinderanwaltschaft könnte dazu beitragen, die Verfahren im Interesse des Kindes zu beschleunigen. Ihre Tätigkeit hätte auch qualitätssichernde Wirkung auf Gerichtsgutachten, indem sie Feststellungen darin aus ihrer Sicht und aus jener des Kindes verbessern, ergänzen und einfordern könnte.

An die Rechtsanwältinnen und Rechtsanwälte

Viele RechtsvertreterInnen der Eltern sind durchaus um Verfahrensbeschleunigung und Schadensbegrenzung bemüht. Wie die Erfahrung zeigt, ist gleichgeschlechtliche Vertretung (eine Anwältin für die Frau, ein Anwalt für den Mann) dabei zusätzlich von Vorteil.

Es ist berechtigt, dass KlientInnen von der Rechtsvertretung die Durchsetzung ihrer Forderungen erwarten. Nehmen diese aber absurde Formen an, ist es ethische Pflicht der AnwältInnen, auf die Fraglichkeit der Durchsetzung ausreichend und aktiv hinzuweisen, um nicht an Verfahrensverzögerungen mitzuwirken.

Nicht alles, was man formal einklagen kann, ist auch »richtig«. Hier steht Juridisches dem Menschlichen oft diametral gegenüber.

An die Sachverständigen

und an alle anderen, die in der Phase während und nach der Scheidung mit dem Kind zu tun haben, sei angesichts zunehmender »Rosenkriege« der Appell gerichtet:

»Nicht das Maximum für die Streitparteien, sondern das Optimum für das Kind ist zu erwirken!«